当代商务英语学科建设系列

丛书主编◎翁凤祥

商务英语课程体系研究

邓静子　朱文忠◎著

BUSINESS
ENGLISH

上海交通大学出版社

SHANGHAI JIAO TONG UNIVERSITY PRESS

内容提要

本书是"当代商务英语学科建设系列"之一,采用理论演绎法,归纳并提炼出一个新的商务英语理论框架,并采用问卷调查实证研究法,定性和定量研究、论述和总结适合各个层次商务英语专业课程体系设置的基本思路和基本原则。同时,本书还采用对比研究法,对全国不同地区院校商务专业课程体系设置结构和设计理念进行横向对比分析,并根据培养目标和办学特色进行差异化研究。本书可为商务英语专业研究生及相关学者提供借鉴参考。

图书在版编目(CIP)数据

商务英语课程体系研究/邓静子,朱文忠著.—上海:上海交通大学出版社,2016
ISBN 978 - 7 - 313 - 15209 - 1

Ⅰ.①商…　Ⅱ.①邓…　②朱…　Ⅲ.①商务-英语-课程体系-教学研究　Ⅳ.①H319.3

中国版本图书馆 CIP 数据核字(2016)第 137505 号

商务英语课程体系研究

著　　者:邓静子　朱文忠
出版发行:上海交通大学出版社　　　　　　地　　址:上海市番禺路 951 号
邮政编码:200030　　　　　　　　　　　　电　　话:021 - 64071208
出 版 人:郑益慧
印　　制:常熟市大宏印刷有限公司　　　　经　　销:全国新华书店
开　　本:710 mm×1000 mm　1/16　　　印　　张:13.25
字　　数:237 千字
版　　次:2016 年 11 月第 1 版　　　　　　印　　次:2016 年 11 月第 1 次印刷
书　　号:ISBN 978 - 7 - 313 - 15209 - 1/H
定　　价:56.00 元

专家委员会名单

主　任：仲伟合（广东外语外贸大学）
副主任：叶兴国（上海对外经贸大学）

委　员：（以汉语姓氏拼音首字母为序）
陈　洁（上海对外经贸大学）
邓　海（西南财经大学）
宫桓刚（东北财经大学）
郭桂杭（广东外语外贸大学）
贺　云（上海外国语大学）
李建平（四川外国语大学）
李莉文（北京外国语大学）
李雪茹（西安外国语大学）
林添湖（厦门大学）
刘白玉（山东工商学院）
刘宝权（上海财经大学）
刘法公（浙江工商大学）
吕世生（南开大学）
莫再树（湖南大学）
彭青龙（上海交通大学）
史兴松（对外经济贸易大学）
司耀龙（上海对外经贸大学）
王光林（上海对外经贸大学）
王关富（对外经济贸易大学）
王立非（对外经济贸易大学）

王鲁南(四川外国语大学)

肖云南(湖南大学)

许德金(对外经济贸易大学)

严　明(黑龙江大学)

杨　霞(西安外国语大学)

俞洪亮(扬州大学)

张武保(广东外语外贸大学)

编辑委员会名单

主　任：翁凤翔总主编(上海海事大学)

委　员：(以汉语姓氏拼音首字母为序)

鲍　文(浙江工商大学)

陈建平(宁波大学)

陈香兰(对外经济贸易大学)

曹德春(华北水利水电大学)

邓静子(国防科学技术大学)

冯捷蕴(对外经济贸易大学)

顾维勇(南京晓庄学院)

胡　凌(湖南大学)

李　朝(吉林大学)

孙　亚(外经济贸易大学)

王艳艳(上海对外经贸大学)

徐　珺(对外经济贸易大学)

张佐成(澳洲新英格兰大学)

朱文忠(广东外语外贸大学)

序 一

二十一世纪是一个经济全球化、区域经济一体化发展的时代。这样的时代除了需要各种专业人才外，还需要大量的有国际商务专门知识、有创新能力和具备优秀的跨文化商务交际能力的人才。商务英语专业各层次培养的人才能满足这种需求，这也就是商务英语本科专业自2012年获得教育部批准正式进入了教育部公布的《普通高等学校本科专业目录》后发展较快的原因所在。与此同时，包括硕士、博士研究生教育在内的"商务英语研究"教育近些年来取得了较大发展。

由此看来，摆在商务英语学界的一个重要任务就是要加大力度进行商务英语学科建设。

众所周知，商务英语学科具有国际商务和英语交叉的性质。当今科学技术发展迅猛，各种交叉学科应运而生。如进化金融学、化学生物学、生物信息学等。这些交叉学科在人类社会发展和进步中发挥了特殊的作用。和其他交叉学科一样，商务英语作为一门新型的交叉学科，首先对商务英语本科专业的发展起到了支撑的作用；其次，在商务英语硕士教育和商务英语博士教育方面提供了学科理论基础；最后，我们研究商务英语需要有自己的本体理论体系。

大凡一门新学科的建立，都需要有学界仁人志士对学科理论体系所涉及的各方面做深入细致的探讨，最后对学科的大是大非问题达成共识。这样，学科的建立就为期不远了。不过，这样的过程艰辛而又漫长。值得欣慰的是，这些年来涌现出不少商务英语学科研究的专家学者，他们通过发表的论文和专著，对商务英语学科的有关方面做了富有成效的探索。

翁凤翔教授便是众多的在商务英语学科建设中辛勤耕耘的学者之一。他于2009年就出版了我国首部关于商务英语学科理论体系构建的专著《商务英语研究》，为商务英语学科理论体系的构建起到了很好的引领作用，为商务英语学科建设做出了较突出的贡献。之后，他又发表了系列论文，对商务英语学科的建设提出了自己独到的观点。翁教授认为，商务英语学科好似一栋大楼，他是这栋大

< 1 >

楼的设计者和建设者之一。

由翁教授策划并总主编的"当代商务英语学科建设系列"旨在为商务英语学科这栋"大楼"的建立起到添砖加瓦之作用。一门学科的建立需要时日，也不是一两个人能完成的，需要团队的合作，共同探讨。策划出版该专著系列即是搭建起一个平台，让作者们各抒己见，共同研讨商务英语学科体系的构建。系列专著的作者都是我国商务英语界知名的专家教授，他们多年来一直在商务英语领域辛勤耕耘，在商务英语研究方面颇有建树。如上所述，商务英语学科建设迫在眉睫。虽然迄今商务英语学科研究取得了一些较瞩目的成绩，但远远不够，我们需要更多的专家学者，尤其是中青年学者加入到商务英语学科研究的队伍中来。这样，将商务英语建设成国家认可的外国语言文学下的二级学科就大有希望。相信本套"当代商务英语学科建设系列"的出版能为把商务英语建设成为一门独立的学科起到极大的推动作用。

仲伟合　教授、博导

广东外语外贸大学校长

教育部高等学校英语专业教学指导分委员会主任

中国国际贸易学会国际商务英语研究会理事长

序　二

　　商务英语作为本科专业于 2012 年获得教育部批准进入我国大学本科教育《基本目录》,商务英语本科专业的身份与地位在我国外语界便获得了官方的认可。商务英语专业与英语语言文学专业、翻译专业成为我国英语教学的"三驾马车"。

　　我国商务英语本科专业近些年来一直呈良性发展态势,商务英语教学在全国已经形成较大规模,越来越多的大学正在积极准备申报商务英语本科专业。截至 2015 年年底为止,有 293 所大学获得教育部批准正式开设了商务英语本科专业。此外,许多院校的英语专业设有"国际商务"方向,其培养目标和课程设置与商务英语本科专业相似。各种商务英语学术活动也更加活跃。可以预计,将来我国大部分普通本科院校的外语学院都可能开设商务英语本科专业。这是大势所趋,因为随着我国改革开放的力度不断加大和经济全球化、世界经济一体化进程的不断加快,人才市场急需有扎实英语功底的、具备国际商务基本知识和业务操作能力的以及有优秀的跨文化商务交际能力的复合型、应用性商务英语人才。

　　众所周知,大学专业的发展依赖相关学科的支撑。商务英语专业若要可持续发展,必须有商务英语学科的支撑。目前我国商务英语学科发展相对商务英语专业发展有所滞后。不过,商务英语界已经认识到建立商务英语学科的重要性。中国国际商务英语研究会自 2011 年起,每年召开一次全国商务英语学科建设高层论坛。每次论坛上专家学者对商务英语学科发展的问题进行了深入的讨论,取得了一些共识。如 2012 年在上海海事大学召开的第二届全国商务英语学科发展高层论坛上,对商务英语学科归属于外国语言文学项下基本达成了共识;2014 年在四川外国语大学举行的第四届全国商务英语学科发展高层论坛上达成了"重庆共识":商务英语学科的名字被确定为"商务英语研究",英语名字为"Business English Studies",缩写为"BES"。此外,进一步明确了商务英语归属于外国语言文学的学科属性;2015 年在广东外语外贸大学举行的第五届全国商

< 1 >

务英语学科发展高层论坛上达成了共识：由广东外语外贸大学国际商务英语学院牵头，为向国务院学位办申请商务英语二级学科做积极准备。

任何一个学科都是由自成系统的理论体系构建而成的，涉及学科的研究对象、研究方法、逻辑起点、学科架构等学科的重大问题。商务英语是一门由国际商务学科与英语学科交叉而成的具有交叉复合性质的学科，所以，它涉及这两门学科之间的关系以及它们在商务英语学科体系中的地位、作用。我们需要对这些方面做深入细致的研究，为商务英语学科体系的构建添砖加瓦。我国有一些专家学者致力于商务英语学科的研究，出版了一些探讨商务英语学科建设的专著。此外，我国一些权威核心期刊如《外语界》、《中国外语》开辟专栏发表了系列商务英语学科建设的论文。另一方面，商务英语教育形成了商务英语本科、硕士、博士教育体系。不过，相对商务英语硕士点而言，商务英语博士点目前较少。如果商务英语成为官方认可的二级学科，我们相信，商务英语硕士点、博士点会逐步增加，很大程度上能促进商务英语学科发展。由此可知，发展、建立、完善商务英语学科体系并使其成为外国语言文学项下的二级学科不仅仅是商务英语学科发展的需要，也是商务英语各个层次教育可持续发展的必由之路。

然而，一门学科的建立不是一蹴而就的。一门学科的建立有许多必备条件，但总的说来，学科构成的条件主要有三个：

第一，要有研究对象或研究的领域，即独特的、不可替代的研究对象。我们认为，商务英语学科的研究对象是商务英语教育规律和教学规律以及跨文化商务交际中英语被使用的规律。

第二，要有理论体系，即特有的概念、原理、命题、规律等所构成的严密的逻辑化的知识系统，是自成系统的理论体系。已经有一些探讨商务英语学科体系的学术成果面世，但对一些商务英语学科的问题还没有完全达成共识，需要我们进一步深入研究。

第三，一门独立的学科要有一套方法论，即要有学科知识的生产方式。商务英语学科需要有自己的一套方法论来研究商务英语，探究商务英语现象的本源，提出商务英语学科发展和建设的一系列理论原则、研究途径等。我国商务英语界在这方面的研究显得不够。我们应该重视商务英语学科方法论的研究。研究和认识客观世界，科学的方法论至关重要。从哲学视角来看，商务英语学科方法论是认知商务英语学科的方法和工具，它有助于我们对商务英语学科认识的逻辑化、程序化、理性化和具体化。目前我国学者对商务英语学科方法论研究甚

< 2 >

少，也需要商务英语界同仁对此进行深入研究。

正是本着探讨商务英语学科体系构建中的一些主要问题的目的，我们组织出版"当代商务英语学科建设系列"。专著的作者们皆为长期从事商务英语教育和商务英语研究的著名的专家学者。他们对商务英语学科体系涉及的各有关方面进行专门探讨，如商务英语研究概论、商务语言学、商务英语跨学科研究等。希望本专著系列能为商务英语学科建设做些力所能及的贡献。

综观我国商务英语学科的发展，从目前的情形看来，总体上是乐观的。商务英语界已经有了学科意识，并一直在致力于商务英语学科理论体系的发展与构建。近年来涌现出一批商务英语学科研究的骨干力量。但是，我们同时必须清醒地认识到，商务英语学科体系没有完全建立，或者说，没有建立起一套相对完整、符合学科实际、合乎逻辑、自成体系的商务英语学理论体系。不过，只要我们齐心协力、矢志不渝地探讨和研究商务英语学科理论体系的各有关问题，商务英语学科理论体系迟早能得以建立。这样，商务英语成为外国语言文学下的二级学科就为期不远了。

翁凤翔　教授
教育部教指委英语分委员会商务英语教学协作组成员
中国国际贸易学会中国国际商务英语研究会副理事长

< 3 >

前　言

　　新时期商务英语教育发展需要加快课程体系建设。经过几十年的发展,尤其 2007 年教育部批准设置商务英语本科专业以来,目前全国已有约 300 所高校开设了商务英语本科专业;商务英语专业已经发展成为覆盖大专、本科、硕士和博士的办学层次齐全的一级学科外国语言文学下的二级学科。虽然商务英语学科和专业发展日趋完备,社会认可度也在快速提升,但目前全国尚没有建立完善统一的专业课程体系。因为缺乏一套比较规范的商务英语专业课程体系设置指南,商务英语专业大专、本科和研究生各个层次办学的课程体系设置存在不少问题,课程设置缺乏规范性、系统性,制约了商务英语学科和专业的可持续发展。因此,及时开展商务英语课程体系的研究、论证,并提出一套涵盖大专、本科和研究生各个层次办学的商务英语课程体系和课程设置基本原则,对推动我国商务英语教育健康发展具有非常重要的现实意义和应用价值。

　　本书采用理论演绎法,归纳并提炼出一个新的商务英语理论框架,采用问卷调查实证研究、定性和定量研究,论述和总结了适合各个层次商务英语专业课程体系设置的基本思路和基本原则。同时,本书还采用对比研究法,对全国不同地区院校商务英语专业课程体系设置结构和设计理念进行横向对比分析,并根据培养目标和办学特色进行差异化研究。全书共分十章,分为导论、商务英语课程体系研究文献概述、商务英语课程体系综述、高职高专课程体系、本科课程体系、硕士研究生课程体系、博士研究生课程体系、国外商务英语课程培训研究、课程评价机制、结语。商务英语课程体系研究文献概述,汇集了关于商务英语课程体系的研究成果和基本观点,反映了目前关于商务英语课程体系理论研究的现状,既为构建商务英语课程体系提供研究思路,也提出了关于商务英语课程设置建设性的参考意见,对于我们进行商务英语课程体系的研究,具有积极的借鉴意义。国外商务英语课程培训体系研究以英国和美国为主要研究对象,分析国外商务英语课程体系的主要特点,提出以培养"精英语,懂商务,会操作"的高技能复合型现代涉外管理人才为主要目标,建立"外语＋专业＋技能"的复合叠加式

< 1 >

课程体系。这既是具有中国特色的商务英语课程体系，也是我们在研究分析国内外商务英语课程体系时必须坚持的基本立场。本书基于专业知识教育、外语能力培养、通识教育、实践教学"四位一体"的分析框架模型，深入开展商务英语课程体系设置实践的实证研究，论证和提炼高职高专、本科、硕士研究生和博士研究生各个层次课程体系设置的参考因素、遵循原则和参考标准，从而提出一套新的课程体系设置原则以及对策建议，以服务于全国高校商务英语教学改革和教育质量提升工程。

本研究主要结论认为：在经济全球化和国家"一带一路"建设的大背景下，为适应国家开放型经济发展对高层次商务人才的需求，高校需要以学生为中心，以能力为目标，以实践为导向，构建集各种优势课程要素为一体的独特的商务英语课程新体系。商务英语课程体系的构建主要借鉴 ESP、二语习得、需求分析、建构主义和自主学习等理论精华以及相关"教学理念"。高职高专商务英语课程设置应该遵循服务于地方区域经济的原则，结合本地区经济特点，积极开设符合本区域经济、文化发展需要的课程，并以服务地方经济为宗旨，以市场需求为导向，依托市场进行理性定位，并着力加大实践课时的比例，突出产、学、研合作，培养具有国际商务知识的应用型英语人才。本科商务英语课程体系应基于学校层次、学校门类、所在区域的差异性，以《高等学校商务英语专业本科教学质量国家标准》为依据，坚持商务英语专业课程设置基本原则，语言知识与技能类课程占 50%～60%，商务知识与实践类课程占 20%～30%，跨文化交际类课程占 5%～10%；人文素养类课程占 5%～10%，遵循"资源优化配置、多维度匹配、弹性化处理和动态完善"四个原则构建商务英语课程体系。硕士研究生商务英语专业的课程体系应结合学校自身特色、地域社会经济特征和师资队伍情况进行课程设置，增强商务英语课程设置的针对性，也要根据生源和学生需求合理设置课程，加强商务课程和语言课程的有机融合，同时维护商务英语外国语言文学学科属性。博士研究生商务英语课程体系设计，要围绕国家社会经济发展战略的需要，准确把握本层次人才培养目标定位，根据为社会培养高校商务英语教师和研究人员的核心培养目标，科学合理地设置课程体系，重点培养博士研究生创新性地从事科学研究工作的能力。

本研究的部分内容吸纳了众多学者的观点，这些观点大都在本书内容和文献中加以提及。其中，需特别指出的是，本书的出版得到了翁凤翔教授大力支持；原湖南省出版物发行协会副秘书长林小宁先生对本书的编写做了很多富有

< 2 >

成效的工作。广东外语外贸大学部分教师、硕士研究生、博士研究生积极参与了该项研究工作。周明丽、蔡冬漫、刘旭阳、郭亭亭、彭川分别为本书第四、五、六、七、九章的作者。在此,向他们表示衷心的感谢!

本书引用了《ESP 视角下的商务英语课程设计》(作者王瑾)、《高职院校专门用途英语教学与研究》(作者向晓)专著的相关内容;上海交通大学出版社为本书的出版提供了帮助支持,特向他们表示诚挚的谢意!

由于作者水平有限,对于书中存在的不足之处,敬请专家学者批评指正。

著　者

< 3 >

目录 *Contents*

< 1 >

< 2 >

< 3 >

< 4 >

表 目 录

< 1 >

< 2 >

< 3 >

图 目 录

第1章
导　论

1.1　研究背景

商务英语在中国的发展有其深层次的社会背景和时代趋势。一是它源于国外的 ESP 和中国的外贸英语。二是顺应了经济社会发展对"外语＋专业"复合型人才的现实需要以及高校外语教学改革与创新的发展趋势。

20 世纪 50 年代，语言学伴随经济和社会的发展也开始悄然发生变化，即高校和学界开始把注意力和焦点从描述、界定语言用法的规范法则转向研究和探讨语言在各种语言环境中的实际应用。于是西方兴起专门用途英语（ESP）和科技英语，与此同时中国高校开设外贸英语课程。商务英语作为专门用途英语的一个分支（Hutchinson etc.，1987），就是伴随着经济全球化和贸易国际化步伐而诞生的一门特殊的应用语言学学科。

在英国等西方国家，商务英语多是一种提升职业经理人英语应用能力的培训课程，而并非一个学科或专业。Mark Ellis and Christine Johnson（2001）将商务英语学习者分为有职场经验的（job experienced learners）和没有职场经验（pre-experience learners）的学习者两种。这两种商务英语学习者也指培训目的不同的受训者。然而在中国，经过多年的发展，商务英语却逐步发展成为一门包括语言和商务两个领域，理论基础涉及语言学、跨文化交际学、经济学、管理学、教育学等多个学科的交叉性学科，或以语言学和应用语言学为学科基础，注重吸收其他学科的理论与实践研究方法的综合性交叉科学。

经济全球化的飞速发展进一步提升了社会对国际化商务人才的需要，加上商务英语专业毕业生"外语＋专业"的复合型优势，商务英语在中国的发展近年步入了"快车道"。该专业一直是全国最热门专业之一，深受考生和家长的追捧，2007 年被教育部正式批准成为一个新的独立专业，从而进入了一个高速发展阶段。2012 年商务英语成为目录内基本专业，专业代码 050262；截至 2015 年，全国已有 300 所高校开设本专业。商务英语专业已经覆盖了大专、本科、硕士和博士所有类型和层次的办学。虽然商务英语学科和专业发展已经日趋完备,但目前中国尚没有建立起完善的课程体系。一方面,全国尚缺乏一套比较规范的商务英语专业课程体系设置指南;另一方面,商务英语专业大专、本科和研究生各个层次办学的课程体系设置比较混乱,可以说是"千差万别",例如,有些商务英语本科专业在英语语言类课程的基础上,仅开设了诸如国际贸易实务、国际结算、商务概论等极少数商务类课程,而有些却在细分方向上开设了非常系统的商务类课程。

据了解,由教育部组织编制的《高等学校商务英语专业本科教学质量国家标准》将于 2016 年底正式发布。它将是商务英语本科专业准入、建设和评价的依据,各高等学校应根据本标准、相关行业标准和人才需求,制订本校商务英语专业培养方案。本标准适用于各类高等学校的商务英语本科专业。学制 4 年,授予文学学士学位。

然而,这一国家标准只适合各类商务英语专业本科专业,并不适用于商务英语高职高专、硕士研究生和博士研究生各类专业。同时,各类别或各个层次的商务英语课程体系设计的基本思路和基本原则,还需要基于理论和实证研究进一步深化和提炼。因此,本研究成果的适时推出,将为全国高校各个类别或各个层次的商务英语专业课程体系设计和构建提供指导、借鉴和参考。

1.2 研究目的

本研究的主要目的是论证并提出一套涵盖各个类别或层次商务英语专业课程体系设计的基本原则或标准,服务于推进全国高校商务英语教学改革,提升商务英语办学质量和水平。

本研究的具体目的包括:一是以点面结合的方式,全方位地为商务英语学界人士介绍商务英语课程体系研究的基本面貌;二是创新性地提出一个崭新的商务英语理论体系,填补相关理论研究的空白;三是构建一个更加系统和科学的商务英语课程体系理论分析框架和课程设置思路,用于指导各个层次商务英语专业课程体系的实证研究;四是深入开展商务英语课程体系设置实证研究,论证和提炼出高职高专、本科、硕士研究生和博士研究生各个层次课程体系设置的参考因素、遵循原则和参考标准,从而服务于全国高校商务英语教学改革和质量提升工程。

1.3　研究方法

　　本研究运用归纳分析法,对国内关于商务英语课程体系研究文献进行分类整理,归纳概括出课程体系沿革与现状、课程体系理念、课程体系设置原则、课程设置内容、课程体系设计(设想)、课程评价等六个方面的基本观点和研究成果;拟采用理论演绎法,归纳并提炼一个新的商务英语理论框架;采用问卷调查实证研究法、定性和定量研究分析法,论述和概括适合各个层次商务英语专业课程体系设置的基本思路和基本原则。同时,本研究还采用对比研究法,对全国不同地区院校商务英语专业课程体系设置结构和原则进行横向对比分析;针对不同层次办学课程体系设置实践,根据培养目标和特色需要进行区别化研究。并运用综合分析法,对国外商务英语培训课程体系进行研究,总结出国外商务英语培训课程体系的特点,提出了对于国内商务英语课程体系建设的启示与意见。

1.4　研究结构

　　本研究的路径大致沿着研究背景、文献研究、理论基础、实证分析、结果论证和设计思路(原则)的技术路线(步骤)进行。以理论指导实践研究,又以实证分析论证理论思路;综合运用教学理论的基本研究方法,采用系统分析研究、规范

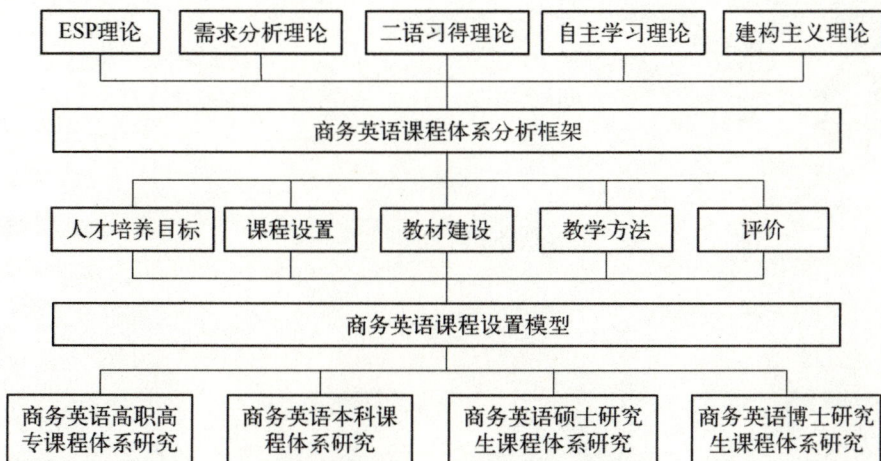

图 1.1　商务英语课程体系研究路线图

分析研究和实证分析研究相结合的方法。在总结目标定位、课程结构、课程内容、知识体系、评价标准、办学层次、教学方法以及师资素质等课程体系要素特点的基础上，设计出商务英语课程体系分析框架和课程设置模型，提出建设商务英语课程体系的原则（标准），形成既有规范性又有灵活性的课程体系，从而达成构建商务英语课程体系的基本思路。

第2章
商务英语课程体系研究文献概述

　　我们在进行"商务英语课程体系研究"的同时,也借此机会收集了国内关于商务英语课程体系的部分研究文献。在分类研究的基础上,对41篇关于"商务英语课程体系与课程设置"的文献进行了整理分析,其中包括:《国际商务英语课程体系构建理论问题探讨》、《基于语言经济学的商务英语教育研究》、《ESP需求分析理论框架下的商务英语课程设置》、《商务英语课程设置及教学现状调查分析》、《基于交流需求分析和跨文化两维视角的商务英语课程体系优化观》、《基于国际化人才培养的高校商务英语课程建设》、《大学商务英语课程目标及教学原则》、《商务英语实践能力结构及其立体化课程设置的探析》、《理工科院校的商务英语课程建设探索》、《高职商务英语专业课程设置研究》、《商务英语课程设置中文化素养教学的重要性与有效性》、《培养复合型人才的有效方式——商务英语专业课程评价》、《商务英语课程效能评价指标体系研究》等研究文献。我们将这些研究文献的基本理念(观点)和部分内容分为:商务英语课程体系沿革与现状、商务英语课程体系理念研究、商务英语课程体系设置原则、商务英语课程设置内容、商务英语课程体系设计(设想)、商务英语课程评价六个方面。现将"研究文献"的相关内容按照这六个方面的思路辑录如下,供大家作为研究商务英语课程体系的参考。关于师资队伍建设、教材编写、教学目标、教学内容、教学法等内容,因为在本书中另有论述,在此没有进行整理和引用。

　　我们认为,整理辑录关于商务英语课程体系研究文献,汇集文献作者关于商务英语课程体系设计和课程设置的研究成果和基本观点,对于我们进行商务英语课程体系的研究具有积极的借鉴意义:一是可以反映出目前商务英语课程体系理论研究的现状;二是可以为构建商务英语课程体系提供研究思路;三是可以为商务英语课程设置提供建设性的参考意见。

2.1 我国商务英语课程体系发展沿革与现状

2.1.1 我国商务英语发展概况

商务英语专业从英语专业分化出来,继承了英语(商务方向)教学研究理论成果,课程设置也从英语专业课程基础上演变而来。最初的课程设置都是依据《高等学校英语专业英语教学大纲》(下称《教学大纲》)的规定培养复合型英语人才,按《教学大纲》的建议设置课程,学时百分比总体为:英语专业技能课程67%,英语专业知识课程15%,相关专业知识课程18%,商务英语教学限制在相关专业知识课程中(俞建耀、刘法公,2013)。

国内商务英语课程设置经历了前学科阶段(模式一与模式二)和学科初创阶段(模式三),目前正处于初创阶段。模式一为英语(商务方向)ESP拓展模式;模式二为全英仿商科教育模式;模式三是商务英语专业学科课程模式。经过多年的发展,商务英语在国内已发展成不同模式,如广东外语外贸大学的"英语+商务"模式、北京外国语大学的"商学专业"模式和对外经济贸易大学的"商务+英语"模式。从2007年起,对外经济贸易大学商务英语专业开始招收来华留学生,目前规模已达100人,商务英语已成为受到国内外学生广泛欢迎的新型英语专业(陈准民、王立非,2009)。

我国的商务英语教学始于20世纪50年代,从对外经贸大学1951年创办"外贸英语"开始,并一直沿用到20世纪80年代。教学内容主要围绕外贸英语函电和外贸英语口语等展开(俞建耀、刘法公,2013)。随着全球经济的发展,20世纪80年代以来,由于社会对专门人才的需求,出现了商务英语(Business English 或 English for Business)。商务英语教学在我国真正发展还是在近20年,其课程名称极不统一,有"商务英语"、"商业英语"、"商贸英语"、"外贸英语"、"经贸英语"等多种说法(阮绩智,2005)。教学内容主要围绕外贸英语函电和外贸英语口语等展开。到了90年代,由于我国的经济逐步与世界接轨,国家的商务活动已不仅限于经贸的范畴,还延伸到金融保险、工商管理、投资融资、涉外法律、信息技术、现代物流等领域。高校的外贸和外语教育也相应地不断改革,课程设置和教学内容不断扩展,商务英语逐步取代了外贸英语,从一两门课程发展成为涉及国际商务各个领域,由多门课程组成的一个学科体系(俞建耀、刘法公,2013)。

1995年我国的硕士研究生专业目录中,商务英语被列入"语言学与应用语言学"学科中。教育部批准在高校本科招生专业中设立商务英语专业,2007年对外经贸大学成为全国首个经教育部批准开设此专业的大学；2008 年又有广东外语外贸大学和上海对外贸易学院两所大学通过审批。截至 2009 年，教育部已批准对外经济贸易大学等 7 所高校设立商务英语本科专业，全国已有近 300 所院校开设了商务英语方向或课程，国内院校不但招收商务英语方向的本科生和双学位生，而且还招收研究生。目前，招收商务英语专业本科学生的高校已达 15 所，包括上海财经大学、上海外国语大学、西安外国语大学等。商务英语本科专业的成功设立，标志着商务英语经过 50 多年的发展，已经在我国高等教育专业序列中取得了应有的学科地位，这也意味着商务英语将作为一门适合我国经济发展和社会需求的独立专业继续获得发展，将成为我国培养国际化人才的有效模式和新型途径（宋娜娜，2012）。

现在，商务英语也称"国际商务英语"，加上"国际"二字表示与涉外商贸有关。实际上，现在所说的"商务英语"更多的是出自实践者口中，而非理论家的笔下（Johnson，1993）。商务英语一般也指高等学校和语言学校所开设的课程。由于学习者的背景不同、动机各异，所以，各种名目的"商务英语课"虽有其共同特点，但往往差别甚大，而且，高校开设的商务英语课程和社会上的商务英语培训课程也有一定的区别。

随着经济的发展，我国对外经济战略正在从"出口导向型"向"全球化经营"转变，对商务英语人才的培养已从过去的"单一型"外贸人才转向国际商务的"复合型"人才。当今商务英语的内涵已包容与商务有关的所有领域，不再局限于"外贸函电"和"外贸英语"的狭窄范围，发展成为包括国际贸易、金融、营销、管理、电子商务和跨文化交流等在内的完整的商务英语体系。从培养目标上看，商务英语课程的教学目的不仅仅是了解外贸函电写作和一些专业知识，更重要的是能够灵活运用英语进行有效的商务沟通，处理国际商务中的实际问题。这种变化和概念的更新给商务英语教学在教学内容和质量上提出了更高的要求（阮绩智，2005）。

2.1.2　我国商务英语课程体系与课程设置现状

"捆绑起来的舢板不等于航空母舰"。我们必须冷静地看到这样一个实际情况，即在一段时期内，商务英语专业之所以有较高的增长速度，主要是基于国际和国内的需求的拉动作用，是一种"数量型"的外延扩张状态。学科专业数量（规模）的增长反映的只是商务英语教育发展的表层；规模的增长依靠的是教育资源的"投入"和对教育资源的"消耗"，实际上是属于"外延式发展"。"看似空前繁荣的商务英语教学，其背后却是一种浮泛的平面化状态，我国商务英语教育正处于一种多元化、粗放型的规模扩张状态，急需进行规范与专业内涵建设"（莫再树，

2014)。商务英语要做到可持续科学发展,应该在认真总结学科发展经验的基础上,"制定能充分体现市场导向性、反映商务英语专业教育内在需求与规律、具有成本效益的商务英语培养模式、课程体系、教育政策与规划,成为语言经济学视角下的商务英语教育研究的关键问题,这一问题关系到商务英语专业特色的鲜明性能否凸显,关系到商务英语复合型人才培养模式的成败,关系到社会对商务英语人才的评价与商务英语教育政策的制定"(莫在树,2014)。商务英语专业应着力转变办学理念,强化教育质量意识,摒弃外延式发展思维,转入内涵式发展轨道。

2.1.2.1 商务英语课程体系与课程设置的主要问题

目前,商务英语课程设置远不够完善和健全,更没有从商务英语学科建设高度上,对课程体系进行系统化研究和建设。存在的问题主要表现在(宋娜娜,2012):

(1)课程设置趋同,缺少应有特色。商务英语专业开办之初,众多学校普遍缺乏真正意义的市场调研,对人才的社会需求状况、人才标准、岗位职业能力等要素把握不准,一些学校在课程设置上单凭主观经验,或仅凭学校的师资条件进行课程设置,有的学校干脆从其他学校照搬照抄。其课程设置没有依据各自学校自己的特点进行改造与创新,缺乏科学的课程精选,体现不出学校自身的办学基础、特色优势及服务面向,课程设置存在着千校一面现象。

(2)教学大纲缺位,课程设置不够完善。目前在我国高校尚无统一的 ESP(专门用途英语)的教学大纲,ESP 在高等英语教育中的定位也不明确,这导致了我国 ESP 教学面临许多问题。商务英语作为 ESP 的一个分支,也深受其影响——既没有统一的大纲,也没有课程设置的标准。尽管已出台《高等学校商务英语专业本科教学要求(试行)》,但因各高校办学背景和办学经历不同,加之对商务英语的认识存在差异,教学目标定位不清,课程内容缺乏科学、严谨的规划,各高校商务英语课程设置随意性较大,教学计划相差甚大,所用教材各自为政,所开课程极不统一,差异性很大。尤其是许多院校商务英语专业盲目地开设和扩招,其课程建设及人才培养质量更是不尽如人意(宋红英,2014)。

(3)课程结构单一,教学针对性不强,未能把握商务英语复合性的特点。部分商务英语专业都是在 20 世纪 90 年代后,为适应英语专业改革及高职教育的新形势而匆匆设立的,缺乏对商务英语特点的研究,加之教师专业背景(多为英语专业)单一、专业化程度不高。在课程体系设计上,多数学校没有按照一定的教学理念,对课程进行重组优化,而是对原有课程进行删减与增补。由于专业教师自身英语背景的关系,课程设置出现重英语、轻商务的现象。语言类课程相对完整,商务类课程被"矮化",仅仅解决了商务类课程有无问题,无法突出其"商务"专业特性,专业课程无法深化拓展。未能把握好商务英语的"复合性"特点,在课程设置中,"商务"与"英语"脱节,两者缺乏契合点,简单地增加两三门专业课程既不能体现学科知识的系统性,更谈不上技能的系统训练与实践能力的培养,存在着语言技能学习与商务专业知识比例失调的现象(姚璐璐,2007)。

(4) 课程体系不健全,实践教学体系缺失。商务英语专业应突出培养人才的应用能力,课程体系强调知识与能力的有机结合,重视课堂与实践教学的有机结合,强调实践教学的落实。要求专业教育以职业为导向,突出语言能力和商务操作技能训练的主体地位,强调职业技能培养。实际上,该专业在课程设置中明显存在以下问题:理论和实践教学分配比例不合理,课程设置不完整,没有建立相对独立的实践教学体系,实践环节重视不足,缺乏真正意义的专业实验室、实训中心,校外实习基地建设跟不上发展等(严玉萍,2013)。

(5) 课程设置缺乏理性思考,难以体现知识、能力、素质协调统一。商务英语课程设置中难于兼顾"涉及面广"和"重点明确"两个要素。一些院校在该专业课程设置和教学上,主观设置课程,缺乏理性思考,不结合实际地照搬照抄其他院校的课程设置,还存在着重理论知识传授,弱化能力和素质培养的现象,体现出课程设置的盲目性和随意性。学生在知识、能力、素质等方面难以做到统筹兼顾,语言与商务技能难以协调统一,从而导致出现以知识传授代替能力培养和技能训练,忽视学生职业素质的培养和文化内涵的提升,学生缺乏岗位创新意识和创新能力的现象。课程设置和教学诸多问题最终体现在学生就业方面出现问题:即找工作难,上手慢,能力差,发展后劲不足(严玉萍,2013)。

(6) 商务英语课程体系理论研究不足 。商务英语专业教育质量跟不上办学数量的快速增长,专业内涵质量落后于办学规模的发展。商务英语课程体系的有关理论和实践教学体系等综合性研究亟待深入,具有可操作性的课程体系及教学研究明显不足 (宋红英,2014)。国内对于专门用途英语的理论研究比较少,主要是对国外现有理论的学习研究,对于课程在实践教学中遇到的困难缺乏广泛深入的研究,对商务英语课程的总体设计更是少之又少,最多也是提出课程设计思路,并没有解决对策和设计方案,缺乏有深度的理论探索研究(王佩、王民,2015)。

(7) 专业师资队伍严重匮乏。许多任课教师不具备丰富的商务知识或实践背景,无法有效地开展商务英语教学;由于教师不清楚学生的实际学习需求,不了解他们需要什么样的语言技能和专业知识,所以他们的教学往往带有一定的盲目性。目前教师中还有一种比较流行的观点,即英语专业毕业生只要加学几门国际商务方面的课程即能从事外经贸活动。因此,在教学中教师不以学习者为中心,存在着填鸭式为主的教学方式,学生参与课堂活动的机会不多,教学内容缺乏针对性。其结果是,学生通过学习掌握了不少经济和外贸知识,但是缺乏将所学知识应用到实际工作中去的能力(管春林,2005)。

(8)教材缺乏针对性。大多数经贸英语教材试图包含商务英语的各个领域(如保险、金融、运输、国际支付、专利等),结果造成教材缺乏针对性,而且这些教材大多侧重介绍外贸知识,而对实际技能的培养重视不够(管春林,2005)。

商务英语目前的状况难以满足广大高校培养一流国际化人才的需求,并与大学英语教学改革的目标相差甚远。如何确定培养目标、制定教学大纲、推进商务英语课程建设是目前所有院校亟需解决的问题(宋娜娜,2012)。

2.1.2.2　商务英语课程体系存在问题的主要原因

培养目标是商务英语课程设置之根本。从本质上分析,商务英语培养目标普遍缺乏系统研究与思考是产生问题的根本原因,而人才培养定位、人才规格的界定是否清晰,课程设置是否科学等又涉及各校办学层次、办学类型、行业背景、市场需求、生源结构等方面。总之,培养目标决定商务英语专业的走向及其培养方法,关系到人才培养的深度与广度(宋红英,2014)。

(1)专业定位不准对课程设置产生直接影响。商务英语专业培养涉外商务行业应用型人才,专业涵盖面较广。许多院校,尤其是高职院校对该专业定位不明确,对于职业面向、可择岗位、教与学双方状况不清楚。因为对商务英语专业定位缺乏综合性、开放性思考,造成在课程设置上应遵循的原则体现不清,在"培养懂商务英语人才,还是懂英语的商科人才","用英语教商务,还是以商务为内容教英语","专业培养以英语为主还是以商务为主","如何把握语言知识及能力教学与商务技能培养的关系"等问题上不确定。归根结底是由于专业培养目标定位不准确、培养目标不清晰所造成的(宋红英,2014)。

(2)专业认识误区和偏差造成课程设置针对性不强。商务英语专业是跨学科复合型专业,不是单纯英语专业,不是纯商科专业,不是英语和商务的简单相加,而是有机结合体。它强调英语语言能力,重视商务知识和技能。由于认识误区和偏差及局限性和片面性,一些学校在课程设置、教学安排等方面没有对其应用性和复合性给予充分重视,对商务能力培养缺乏针对性,仅停留在英语和商务简单相加阶段。大多数院校该专业课程设置有精读、口语、听力、写作、国际贸易实务、国际金融、市场营销、商务谈判、电子商务等,课程设置貌似齐全,但因为不少院校没有注重将学生英语、商务知识向商务能力转换,使得课程设置距商务英语人才培养的要求还有一定距离(宋红英,2014)。

(3)教师单一专业背景制约了商务专业课程设置的厚度和广度。由于扩招因素,许多学校普遍存在师资不足、教师负担重,使得专业发展受限制的现象。更重要的问题是,对于众多学校而言,真正懂商科专业的教师严重缺乏,成为制约课程设置和教学深入的最大障碍。目前各校教师主要以传统外语系普通英语教师组成,教师学科背景、学历结构、知识结构、能力结构等组成不合理。教师队伍专业化建设是制约商务英语课程设置和专业培养目标实现的重要瓶颈之一(宋红英,2014)。

2.2　关于商务英语课程体系理念研究

办学理念和教学思想是课程体系设计和课程设置的理论指导,有什么样的教学思想就会有什么样的课程体系和课程设置模式。办学理念决定了课程设置标准和课程设置的权重;办学思想、教学理念的现实情况体现出课程体系和课程设置的完整性以及成熟程度;关于课程体系和课程设置的理念,更是直接反映了学科专业教育的方向性和科学性,它渗透于课程体系各个方面和教学的全过程,是建立规范、完整、科学的课程体系的思想基础。

2.2.1　关于商务英语的价值取向

在国内商务英语教育界,人们对于商务知识与英语语言谁主谁次的问题上有两种不同取向:一是强调国际商务英语其学科构成必须以国际商务为核心,涵盖国际商法、国际贸易理论与实践、国际金融、国际市场营销等学科,形成国际商务特色;二是主张以英语语言为主体,辅之以多种必要的经贸知识课程,强调要学好商务英语必须先学好普通英语、基本英语,否则所学的商务英语只能是皮毛,是无源之水,无本之木,无法巩固,无法深入,更不能进一步提高(史天陆,1998)。我们应该对商务英语专业教学的核心概念和概念体系进行提炼和归纳,特别是按照 Bhatia(2002)关于专业技术论述的思考框架规划商务英语教学内容,为商务内容课程教学确立重要的理论依据,不再纠缠于姓"英"还是姓"商"的问题。其专业技术包括三维度:(商务)学科知识(内在逻辑)、行业惯例做法(认知行为策略)、话语产出和接受能力(语言策略技巧)。话语能力不脱离另外二维度,随着学科知识和行业惯例做法的积累而增强。由于三维互动综合地体现在话语产出和接受能力,所以话语产出和接受能力成为商务英语教学内容组织的原则(俞建耀、刘法公,2013)。

上述两种商务和英语的价值取向的观点,就是商务与英语的关系问题,也就是在课程体系设计和课程设置中的课程权重(比例)问题。课程设置的标准问题,说到底,就是商务英语专业教学目标定位问题:即培养什么样的人? 是职业化人才还是研究型人才? 是学历教育为主,还是职业教育为主? 是商科知识(技能)为主还是英语知识(技能)为主? 这样的问题会从根本上决定着课程体系设计和课程设置的内涵和走向。解决上述这些问题需要时间和契机,本书的一个重要任务就是进行关于商务英语课程体系理念的探索研究。我们在此介绍下列关于商务英语课程体系与课程设置的理念和观点。

2.2.2　商务英语与课程建设

商务英语可以分为两类,一般商务用途英语(English for General Business Purposes,EGBP)和专门商务用途英语(English for Specific Business Purposes,ESBP)(Dudley-Evans etc. , 1998)。EGBP 主要针对没有商务工作经验的在校学生和刚涉足商务活动的学习者。虽然它也以商务为背景,但没有专门的商务用途,课程设计近于普通英语,主要是语言技能加上一般的商务背景知识,着重培养学生在一般商务环境中使用语言的能力。我国高校开设的商务英语课程即属此类。ESBP 是指已有商务工作经验或经历的学习者使用的英语。各类商务英语培训机构或企业为在职人员开设的英语培训课程属此类(阮绩智,2009)。

西方英语语言教学(ELT)对诸如 curriculum,course 和 syllabus 等术语的阐释是有较大出入的(Stern, 1983; White, 1988; Nunan, 1991)。在英国,curriculum 和 syllabus 的含义颇有不同,前者指一所学校或一种教育制度所要实现的教学内容和教学目标的总和,后者则具体指某一科目所包含的具体的教学内容(White,1988)。而在美国它们则含有同样的意思。按照 Nunan(1991)的观点,syllabus 实际上是 curriculum 的一个组成部分。一般认为 curriculum 是"课程大纲",它包括的不仅仅是教学的内容,而且还有教学的目标和学习活动。syllabus 则可理解为"科目大纲",其重点是在教学内容的选择和组织上(赵军峰,2006)。

课程建设是一项系统工程,涉及教学目标、教学内容、教学方法和手段、教师队伍建设、教学评估等方面。课程建设的质量直接关系到高校的教育教学水平及人才培养的质量。商务英语专业是以英语和经营类(管理学、经济学、法学、贸易)等相关学科的主干课程为主修内容的应用型、交叉型、多门类的复合型学科。它的目标是培养能够以英语为工具,独立、熟练、直接、有效地进行各种国际商务活动的国际型人才(张武保等,2009)。人才培养是课程设置的起点和终点。合理的课程设置是保证商务英语专业健康发展的基础,也是人才培养质量的保证,在课程体系中具有重要意义。

2.2.3　关于课程目标

课程目标的重要性在于它是对课程实施结果的一种预期,也就是课程价值观的具体化,它决定了课程内容的选择和组织、教学实施和评价,也是界定教学成功与否的一个标准。无论何种课程设置模式,都应该满足商务英语人才应具有的专业知识与能力结构。商务英语课程的培养目标可分为科学基础目标、实践能力目标和人文素养目标。科学基础目标指的是培养学生具有扎实的英语语言基础及丰富的商务理论知识;实践能力目标是指提高学生社会实践能力,确保学生的社会实践有质量、有内容;人文素养目标是指全面提高母语国家和英语语言国家的文化素养,具有丰富的人文情怀(赵博颖,2014)。

大学商务英语课程的目标可描述如下:商务英语课程作为英语专业(或经贸等相关专业)高年级的一门主干专业英语技能课程,旨在通过学习商务英语语言材料和商务专业知识,拓宽知识结构,强化商务英语技能。该课程不仅帮助学生掌握必要的商务英语知识和商务知识,更重要的是培养学生在各种商务环境下熟练运用英语知识与技能的能力(阮绩智,2005)。

为了培养高层次、高素质的复合型人才,我们在为学生提供语言、管理、金融、贸易等各个领域专业知识的同时,也应鼓励学生将这些知识与自身的专业整合起来,积极探讨全球性难题,引导学生增加认识的深度和广度,增强自主学习能力和开拓创新精神,以适应不断变化的知识体系和社会环境(宋娜娜,2012)。

作为一门复合型专业,商务英语所培养的学生不仅需要较高程度的英语语言知识和应用技能,还应具备较强的跨文化交际能力与较高的人文素养,才能在国际环境中成功地使用英语从事各种商务活动。要实现这个目标,需要设置一系列的英语语言和文化素养方面的课程,并在商务英语专业课程教学过程中,贯彻对学生人文素养和文化意识的培养。一门 ESP 类型的商务英语课程不可能承担所有文化知识和信息的导入。首先,有必要设置一系列的英语语言文化和母语语言文化课程,如英美文化、中国文化、欧洲文化以及跨文化交际学等。这类课程能够系统地提供大量有关语言文化背景方面的知识。其次,充分利用商务英语专业主干课程教材。商务英语专业主干课程教材中许多课文和文化是相互融合的一个整体,学生们在学习这些原文课文时,除了必须学习基本的英语语言技能,还应了解与之相关的英语文化背景知识(李嫦娥,李晓坤,2013)。

商务英语课程体系应该反映出现代化的课程理念:

(1) 课程体系体现以“人的全面充分和自由发展”为本质的理念:国际商务与英语的结合,本身就是课程组合的一个进步,它为培养应用性复合型高级外语人才奠定了良好的基础。以往的纯英语课程,无论是课程的设计还是课程的实践,人们关注的是知识和知识的积累,是学科结构和学科,关心的是“专门职能化”的整齐划一的培养目标,而对人的个性发展及适应社会的能力发展有所忽略。随着社会的迅速发展及其对外语人才的要求提高,外语教学必须进一步拓宽课程的专业适应口径,提高学生对职业和社会生活的应变能力,构建多样化课程体系,在课程中既重视逻辑结构又重视知识发展结构,既重视知识的更新又重视知识定向的整合与应用,从而满足培养全面发展的应用性复合型外语人才的需要。

(2) 课程体系体现商务英语专业课程综合化的理念:以往高校的课程缺陷主要表现在自然科学与人文社会科学教育割裂,科学教育与人文科学割裂。"人的发展走向片面化,学文的不懂理工,学理工的不懂文科,整个社会的能力生活日益分割为两个极端的集团"(许建领,2000)。文科出身的外语学生不懂理工不懂经济,这是以往众所周知的外语人才缺陷。国际商务英语跨学科结合的课程体系,在这方面打开了一个突破口。目前,有条件的综合大学或理工类院校,外语专业学生跨系跨专业选修适合自己兴趣的理工类课程或经济类课程,成为精英语、懂商务、会文秘或财会、工业管理的应用型复合外语人才。还有的院校为理工专业的学生开设商务英语第二专业,为更多的理工科学生提供了学习经济、商务、外语的环境与条件,培养了一种新的复合型理工人才。这两种培养模式颇有创意,值得探讨。而学生跨系修课也反映了学生对课程综合化的强烈要求。因此,商务英语课程体系必须协调三方面的关系:学科与学科之间的关系、课程内容与社会需要的关系、课程与学习者之间的关系,以此达到课程综合的目的。课程综合化更加注重学科特性或专业特性,它不仅是课程结构的综合,也是课程内容的综合;不仅是学生知识结构的综合,也是思维结构、价值观念的综合(丁丽军,2001)。

2.2.4　关于课程的本质观、课程的价值观、课程的构成观

在建立新型的商务英语课程体系之际,我们有必要对符合当今课程改革潮流的新型课程观有所了解。课程研究专家(黄甫全,1999)就课程的本质观、课程的价值观、课程的构成观提出下列见解:

2.2.4.1　关于课程的本质

我们应该树立全面的观点,即把课程看成既是一种"教育计划",也是一种"预期教育结果",还是一种学生获得的"教育经验"。而且,还应该从"人的本性是活动"这一观点出发,把课程看成是"一般教育进程",它不仅仅是存在于"观念状态"的可以分析的"计划",还是生成于实践状态的整体教育活动。这一活动涉及的各个要素,如教育对象、教师、教材、教学设备对于活动的成功与否都有影响。

2.2.4.2　关于课程价值

我们应形成辩证整合的课程价值观;建立以学生为本的课程体系,注重学生

个体需要,解决课程的个体价值割裂问题;注重人文与科学的整合、公平与效益的整合、普及与提高的整合、阶段与终身的整合。

2.2.4.3　关于课程的构成

我们以往一方面把课程载体构成狭隘化理解为"教材",缺乏课程包或多媒体课件的现代观念;另一方面把课程实质构成狭隘化理解为"教学内容",将内容与目标、手段、方法、评价等割裂开来。我们现在应该超越课程就是教材的观念,将其扩大为课程材料,包括课程原理、课程计划、课程标准、课本、教学指南、教师指导、补充材料课程包等方面。课程体系的研究以及改革,一方面不能仅仅把着力点放在课程计划、课程标准和课本上,还必须重视课程原理、教学指南、教师指导、补充材料、课程包以及多媒体课件。关于课程的过程,我们应该认识到课程是一段教育进程的特点,从而注重课程的微观过程和宏观过程。在微观过程的课程规划、课程实施与课程评价三个环节中,不仅需重视课程规划过程中的原理分析、目标确定、内容选择和内容组织以及制订课程计划、编制课程标准和编写教材等,更要重视教学目标、教学设计、教学策略和方法以及组织教学等课程实施过程。同时还要重视教学评价和课程评价等。我们应该建立课程改革、变迁、创新的经常机制,使课程始终处在变化发展之中,从过去的"死"课程变为现代的"活"课程(丁丽军,2001)。

2.2.5　关于课程概念

课程概念在国外有以下几种界说(孙宏安,2000):

(1)课程是学校传授给学生的,使他们获得毕业证书或进入职业领域资格的教学内容和具体教材的总计划;

(2)课程是一种学习计划;

(3)课程指学校为满足学生学习需要与预期教育目的而进行的思想与活动的总体内容等。

课程概念在国内有以下几种界说:

(1)课程是为实现学校教育目标而选择的教育内容的总和;

(2)课程是旨在遵照教育目的指导学生的学习活动,由学校有计划、有组织地编制的教育内容;

(3)课程是学习者在学校指导下获得的全部经验。

商务英语课程是我国高等教育课程的一个组成部分。就其性质而言,基本符合课程是"旨在遵照教育目的指导学生的学习活动,由学校有计划、有组织地编制的教育内容"这一国内课程概念的界说内涵(丁丽军,2001)。

2.2.6 关于课程特征

我国现行高等教育课程有以下三个基本特征(母小勇,1999):

(1)"传授知识"取向的高等教育课程。课程以一门学科的基本知识和基本技能为核心。在这种课程中,"传授知识"是教学的首要任务。

(2)"科学主义"取向的高等教育课程。大学课程学问化是"科学主义"大学课程的显著特征。"科学主义"课程理论认为,学问知识是大学课程的唯一源泉。课程要依据学问逻辑与结构展开,学习者的本性、要求、兴趣这一类心理特点以及社会问题和生活经验等等都不能作为课程内部取舍的依据。

(3)"专门职业化"取向的高等教育课程。这种大学课程以"专门化"为显著特征。无论是专业设置还是培养目标都过分屈从社会某些专门行业、职业的需要,导致课程内容精深狭隘,课程之间融合性极差。面对科学技术在高度分化基础上出现的高度综合趋势,通过传授定向性专业知识与技能来满足特定职业需要的高等教育课程已经陷入了捉襟见肘的尴尬局面(马亚娜,2014)。

课程体系是高等学校人才培养的主要载体,是教育思想和教育观念付诸实施的桥梁。它指若干相互关联的课程组织或结构,它不是各门科目的简单叠加,而是一个统一整体,表现为知识的连续性和层次性(郭亚卿,2015)。商务英语课程体系的研究与设计,是关系到学科发展和人才培养规格的大事,是十分重要的基础性建设,课程体系直接体现了教学目的和培养目标。商务英语课程体系构建是一项系统工程,涉及内部和外部诸多方面因素,课程体系设计成功与否取决于这些因素间关系达到和谐平衡的程度。课程体系是龙头,它可以带动教材建设、师资队伍建设,带动教学方法和教学手段的改革,可以改革并完善学生的知识结构(王兴孙、陈洁,2001)。

2.3 关于商务英语课程设置原则研究

课程设置是商务英语专业的教学基础和根本落脚点,科学规范且能动态调整的课程设置是实现商务英语培养目标的保障。目前商务英语专业还没有全国统一教学大纲,课程设置还没有统一范式。根据商务英语专业的特点,国内外教育课程模式相关理论,针对商务英语专业培养目标定位,必须遵循一定的原则进行课程设置(宋红英,2014)。商务英语由于学校层次、学校门类、所在区域的差异,应该在课程设置方面,体现出层次化、地方化和特色化的特点,这是符合商务英语专业发展规律的必由之路。在坚持商务英语专业基本的发展方向(标准)的前提下,我们提出构建商务英语课程体系应该遵循的四个原则,作为设计商务英语课程体系的参考:即资源优化配置原则、多维度匹配原则、弹性化原则和动态完善原则(详见本书第五章)。在此,我们特推出阮绩智、王贵芳、李东亮、唐伟清、王兴孙、陈洁、杨慧、徐丕青等人提出的商务英语课程设置的如下原则。

2.3.1　专门用途英语课程设置的基本原则

作为专门用途英语课程设置的基本原则,Strevens(1988)曾就专门用途英语的共性和差异做了分析,提出四个重要原则和两个可变原则,四个重要原则为:① 课程设置必须满足学习者的特定需求;② 课程在内容上与特定的专业、职业以及活动有关;③ 在句法、词汇、语篇、语义及语篇分析上,课程重点必须放在与那些特定专业、职业及与之相关活动的语言运用上;④ 必须与 EGP 有鲜明对照。两个可变原则为:① 可以只限于某一种语言技能的培养(例如只限于阅读技能或言语识别等技能的培养);② 可以根据任何一种教学法进行教学(也就是说,尽管交际法通常被认为是最适合 ESP 教学的,但 ESP 并不只局限于交际法)。

总之,任何 ESP 课程都具有一个共性,即课程设置必须满足学习者的特定需求。因此,为了培养适应社会主义市场经济条件下的高素质复合型英语专业人才,作为英语专业复合型课程的商务英语课程设置应以需求分析理论为指导,坚持目标性、需求性、科学性、系统性和发展性原则,并将这些原则贯穿课程设置、教材选编、教学过程与教学评估的始终,使教学更具有针对性和实效性,最大程度地满足目标需求和学生学习需求(阮绩智,2005)。

2.3.2　需求性原则

商务英语课程教学的出发点应该是学以致用,这也是课程设置的落脚点,合理科学的课程体系应该建立在需求分析的基础上。需求分析不仅对学科建设具有理论意义,更重要的是对课程设置、课程设计和教学实践具有现实指导意义,这是设计商务英语课程体系要考虑的前提原则(阮绩智,2009)。鉴于商务英语专业教学目标具有多样性和复杂性的特点,我们在设计课程和选定教材之前,有必要进行深入全面的需求分析。深入细致的需求分析,对于设置课程大纲、选用合适的教材,起着至关重要的作用。

培养复合型英语人才是大纲规定的培养方向,付诸实践势在必行。但是由于各地区社会与经济发展的需求不同、各校本专业发展状况不同以及其他诸多的因素,培养目标与规格以及教学内容与形式自然会有区别。尽管有许多参照因素,但各校应根据自己的实际情况,把社会需求与本土化选择相结合,形成自己的办学特色。在培养口径上,根据所处的社会环境的需求和变化及学生个性与特长的发展,设置多个相关专业课程群,供学生自由选择。这种培养方式有利于打破原有培养模式狭隘的知识结构,拓宽学生的视野和思路,顺应人才市场的需求;而且,这种语言知识与专业知识的融合在相当程度上扩展了学生的职业发展平台,使他们能够依托扎实的语言基本功,在语言交流的平台和专业领域里发挥专业优势并具备较强的竞争力(阮绩智,2009)。

因为商务英语专业的应用性很强,开设本专业的大多数是应用型高校,所以课程设置应当建立在社会需求分析的基础之上,根据院校自身实际情况,合理构建服务于区域经济和地方发展的商务英语专业特色课程体系,以培养地方经济发展需要的人才。需求分析下的商务英语课程设置原则包括三个方面:目标需求与学习需求相结合的原则;学生、学校与社会需求兼顾的原则;大纲制定、教材选择及教学实施要体现各种需求的原则(王贵芳,2015)。

2.3.3 目标性原则

《高等学校英语专业英语教学大纲》明确提出外语专业培养的人才必须是复合型的,并规定必须开设英语专业技能课程、英语专业知识课程和相关专业知识课程。其中相关专业知识就是指除外语专业知识之外的某一复合专业的知识,包括外交、经贸、法律、管理、旅游、新闻、教育、科技等方面的专业知识,而这些专业知识正是 ESP 课程的教学内容,是培养复合型外语人才所必不可少的。因此,商务英语设置课程必须以《大纲》为指导,其课程内容和教学形式必须突显复合型外语人才培养目标性原则(阮绩智,2009)。

2.3.4 系统性原则

商务英语的复合型特点要求课程设置不仅要遵循两个知识领域内各自学科设置的系统性,还要求遵循两者知识体系结合过程中的系统性,既要重视学生理论知识的综合学习,还要注重培养英语语言技能在商务环境中运用的能力,充分体现知识的连续性和层次性。商务英语专家 Brieger(1997)曾指出,商务英语范围主要包括语言知识、交际技能、专业知识、管理技能和文化意识等核心内容。因此,完整系统的商务英语课程体系应涵盖以上几方面内容。在课程设置中,根据学生所必需的知识结构、专业能力的需要和商务方向,将课程设计成几个模块,如语言技能模块、商务知识模块、跨文化交流和人际沟通模块。每个模块下设几门核心课程。所有这些课程相辅相成地共同构成提高学生用英语进行商务沟通的综合能力的课程体系(阮绩智,2009)。

2.3.5　科学性原则

课程设置必须建立在科学的基础上,既要充分体现社会需求,又要遵循课程设计的规律,从简单到复杂、从基础到专业、从理论到实践,并且还要考虑到教学资源、教学过程等客观因素,以保证课程体系的可行性;同时要正确地反映各门学科,课程内容符合科学体系要求,重视各学科、各课程之间的内在联系。商务英语是英语语言文学与经济类各专业交叉的学科,在课程和教材内容上要合理处理英语技能课程与商务专业知识课程之间的内在关系以及各门课程的有机结合(阮绩智,2009)。

2.3.6　课程优化原则

课程优化原则指通过对原有课程整合,有机组合成一种灵活实用的新型课程模式。具体体现在商务英语专业课程为:加强英语类课程总体优化,改革传统知识为主课程,实现课程功能重建,构建服务性并融入专业教育的英语课程。重视语言能力培养与商务业务能力培养有机结合、协调发展。在课程设置上,尽可能寻求语言能力培养和商务英语知识学习的最佳结合。在培养学生英语语言能力时,让学生熟悉各种商务活动,了解相关商务知识。总之,优化原则要求在课程设置时,注意将语言知识、交际技能、文化背景知识和商务知识融于一体(阮绩智,2009)。

2.3.7　课程设置均衡性原则

课程设置均衡性原则要体现专业培养目标要求,做到基础知识、职业能力和综合素质统一:公共基础与专业课统一,英语类与商务类课程统一,理论与实践课统一,必修和选修课结合;针对不同学生能力、潜质、兴趣等设置多层次、有选择性模块课程与教学方案,考虑其内在联系和相互协调,做到基础性与专业性、协同性与衔接性结合,既综合,又均衡(阮绩智,2009)。

2.3.8　发展性原则

商务英语不是一种静态的系统。随着国际商务不断发展和活动范围日益扩大,商务英语的使用范围越来越广泛。商务英语课程除了原有的纵横两方面的课程安排,还会涉及更多经济类以及其他跨学科的领域或知识。同时,社会对人才的需求在变化,学习者的需求在变化,高等教育也会有变化。因此,课程设置不可能一成不变,应该随着这些变化不断调整和完善,形成一种动态发展模式(阮绩智,2009)。

2.3.9　实用性原则

商务英语课程是一门实践性很强的应用学科。从课程的类型来看,开设过多商务、英语的理论课程而缺少商务英语技能课,无法体现其"实用性",势必影响到学生实践能力的提高。在实践课程体系设计中,应该充分突出语言的实际运用,配合先进的多媒体教学设备,对课程内容坚持随堂讲解随堂训练,精讲多练。采用多媒体课件教学,利用校园网,实现资源共享。同时,还需充分发挥校内实验室的作用,将培养学生能力为主的实践课程安排到校内实训基地进行,让学生见实务,亲自做,在实践中加深对理论的理解,在仿真环境中练就真本领(李东亮,2007)。

2.3.10　理论够用的原则

根据商务英语专业的培养目标和要求,商务英语课程采用"教、学、做"的教学模式。在理论课程体系设计中,我们应尽量把商务英语的理论内容限制在"够用"的范围内,对学生学习中所必需的知识精讲多练加以巩固,对没有联系或联系不多的内容,进行果断的删除及必要的"削枝强干";对于学生入学前已接触过的内容则要注重加强训练,借以巩固和加深印象;对于以前学生未学过或接触比较少的部分则有必要进行适当的补充;同时,根据实际情况,把所有学生知晓的商务英语内容进行一次系统的"穿线",使学生对所学知识能有较全面的掌握,并再提高一步(李东亮,2007)。

2.3.11　与国际接轨的原则

商务英语在西方发达国家,特别是英语国家已有较长历史,但在我国还属一门新兴学科。它是伴随着我国从计划经济向市场经济的过渡而逐渐发展成为一门学科的。从现有的课程设置和内容来看,还带有许多计划经济体制的痕迹,例如外贸英语函电,不少教材内容还是外贸进出口统制时的情况。而许多课程或内容,在西方英语国家是普遍开设或涵盖的,但在我国还属空白。应该说,这些课程或内容是国外大学在市场经济发展过程中为适应需求"应运而生"的,有其合理性和科学性。我们在设计新的课程体系时,应认真学习西方英语国家商务英语教学的经验,吸取他们先进的课程设置思想、方法。这样,不仅起点可以高,而且更具实用性(王兴孙、陈洁,2001)。

2.3.12　课程结构模块化原则

课程结构模块化是把教育内容编排成便于进行各种组合的单元。一个模块可以是一个知识单元、操作单元、实务模拟单元。实施就业导向能力本位课程应按模块化设计,即总体安排上考虑市场需要、就业形势变化和学生需要,以多模块课程组合形式体现一个核心、多个方向。"一个核心"指核心课程模块,是基本知识、技能等的"载体";"多个方向"指多个可供选择、体现就业方向课程模块,是岗位群职业技能实现平台。核心模块课程相对稳定,方向性模块课程则具灵活性。这一模块化课程使学生能够按照个体爱好、兴趣、特长选择就业岗位方向,发展各自潜能,另外,可根据市场变化及时做出调整,体现社会适应性(杨慧、徐丕青,2014)。

2.3.13　理工院校商务英语专业课程设置原则

理工院校的商务英语专业课设置必须紧紧围绕"核心"、"实用"和"特色"三大原则进行优化。由于此类院校师资力量有限,因此课程设置必须更加紧凑、合理、完善。核心原则主要着眼于系统和基础。可为学生安排一些商科入门课程和商务英语专业应用较广的专业课程,如工商导论、商务知识导读、国际贸易实务、商务谈判等,让学生具备主要领域的入门知识,为以后在感兴趣的领域深入学习打下基础。实用原则着眼于经济发展的需要,力求服务区域经济,输送社会真正需要的复合型人才,培养学生实际的跨文化商务交流能力。为符合这一原则,各类高校应密切跟踪研究当前经济动态发展,及时调整培养内容与培养模式以适应市场需求。

特色原则主要依托理工院校的办学条件和背景,化劣势为优势,寻找"人无我有"的特色优势。之前人们简单地将商务英语对等于外贸英语,近年来对于"商务"所包含的内涵和外延,相关人士逐渐有了重新认识和再定义。除贸易方向的课程外,商务英语专业也逐渐开设了金融、营销、电子商务等课程。对外经济贸易大学的王立非教授曾经指出,商务指的是所有非私人的公务性活动。商务应包括贸易、营销、金融、旅游、管理、电子商务、外事、科技等领域。从此定义来看,商务领域的外延范围较广,不能狭义地去理解,可以将以往被排除在商务领域之外的学科如工程管理等囊括其中。基于特色原则和对商务领域的重新认识,同时考虑到大部分商务英语方向毕业生所从事的工作,开设建筑制图、工程管理方向等选修课程,对学生将来从事相关工作大有裨益(杨慧、徐丕青,2014)。

2.4　商务英语课程设置内容研究

商务英语专业学生要具备较强的职业能力和综合知识的运用能力,融知识、能力和素质培养于一体。因此,商务英语专业课程体系应贯彻多元整合的策略思想,打破原有课堂、学科之间的界限,以技术应用能力为核心,以培养目标为依据,对课程进行多元化整合,精简课程内容,避免交叉重复。突出应用知识和综合技能,强化计算机、英语和商务操作的应用能力,在整合的基础上形成新的课程体系(金郁,2007)。商务英语课程设置的目的在于建立工作学习一体化的专业课程体系,使学生在学习过程中提高实践技能,从而提高职业能力。我们应该认识到,课程设置只有主动地适应社会经济发展的形式,才会受到社会的欢迎,才能最终形成商务英语专业的教学特色,促进商务英语专业的可持续性发展(马亚娜,2014)。

2.4.1 商务英语课程设置分类

王兴孙和陈洁(2001)提出:商务英语课程可以作为用英语开设经贸专业课的前提课程,但是商务英语课程体系重点还是语言训练,建立在基础英语教学的基础之上(俞建耀、刘法公,2013)。开办商务英语专业各学校除设置 12 门核心课程外,还可开设以下各种选修课:

(1) 语言知识与技能课程群,包括高级商务英语、商务口译、商科经典选读、金融英语、法律英语等。

(2) 商务知识与技能课程群,包括工商导论、国际贸易、国际贸易实务、国际营销、国际金融、电子商务、会计学、统计学、创业与创新等。

(3) 跨文化交际课程群,包括国际商务谈判、英语演讲、商务沟通、国际商务礼仪、国际商务文化、企业文化、商业伦理等。

(4) 人文素养课程群,包括欧美文化概论、欧美戏剧鉴赏、中国文化概要(英)等(陈准民、王立非,2009)。

对外经济贸易大学、广东外语外贸大学、上海对外贸易学院分别处于中国政治、经济、金融中心,也是最先获得教育部正式批复开设商务英语专业的院校,代表着全国商务英语学科发展的方向,选择这三所院校的课程设置作为研究对象具有代表性和说服力。课程设置可以充分反应专业教学内容和侧重点,对这三所高校商务英语课程设置进行交叉案例对比分析,可以为中国商务英语专业课程设置提供借鉴。

2.4.1.1 按培养方案分类

对外经济贸易大学、广东外语外贸大学、上海对外贸易学院总学分数分别为182 学分、164 学分、167 学分。其中公共基础课程学分分别为 40 学分、47 学分、37 学分;学科基础课程学分分别为 92 学分、51 学分、54 学分;专业方向课程学分分别为 22 学分、52 学分、54 学分;实践教学课程学分分别为 28 学分、14 学分、22 学分。对外经济贸易大学的学科基础课程在所有课程中占的比例明显高于其他三种类型的课程,而专业方向课比例比较小。广东外语外贸大学与上海对外贸易学院在学科基础课程和专业方向课程设置比较接近。学科基础课与专业方向课的比例基本相同,没有出现对外经济贸易大学两类课程比例悬殊的情况。对外经济贸易大学出现这种情况的主要原因是将专业必修课的内容纳入学科基础课的综合类课程中。三所院校在开设相同学科基础课的同时,根据专业方向开设两门以上不同的核心专业方向课程,并都注重英语基本功与商科知识相结合的模式。

2.4.1.2　按四大模块分类

根据《高等学校商务英语专业本科教学要求》,对四大模块的课程比例进行统计,发现对外经济贸易大学、广东外语外贸大学和上海对外贸易学院的语言知识与技能类课程、商务知识与技能课程、跨文化交际能力课程分别占56%、32%、12%,60%、30%、10%,71%、15%、14%。其他两所院校的数据是根据相同的分类标准对两所院校课程进行统计计算后获得。商务类专业模块课程采用全英教学模式,体现了商务英语专业外向型人才培养的特点以及商务英语与其他相关专业的教学差异。语言知识与技能类课程占比例最大,商务知识与技能和跨文化交际能力课程比例很小。通过比较,三所院校的语言知识与技能课程的比例远远超出商务知识与技能以及跨文化交际能力课程。商务英语专业的课程设置体现了跨学科的特性,但商务知识与技能课程的比例还是很小。

2.4.1.3　按知识维度分类

根据 Anderson 和 Krathwohl 等的知识维度理论,对外经济贸易大学、广东外语外贸大学、上海对外贸易学院课程设置中事实知识、概念知识、程序知识和元认知知识学分分别为 69 学分、42 学分、45 学分、26 学分,93 学分、40 学分、19 学分、12 学分,66 学分、41 学分、44 学分、16 学分。广东外语外贸大学在事实知识和元认知知识方面的课程占有很大的比例,远远高于其他两所院校。对外经济贸易大学注重事实知识与程序知识的传递,而上海对外贸易学院更加侧重概念知识和程序知识方面。三所院校在课程设置上对学生培养的侧重点不同,对外经济贸易大学注重学生的语言基本功以及商务方面特殊技能的培养。广东外语外贸大学注重培养学生的语言基本功以及最终将商务知识付诸真正的商务实践能力和解决问题的能力。上海对外贸易学院注重学生对商务理论的理解和商务方面特殊技能知识的掌握情况(尤亚敏、张武保,2011)。

商务英语课程体系可从横向和纵向两方面考虑:横向指依照行业确定

课程门类,如国际贸易英语、管理英语、金融英语等,各专业可根据专业不同确定课程;纵向即依照语言技能确定课程的目标或要求。以上提出的目标为课程总目标,各专业可结合自己的专业特点和需求侧重本专业商务英语学习,确定不同的教学目标层次,三个层次由低到高按序排列,且高一级层次要求包含低一级层次的要求。下面以侧重国际商贸的英语课程为例,描述三个层次目标:

表 2.1　国际商贸英语课程三个层次目标

目标层次	听	说	读	写
初	能听懂外商的一般商务洽谈	能用英语与外商进行一般的口头商务沟通和商务洽谈	能看懂外商的信函、业务单证和文件	能用英语撰写商务信函和一般的商务文书
中	能听懂本行业报道和研讨报告	能用英语讨论本行业专业问题和进行一般商务演讲	能看懂英语报刊的一般商务报道和文章	能用英语撰写本行业报告
高	能听懂英语国家广播和电视的经贸报道和有关节目	能用英语讨论经贸形势和问题	能看懂英语报刊的经贸报道、国外经贸法规等	能用英语撰写宏观经济形势报告、商务合同、协议等文件

表 2.1 中各层次语言技能目标还可用定性和定量加以描述,使其更具体、明确,更有助于观察和评估。这三个不同层次的要求是高校英语专业或经贸专业学生经过商务英语课程学习应达到的标准。其中初层次目标是每个学生都要达到的;中层次目标应视为教学基本定位,要求多数学生达到该目标;高层次目标是对那些较优秀的学生设定的。学校可根据实际情况,确定教学目标,并创造条件,鼓励学生根据自己的学习情况,向高层次调整自己的学习目标。当然,高层次目标也是该课程今后力求达到的(阮绩智,2005)。

2.4.2　商务英语课程设置模块

2.4.2.1　本科商务英语专业课程体系模块

商务英语专业贯彻"三线并行"、"四层深入"的教学理念,形成商务英语专业模块化课程体系。"三线并行"即主干课程、实践模块、能力证书三条线同步进展,每门主干课程都安排实训,在课程教学进程中以取得能力证书为目标安排教学内容,使理论课、实践、证书环环扣紧,将能力培养主线贯穿全程。"四层深入"即课堂训练、仿真训练、社会训练、毕业综合训练四个实践环节层层递进,逐步提高学生的应用能力(金郁,2007)。

商务英语课程教学内容设置分为三个模块:

(1)基础知识模块——结合对话、故事、文章等课程设置,针对语音听力、单词记忆、语法结构等方面进行针对性的训练。

(2)专业知识模块——通过模块里包含的商务接待、商务谈判、贸易实务、商务礼仪等教学实例,对商贸类专业用途英语中的专业术语进行的听说的传授。

(3)语言文化背景知识模块——系统地介绍英语国家的风俗习惯、文化背景等知识,帮助学生对这些国家产生正确的认识(曹煜茹,2015)。

柳青军、李娟(2006)设计商务英语专业课程体系基本模块为:英语基本技能课程,商务沟通(跨文化)系列课程和商务知识/技能课程。

(1)英语基本技能课程包括:精读、泛读、口语、视听、写作、翻译、高级英语和第二外语。从语音、词汇、语法、语篇层面构建英语基本语言能力,为培养商务交际技能,即交际行为能力打下基础。

(2)商务沟通(跨文化)系列课程:英语国家文化与社会、跨文化交际、涉外礼仪、英美文学、国际商务文化、商务英语写作、商务英语翻译、商务合同。这些课程未必需要全开设,可以选择3~5门作为主干课,其他可以列为选修课。这些课程以商务文化知识课程体系为背景,集中体现跨文化商务交际综合能力的培养,并以跨文化商务沟通的理论来提高学生文化适应移情能力。

(3)商务知识(技能)系列课程隶属专业课,包括:商务导论、国际贸易实务、商务函电、商务谈判技巧、国际市场营销、国际金融与结算、国际商法。通过这些课程开设建立商务知识(技能)体系,提高学生商务专业行为能力。其中,以跨文化商务沟通为核心课程,从理论和实践方面提高学生的跨文化交际意识,培养跨文化商务交际能力。

2.4.2.2 高职商务英语专业课程体系模块

基于对高职商务英语专业人才需求的调查,南通航运职业技术学院提出了基于能力本位的模块化课程体系,将课程体系分成语言能力模块、商务技能模块、拓展技能模块和综合素质模块。语言能力模块的课程主要有英语语音与听力、大学英语精读、英语口语、大学英语视听说、大学英语综合训练等,该模块的能力培养是其他技能培养的基础。商务技能模块的课程主要有进出口贸易实务、国际商务单证、国际市场营销、电子商务操作、国际商法、外贸英语函电、商务英语阅读与写作等,这些课程与职业资格证书相结合,体现了"课证融通"。拓展技能模块的课程主要有船舶概论、国际船舶代理、船务英语、国际航运管理、国际航运业务英语函电、国际货运代理等,该模块与船务和航运业务相结合,拓宽了毕业生的就业范围。综合素质模块主要通过新生入学教育、企业专家的人才需求报告、企业文化课程、就业与创业指导课程、以项目目标达成为主导的合作式竞赛等提高学生的职业素养。另外还有计算机操作课程,旨在帮助学生熟悉计算机常用软件的操作方法等(马亚娜,2014)。

2.4.3 商务英语课程设置模式

刘旻(2014)在《商务英语课程设置与内容教学模式探究》一文中提出两种商务英语课程模式:

(1) 商务英语传统课程模式

● 课程内容介绍:传统课程又称"老三门",课程涵盖外刊选读、外贸函电、外贸口语。此种教学模式以教师课堂讲授为主,背诵外贸高频词汇,讲解外刊商贸文章,分析商贸语法、句式以及学习运用各种商贸文件模板进行写作。

● 商务英语传统课程模式优劣势分析:这种传统模式存在着不可否定的优势,外刊选读增强了学习的趣味性,丰富了学生的知识广度;外贸函电和外贸口语的学习让学生能更好地记忆使用专业商贸用语以及搭配的使用。但传统的课堂设置和教学模式也存在着需要改进的地方。例如外刊选读,虽然内容丰富,趣味性强,但是由于都是从各类报刊书籍中摘录的片段,内容略显分散,难成系统;至于外贸口语和函电中涉及的词汇和句式语法本身并不复杂,易使学生觉得内容简单且空洞乏味,难以调动起学习积极性。

(2) 商务英语专业课程模式

● 课程内容介绍:此种模式旨在讲授国际营销、企业管理、市场营销等经济管理类(后称经管)专业课程。这种授课方式把商务英语划分在经济学的范畴之中,相对语言类课程的学习,更侧重于经管类知识的学习。

● 商务英语专业课程模式优劣势分析:专业课程模式的优势在于能让商务英语方向的学生涉足经管专业的多个基础课程。相对单纯英语专业的学习者而言,能在真正意义上培养出一批集英语知识和商贸专业知识为一体的复合型人才。但由于开设的经管课程(如市场经济学、国际经济贸易)专业性较强,且课目零散,没有形成系统整体性,导致学生学习难度较高,学习效率和效果不理想。

俞建耀、刘法公(2013)在《国内商务英语专业课程设置论综述》一文中提出三种目前通行的商务英语课程模式:

　　(1) 英语(商务方向)ESP 拓展模式。ESP 即专门用途英语(ESP — English for Specific Purpose),它是根据学习者的特定目的和特定需要而开设的英语课程,旨在培养学生在一定工作环境中运用英语开展工作的交际能力。为了培养复合型英语人才,该模式把商务英语专业的课程教学分为两大阶段。第一阶段基础英语教学(该模式之本)开设听、说、读、写分项技能训练课程。第二阶段专门用途英语教学,教学内容贴近商务或某个行业,以达到"术业有专攻"的目的。这种课程设置模式比较适用于高职学生。经调查,高职生对词汇量的掌握相对本科生较为薄弱。很多本科生在入校时已经达到高考要求的 3 500 左右的词汇量,而部分高职生的词汇量不足 2 000。因而对高职生进行基础英语教学是非常有必要的,对其今后学习专门用途英语很有帮助。

　　(2) 全英仿商科教育模式。从教师教学角度来看,全英仿商科教育模式把课程分为巩固英语基本功阶段和用英语讲授商务课程两个阶段。所不同的是,该模式是仿照英国商学院本科课程的设置原则,先开设如概论类的普通商务课程,然后开设地道的商务课程如会计、国际贸易实务等,并且多采用英文原版教材。在实践中,教师不但要用英语教授学生商务知识,还要求学生用英语完成商务作业,只是把英语习得作为其附属品。仍以高职学生为例,因其基础英语水平较低,所以英语授课的实施受到限制。因此很多高职院校退而求其次,将英语授课改为用中文授课,并使用中文教材。这种"基础英语课"和"中文商务课"混杂式课程设置,虽然能使学生具备一定的英语语言能力和商务知识技能,却缺少将两者结合应用的能力。学生在实际的工作环境下运用英语处理问题时存在很多问题,如英语语言不能应运自如、对商务相关学科知识和行业惯例不了解等。

　　(3) 商务英语专业学科课程模式。专业学科课程模式在学科行业背景下,学生对英语语言的接受(听、读)和输出(说、写)都能够应用得得心应手,则说明商务英语专业培养出的人才质量高,反之则不然。因此在课程编排上,专业学科课程模式同前两种模式各有异同。该模式同样强调在初级阶段打好英语基础,高级阶段着重提高商务专业知识。该模式的特色之处在于,在基础阶段时将语言技能和教学内容相结合,同时在教学内容上以商务为主,并在选择高级阶段的商务学科课程方面更重视其内在逻辑性。针对高职学生英语基本功薄弱的问题,各大高职院校的商务英语专业课程是根据上述第二三种模式相结合而设置的,并保留了一些基础英语课程,如综合阅读、基础听力等(曹煜茹,2015)。上述三种模式都明显地将学习切割为两个阶段,总体是英语学习四年不断线,先语言后(相关)专业的格局:基础阶段主要抓语言基本功训练,高年级主要进行商务英语教学或用英语教授专业课程。

2.4.4 商务英语课程设置与教学阶段的匹配

商务英语专业课程设计采取循环递增模式,因为"课程内容真正做到帮助学生知识结构的'螺旋式上升',随着低年级往高年级发展,课程的数量、难度和专业性都依次递增。但是作为同一个课程群体,它们之间具有密切的关联性。"(王艳艳,2011)课程设置与教学阶段的合理匹配,这是商务英语专业课程设置与教学阶段密切联系的核心问题。

商务英语本科专业学制为 4 年,4 年的教学过程分为两个阶段:基础阶段(1～2 年级)和高年级阶段(3～4 年级)。基础阶段的英语教学着重打好英语基础,培养学生语言运用能力和跨文化交际能力、学习策略意识和良好的学风,为进入高年级打下扎实的专业基础。高年级阶段在继续提高英语水平的同时,重点提高商务专业知识,有选择地学习经济学、管理学、国际商法等商务专业知识,提高跨文化交际能力。两个教学阶段中课程设置应有所侧重,保持4 年教学的连续性和完整性,自始至终注意提高英语应用能力(陈准民、王立非,2009)。

国际商务英语作为以英语为表达媒介的国际商务英语学科,其课程设置可以参考国际商务(贸易)专业(经过长期理论与实践检验)的做法。由于英语是表达媒介,因此,对英语的听、说、读、写、译五项技能的培养,必须贯穿本科四年学习的始终。本科四年又可分为两个阶段。在第一阶段的两年中,学生必须在英语五项技能上打下坚实的基础;而第二阶段的两年,主要培养利用英语的这五种技能进行国际商务学科的各种表达(黄遥,2001)。

2.4.5 商务英语课程设置比例和学时分配

按照《教学要求》,4 年的专业课总学时最少不低于 1 800 学时(不包括公共必修课和公共选修课),各校在安排教学计划时,可根据本校的培养目标、专业特色及现有教学条件,开设相应的专业必修课和选修课,安排教学时数。各课程群开课时数的大体比例为:语言知识与技能类课程约占 50%～60%,商务知识与实践类课程约占 20%～30%,跨文化交际能力课程约占 5%～10%,人文素养课程约占 5%～10%,毕业论文(设计)与专业实习约占 15%(不计入总课时)。建议开设 12 门核心课程和其他若干选修课程,各个课程群占专业课程的学时比例见表 2.2(陈准民、王立非,2009)。

表 2.2　商务英语专业课学时比例分配

课程性质	课程分类	核　心　课　程	占专业课比例
专业课	语言知识与技能	语言知识：语言学概论*、其他 语言技能：(商务)综合英语*、听说*、阅读*、写作*、翻译*	50%～60%
	商务知识与技能	商务基础：经济学导论*、管理学导论*、国际商法导论* 其他专业方向课程 其他商务技能课程	20%～30%
	跨文化交际能力	跨文化交际：跨文化交际导论*、商务交际实践*、其他	5%～10%
	人文素养	英美文学通论*、其他	5%～10%
	专业实习/实践 毕业论文(设计)		15% (不计入总课时)
合　计			100%

　　广东外语外贸大学国际商务英语学院用英语教授的专业课程可分为三个类别：语言技能、语言知识和国际商务。语言技能课程包括基础/综合英语、语音、语法、听力、阅读、写作、口译/笔译、论文写作指导等，主要目的是培养学生的听、说、读、写、译五大技能；语言知识课程包括词汇学、英汉语言对比、英语文体与修辞，目的是增加学生的语言文学知识(这两类课程有很多交叉之处，例如综合英语、阅读等课程也以增加学生的语言文学知识为目标之一)；商务课程参照英国商学院本科课程设计，包括商业概述、经济学、会计原理、管理会计、国际贸易实务、国际金融、国际营销、国际商法、商业数学、商业统计等，让学生系统地学习商务知识。这三类课程(包括必修课和限制性选修课)共占 2 232 课时，其中一二年级语言技能课 10 门，180课时，商务课3 门，108 课时，前者占一二年级课时总量 90.9%。值得注意的是三四年级的课程，其中语言技能课 6 门，414 课时，语文知识课 3 门，90 课时，商务课 14 门，540 课时，依次占三四年级课时总量的 39.77%，8.6%，51.7%，商务课占了大部分。按课程门数算，商务课 17 门，占总数 36 门的近半(见表 2.3)。

表 2.3　商务英语专业课程分类

年　　级	课程类别	门数	时数	占总时数比例%
一、二年级	语言技能	10	1 080	90.9
	语文知识	0	0	0
	商务	3	108	9.1

续　表

年　　级	课程类别	门数	时数	占总时数比例%
三、四年级	语言技能	6	414	39.7
	语文知识	3	90	8.6
	商务	14	540	51.7
合　　计		36	2 232	

　　1999 年全国教育改革要求精简课程,该系课时总数从 3 200 以上减到 2 800 以下(见表 8.4)。专业必修和限制性选修课程两部分共 20 门,1 598 课时,但是要求学生还要在 14 门非限制性选修课中选 11 门。这三部分课程中语言技能课、语文知识课和商务课的比例见表 2.4。语言技能课在一、二年级的比例下降,在三、四年级虽然上升,但是总课时量却是下降的。然而,受到影响的 96 级的八级考试和 98 级的四级考试成绩(2000 年实施)都仍然很好,足以表明该系的课程设计合理(蔡芸,2001)。

表 2.4　商务英语专业精简后课程分类

年　　级	课程类别	门数	时数	占总时数比例%
一、二年级	语言技能	5	810	76.27
	语文知识	1	36	3.39
	商务	6	216	20.34
三、四年级	语言技能	7	442	44.38
	语文知识	3	122	12.25
	商务	11	432	43.37
合　　计		33	2 058	

2.5　商务英语课程体系设计(设想)

　　课程体系的设计是商务英语专业教学的基础,具有全局性意义。它是教育思想、教育观念的体现,规定着人才培养的目标和规格,并势必带动教材建设、师资队伍建设、教学手段和教学方法的改革(王兴孙、陈洁,2001)。我们在此列出关于商务英语课程体系设计和课程设置的一些研究思路,严格意义上说,应该是基于两个认知维度的分析:一是关于商务英语课程体系的设计思路、设计步骤(程序)、设计内容等等;二是关于商务英语课程体系或课程设置的设想、建议等,可以在进行商务英语课程体系设计和课程设置时作为参考。

所谓课程设计就是对教学的整个过程进行计划并对其实施情况进行监督和干预。Nunan(1988)把课程设置的过程划分为以下几个阶段：分析学习者的需求和目的,确定教学目标,对教学内容进行选择和分级,进行适当的教学安排,对学生进行分班,选择、改编或编写合适的教学资料,设计学习任务和评估方式。Nunan 把分析学习者的需求和学习目的看成是课程计划的首要环节,是后面一系列活动的出发点。Dubin 和 Olshtain(1990)也指出,调查摸底阶段应该是设置课程的第一步。鉴于经贸英语专业的教学目标具有多样性和复杂性的特点,我们在设计课程和选定教材之前,就更有必要进行一次深入全面的需求分析。能否做好深入细致的需求分析,对于设置课程大纲,选用合适的教材,起着至关重要的作用(管春林,2005)。

商务英语课程体系可采取逆向倒推模式进行构建。"逆向倒推"模式指按照逆向方式逐步导出课程设置。该模式需对人才需求做调研,确定职业岗位人才规格,确立培养目标和就业岗位,对职业岗位进行知识、能力、素质分解,进而确定教学内容和支撑课程,建立相应课程体系。其过程为：调查及人才需求分析→培养目标确定→就业范围及工作岗位定位→人才培养规格定位及毕业生质量标准确定→教学内容选择→支撑课程和教学体系确立。

"逆向倒推"课程体系构建要改变过去"学科型"纵向课程设置,体现以就业为导向的应用型教育特点和总体要求,有职业针对性和岗位适应性。该课程设计可按照模块化结构模式进行,如：素质基础课程模块、语言技能课程模块、专业知识课程模块、专业技能课程模块等体现灵活组合方式,实现基础素质、英语能力、业务能力和不同商务方向专业要求,并根据社会需求状况、市场变化,及时做出反应与调整,以体现更强的教学针对性和实用性(宋红英,2014)。

商务英语课程体系总体设想包含两个系列：一个是商务英语交流系列,即 Business Communication;另一个是国际商务概论系列,即 Introduction to International Business。这两个系列中的每个系列都将开设系列课程,每门课程的课时可以有多有少,可以是必修也可以是选修。最理想的商务英语课程系列是：多"品种"、小课型、短课时(王兴孙、陈洁,2001)。

各高校可结合自身办学条件与实际的市场需求,在商务英语专业下逐步开设几个大类的组合课程方向,如国际贸易英语、国际商务管理英语、国际商务市场管理等。其课程设置在较为系统性地开设一些基础英语及商务知识、技能类课程(纵向与横向的网络状分布)的基础上,围绕商务英语实践能力的培养,按不同的课组方向有重点地开设相关专业知识以及技能课程,使课程设置朝纵深方向发展,从而有侧重地培养学生在国际商务活动中几大不同领域(如贸易、管理、营销等)方面的实践能力。此外,可通过开设不同课组方向的选修课,让学生根据自己的需求进行选择,进一步拓展不同课组方向之专业知识与技能(姚璐璐,2007)。

2.5.1 商务英语专业课程设想

(1)商务英语专业的课程应该是英语专业主干课程和商务专业主干课程的有机结合,而不是简单的相加;

(2)在商务英语专业下分设不同方向时,专业方向课程应该更加具有针对性,更大地体现方向性;

(3)商务英语专业的课程设置应该加入人文素养方面的课程,包括许多中国元素也应该融入商务英语的课程中;

(4)商务英语专业的课程要避免蜻蜓点水,课程开设应该具有广度和深度,并且注重精品课程的开发;

(5)商务英语专业的课程设置应该走出"因人设课"的尴尬局面,注重复合型教师的引进和培养;

(6)商务英语专业课程的设置要有层次性,处理好知识维度与各个层次课程设置比率(尤亚敏、张武保,2011)。

宋娜娜(2012)在《基于国际化人才培养的高校商务英语课程建设》一文中对中国高校的商务英语专业课程进行探讨,分析商务英语课程发展的趋势,并以此提出改进高校商务英语选修课程设置的建议:

通过对上海对外贸易学院、对外经济贸易大学、广东外语外贸大学等商务英语教学起步较早的学校进行调查,我们发现,这些学校的商务英语课程设置主要分为语言技能、跨文化交流、商务知识三个模块。语言技能课程包括综合英语、高级英语、英语听力、英语口语、英语写作、笔译、口译等;跨文化交流课程包括英语国家社会与文化、英语语言学基础、英美文学选读、英美国家概况、跨文化交际等;商务知识课程包括西方经济学、宏微观经济学、当代商业概论、商务伦理学、管理学原理、营销学原理、创业与创新、国际贸易实务、国际金融、国际商法、商务统计、商务谈判、外经贸英语函电等。这些学校在商务英语专业方面已建立起一套较为完整和科学的课程体系。

2.5.2 商务英语课程群内涵建设

商务英语课程设置随着经济全球化程度的不断加深,社会更需要跨文化交际能力较强的人才。这种跨文化交际能力的社会要求应当体现在具体的课程设置上，通过专业课程的学习培养学生在提高英语能力的同时提高文化差异的敏感性，掌握灵活处理不同文化之间的交流和人际沟通的能力。通过需求分析，对现行的课程设置提出以下改进建议：

（1）建议商务英语专业各课程群开课时数的比例为：英语语言能力课程约占 50％，商务知识课程（商务专业知识＋商务技能）约占 30％，跨文化技能课程约占 15％，人文素养课程约占 5％。

（2）建议调整的课程：在专业基础课中，可将商务英语口语、商务沟通等培养学生商务沟通能力的课时数提高；

（3）增加商务交际、国际商务谈判等实践性课程；

（4）除开设经济学、管理学、国际商法三门核心课程外，选修国际金融、会计学以及电子商务等商科专业课程；

（5）选修文秘英语、法律英语、营销英语、金融英语等专门用途英语课程；

（6）开设有一定必修学分的暑期实习课程，并为学生配备实践指导老师（王贵芳，2015）。

（7）设置一系列的英语语言文化和母语语言文化课程，如英美文化、中国文化、欧洲文化及跨文化交际等（李嫦嫲，李晓坤，2013）。

（8）开设重在训练学生商务英语情景实践能力因素的课程，如国际商务英语谈判、国际商务交流以及国际商务虚拟运作课程等，因为这类课程内容涵盖了国际贸易、国际营销、商务管理、跨文化交流等主要学科，涉及商务英语专项实践技能的综合运用。

（9）在实践教学环节，通过建立起以"海关—报关行—商检—国际货运公司—外贸企业—银行"等为主线的实习基地，让学生的商务英语情景实践能力在实际的工作中得到快速提高（姚璐璐，2007）。

2.5.3　商务英语网络状立体化课程设置

2.5.3.1　商务英语的纵向设置

遵循系统性原则及商务英语学科特点，即语言学习的循序渐进积累与商务学科先基础、后实践的特点。纵向课程设置总体思路为：一、二年级夯实英语基础，强化英语听说读写的技能，开设相应的基础和技能课；从二年级下期开始到三、四年级，开设商务英语专业类课程。

（1）先开设商务类基础知识课，如西方经济学、国际商法等，为商务英语技能课程的开设奠定基础；

（2）在此基础上开设专业性、实务性较强的商务课程，如国际贸易实务、国际金融、市场营销、商务管理等,此类课程重点在于商务知识的教授与商务专项技能的培养,课程最后可分配一定课时进行实践教学,以强化学生商务情景实践能力。此类课程要求用英语授课或用双语教学,也让学生较为系统掌握相关商务英语术语及常用表达法;

(3)商务英语视听说、阅读、写作等在国际商务背景下的语言专项技能训练的课程,可在学生掌握了一定商务基础知识与技能后开设;

(4)最后开设训练学生商务英语情景实践能力因素的课程,如国际商务英语谈判、国际商务交流以及国际商务虚拟运作课程等,因为这类课程内容涵盖了国际贸易、国际营销、商务管理、跨文化交流等主要学科,涉及商务英语专项实践技能的综合运用。

(5)在最后的实践教学环节,通过建立起以"海关—报关行—商检—国际货运公司—外贸企业—银行"等为主线的实习基地,让学生商务英语情景实践能力在实际工作中得到快速提高。

2.5.3.2　商务英语的横向联系

商务英语课程间的关联性就如隐性的线条将各门课程联系起来,如经济学、国际商法、国际贸易理论为"国际贸易实务"课程开设之理论基础;国际贸易单证制作、国际货运、国际结算等实作、实务性强的课程则从不同方向对国际贸易实务课程作进一步的拓展、延伸;商务英语听说读写译等课程则将商务知识、技能课程与英语基本技能课程有机联系起来;国际商务虚拟运作课程更是强调了在国际商务活动情境下,对商务英语情景实践能力因素的培养,要求学生综合运用所有所学的商务英语知识,尤其是商务英语技能进行实际操作,由于对情景真实性、任务真实性的要求极高,此类课程操作难度较大。

2.5.3.3　商务英语与社会实际相联系

课程设置中的实用性原则将商务英语课程与社会实际紧密联系起来,针对商务英语专项技能以及情景实践能力要素培养的实务类、技能类课程要跟上时代的发展需要,随着商法、商务惯例、国际形势等改变而不断进行修订。如将《外贸函电》课程改为《实用商务英语写作》更为适合,包括贸易业务信函写作、备忘录、商务文件等的写作,增加商务英语电子邮件写作及常见的网络用语等,实用性更强,更适合商务英语专业。

2.5.3.4　商务英语的纵深发展

目前,一方面,随着经济的快速发展和商务活动的复杂化,社会对商务英语人才的需求呈现多元化结构,对其实践能力提出更高要求;另一方面,商务英语课程设置中难于兼顾"涉及面广"和"重点突出"这两种要素,难于有针对性地帮助学生提高实践能力。我们认为,各高校可结合自身办学条件与实际市场需求,在商务英语专业下逐步开设几个大类的课组方向,如国际贸易英语、国际商务管理英语、国际商务市场管理等。其课程设置在较为系统性地开设一些基础英语及商务知识、技能类课程(纵向与横向的网络状分布)的基础上,按不同的课组方向有重点地开设相关专业知识以及技能课程,使课程设置朝纵深方向发展,从而有侧重地培养学生在国际商务活动中的实践能力。此外,可通过开设不同课组方向的选修课,让学生根据自己的需求进行选择,进一步拓展其不同课组方向之专业知识与技能(姚璐璐,2007)。

2.5.4　商务英语课程与信息技术的整合

商务英语课程设置必须分两个方面:专业内容和技术手段。技术手段主要指网络通讯和多媒体技术。随着三网(电话网、电视网和计算机网)合一呼声日益高涨,国际商务英语课程应包括传授网络通讯(电子邮件、网上电话、网上传真)以及多媒体应用技术(融文字、声音、图像为一体的数字化编码、解码技术),而且这些操作性课程应该完全在网上进行。技术的更新还会推动课程专业内容的更新。总体上说,国际商务英语课程的更新和设置须有三大特点:多媒体化、网络化和国家商务大范畴化(黄遥,2001)。

信息技术包括计算机硬件和软件的应用、网络和通信技术、应用软件开发工具等。其与商务英语课程整合主要体现在以下三个方面:

第一,根据学校的规模和学生数量,配备一定数量的多媒体教室和具有针对性的商务英语模拟实验室。

第二,高校实现网络全覆盖、开发网络学习课程为学生提供一个开放的学习环境。网络课程的开发一方面为围绕教学目标的系统课程设计,通过文本、图片、音频、视频等形式展现教学内容。高校可以通过鼓励教师参加授课比赛并上传优秀授课视频作为资料来源;另一方面,教师为学生推荐公共教育学习资源的网站,方便学生自学,如全国高校教师微机课比赛平台。

第三,高校可引进应用软件建立虚拟实验室为学生提供真实的模拟场景练习,如模拟商务谈判,学生可通过账号登录软件系统,选取不同的场景和角色进行模拟。也可设立网络直播教室,将名师、精品课程在网络进行直播或录播(赵博颖,2014)。

2.6　商务英语课程评价

课程设置不是静态的课程罗列,而是动态的学术规划,需要根据新情况新需求做出相应的调整。而课程设置的调整必须建立在课程评价之上,通过衡量课程设置的有效性,考察教师的教学目标和学生的学习目标是否一致等,来决定是否对课程设置进行调整和改进。

背景评价是商务英语专业课程设置的基础,能否准确把握背景分析直接影响到课程设置的方向及目标;输入评价是在确定特定的教育环境后,决定课程材料、课程安排及其对教育目标的影响;过程评价是课程实施过程中,对开设课程的有效性、教学人员的素质及学生学习效果等的监督、检查和反馈;成果评价通过毕业生和用人单位的反馈来衡量课程质量和设置的合理性。

课程评价是对课程协助学生掌握学习内容并达成教学目标的程度所做出的价值判断。它作为一种方法,可以获取与课程开发有关的信息和与课程开发有效性的证据。作为一种工具,是对课程的科学性和合理性做出判断并提供矫正控制信息的重要环节。

课程效能评价是指在一定条件下,对课程给学生发展产生影响程度的价值判断。"一定条件"是指对课程实施的"投入",包括学校的生源质量、教学设施、课程资源等指标。课程效能评价就是在关注课程"投入"条件下,对课程的真实影响效果进行评判,得出输出值,从而判断课程的输入与输出是否匹配,投入的预期效果与实际是否有差异。

对效能评价的理解基于"增值"与"净影响"两种认识思想。"增值"思想是从经济学的角度来理解,以学生在学校的进步来衡量绩效。以增值思想理解课程效能评价对课程实施者比较公平,尤其对促进教育的均衡化发展有其独有的积极意义和现实价值,其经常采用的评价技术就是功效系数法。

功效系数法是哈灵顿(E. C. Harrington)在 1956 年提出的求解多目标最优化问题的方法。它是根据多目标规划的原理,把所要考核的各项指标分成多档次标准,再使用德尔菲法依据影响因素的评估值确定效能评价指标的理想值和满意值(严玉萍,2013)。商务英语作为新兴的学科和专业,其课程设置直接关系到学科和专业发展,同时决定了商务英语人才培养的质量。我们可以结合课程效能评价的理论基础,采用功效系数法确定商务英语课程效能评价的指标体系。

根据商务英语人才应具备的知识与能力标准,应用课程效能评价理论,采用功能系数,建立商务英语课程效能评价指标体系,分别就语言知识与技能、商务知识与技能、跨文化交际能力与人文素养中的商务知识与技能、跨文化交际能力两个方面做出详细的罗列,具体指标体系见表 2.5 及表 2.6。

表 2.5　商务英语课程效能评价指标体系(商务知识与技能)

指标领域	指标项目	具　体　指　标	
		基本要求	理想要求
商务知识与技能	经济学	初步了解经济学的基本概念	了解与掌握经济学相关的知识,如:生产理论、成本理论、外部性、公共物品与公共选择、国民生产总值、国民收入决定理论、通货膨胀和失业、宏观经济政策;价格理论、消费者行为理论、市场理论。
	管理学	初步了解管理学的基本概念	了解与掌握国际企业管理有关的知识,如:经营环境、人力资源管理、财务与税务管理、跨文化管理、社会责任;组织结构、经营模式与战略管理、市场营销。
	法学	初步了解法学的基本概念	了解与掌握国际商法有关的知识,如:大陆法系和英美法系的形成、结构及其特点、合同法、国际货物买卖法、产品责任法、代理法、商事组织法、票据法、工业产权与国际技术贸易法、国际货物运输法、海上保险法、国际商事仲裁。
	国际贸易	初步了解国际贸易的相关知识	了解与掌握国际金融有关的知识,如:国际贸易基本理论、国际贸易政策、经济全球化与区域经济一体化、WTO 规则与实践、国际贸易实务与惯例。
	国际金融	初步了解国际金融的相关知识	了解与掌握国际金融有关的知识,如:国际收支、国际储备、金融市场、国际融资、国际资本流动、国际货币体系、国际金融组织、外汇与汇率。
商务知识与技能	商务技能	熟悉和掌握日常商务办公的必要知识和程序,如:公司及部门介绍,产品描述,约会安排及日常接待,安排公司及部门会议,收发邮件/包裹,办公设备操作;熟悉和掌握以下基本的国际商务礼仪:电话礼仪,名片礼仪,信函礼仪,办公室礼仪,接待礼仪,会谈礼仪,会议礼仪,求职礼仪。	熟悉和掌握以下公司运行和管理知识:工作计划,工作安排,工作报告,工作流程介绍,产品描述,使用说明,产品广告,业务洽谈(如价格谈判、订购货物、投诉处理、货物运送、支付方式、通用商务单证等),会议组织,商务演讲,旅程安排;熟悉和掌握人力资源管理的基本知识和规则:工作岗位描述编写、人员计划与预测,雇员测试与甄别、员工招聘面试与甄别、培训与开发、职业规划、质量管理与生产管理,工作绩效评价,国际人力资源管理,相关法律法规、职业伦理道德。

表 2.6　商务英语课程效能评价指标体系(跨文化交际能力)

指标领域	指标项目	具 体 指 标	
		基本要求	理想要求
跨 文 化 交 际 能 力	跨文化思维能力	具备初步的全球视野和跨文化思维意识,摈弃自我封闭和对欧美文化的偏见或盲目追从。对外国文化中的社会价值观、文化习俗、文化准则和活动规则和中西文化差异具有国际视野和中国视角。	具备较强的全球视野和跨文化思维能力,保持开放的心态和对异国文化的宽容度,全面了解和积累贸易对象国的政治、经济、历史、地理、科技、文化的过去和现状,对中西文化现象能进行系统分析、综合、比较和归纳。
	跨文化适应能力	在跨文化环境下,具有基本的心理调适与灵活应对能力,能够发挥团队合作精神,维系良好的人际关系,能主动化解恐惧和焦虑心情,通过理解、分析文化差异有效化解文化冲突。	在跨文化环境下,具有较强的心理调适与灵活应对能力,能在文化冲突中适时调整心理状态,有效地克服民族中心主义、种族主义等交际障碍。在距文化交际中,能主动降低困惑感,化解恐惧和焦虑心情、减轻压力,达到自我放松状态。
	跨文化沟通能力	能较正确地灵活地运用语言和非语言交际方式和策略与来自主要英语国家的英语使用者有效交际和沟通,在国际化的实际环境中顺利完成交际任务和工作;能在跨文化交际中较有效地使用交际策略,包括对交际活动的开始、结束、维持、话题的转变以及交际失误产生后的补救等策略与技巧的掌握。能意识到文化对交际的时间、地点、社会地位、性别、态度以及所谈话题的影响和语用适当度。	非常得体地综合运用语言和非语言交际策略与来自不同国家的英语使用者进行有效交际和沟通,在国际化的实际环境中成功地完成交际任务和工作;能在跨文化交际中正确地使用交际策略表达情感与态度;能始终把握文化对交际话题的影响,没有语用失误。

　　课程效能评价基于人才培养质量,是制定个性化和有特色的培养方案和教学计划的依据,也是组织师资培训、教材编写、测试的重要参考。商务英语课程效能评价指标体系,有助于把握挖掘商务英语课程体系内部各要素之间的相互关系,从全面系统的角度出发,研究教育教学规律,为商务英语人才培养提供保证(严玉萍,2013)。

　　在 CIPP 模式下高职商务英语专业课程体系有许多改进和提高的地方。首先,在确定课程体系之前,一定要调查用人单位对毕业生的要求,与用人单位一起确定人才培养目标和培养方案,这样培养出来的人才才能符合用人单位的需求;在制定课程体系时,要确保所设课程适应企业中典型的工作岗位,以岗设课,根据岗位需求制定课程标准和教学内容,形成合理的课程体系;在课程教学中,要加强学生实践能力的培养,让学生动口能说,动手能做,缩短岗位适任周期(徐仁凤,2012)。

综上所述,通过从以上六个方面对"文献内容"的研究分析,我们认为,商务英语课程体系与课程设置直接反映了培养目标定位、专业内涵、培养规格、质量标准的本质要求,体现了专业教育思想和培养实现途径,决定着专业教育是学科型还是实用性,是以理论教学为主还是理论教学与实践教学紧密结合,是英语与商务内涵统一还是二者简单拼凑。没有规范科学的课程体系与教学模式,人才培养规格与质量就会失去保障,专业培养目标的实现就无从谈起。依据人才需求变化、专业发展现状研究课程设置与教学模式,才能真正体现商务英语专业特色与学科专业的社会价值。

2.7　关于《高等学校商务英语专业本科教学质量国家标准》的解读

《高等学校商务英语专业本科教学质量国家标准》即将颁布执行,这是商务英语专业发展历程中具有里程碑意义的事件,对于商务英语专业发展和商务英语课程体系建设具有积极的推动作用。下文为对外经济贸易大学王立非教授在2014 年第十一届全国国际商务英语研讨会上所做的"商务英语专业本科教学质量国家标准设计及解读"主旨发言的 PPT 内容,我们转录如下,供大家参考研究。

2.7.1　商务英语的发展

(1) 商务英语 2012 年成为目录内基本专业,专业代码 050262;

(2) 2014 年,已有 216 所高校开设商务英语专业;现有 308 所 1999 年普通升格本科高校和 287 所独立学院开设商务英语专业;

(3) 目前,商务英语专业已经覆盖了国内所有类型和层次的高校。

2.7.2　我国对外开放经济对商务英语人才的需求

在经济全球化的背景下,国际经济贸易呈现出往来的广泛性、多发性、多层次性、多样性等特征,且频繁度激增(曹德春,2014)。主要有:

(1) 一般进出口贸易;

(2) 中外合资商务谈判;

(3) 国有和民营企业的海外并购、收购、投资;

（4）银行和金融机构间的国际结算、国际投融资；

（5）中外政府间的商务谈判、国家形象塑造与营销、地方政府海外招商；

（6）各类企业的海外上市；

（7）WTO、IMF、WB、UN、贸易发展组织、亚洲银行等国际组织的商务工作；

（8）跨国企业的公共关系维护、公关危机处理；

（9）国家部委、省市商务部门的涉外工作；

（10）国际会计事务所不同会计准则之间相互转换与语言表达问题；

（11）律师事务所的跨国诉讼、并购、海外维权的商务法律谈判与文件起草等；

（12）工程的国际招标与建设；

（13）出入境旅游导游、旅游城市（景区）的国际营销。

2.7.3 《高等学校商务英语专业本科教学质量国家标准》出台的指导思想

（1）分类卓越；

（2）分层卓越。

2.7.4 《高等学校商务英语专业本科教学质量国家标准》

该标准由教育部组织编制，是商务英语本科专业准入、建设和评价的依据；本标准适用于各类高等学校的商务英语本科专业。各高等学校应根据本标准、相关行业标准和人才需求，制订本校商务英语专业培养方案。本标准适用于各类高等学校的商务英语本科专业。学制 4 年，授予文学学士学位，专业代码为 050262。

2.7.4.1　商务英语专业的培养目标

基本功、人文素养、国际化、复合型、应用性。

商务英语专业旨在培养英语基本功扎实，具有国际视野和人文素养，掌握语言学、经济学、管理学、法学（国际商法）等相关基础理论与知识，熟悉国际商务的通行规则和惯例，具备英语应用能力、商务实践能力、跨文化交流能力、思辨与创新能力、自主学习能力，能从事国际商务工作的复合型、应用型人才。

2.7.4.2　商务英语人才的素质要求

5 种素质：思想素质、文化素质、专业素质、职业素质、身心素质。商务英语专业学生应具有高尚品德、人文与科学素养、国际视野、社会责任感、敬业与合作精神、创新创业精神、健康的身心。

2.7.4.3　商务英语专业知识要求

表 2.7　商务英语专业知识构成

分　类	知　识　描　述
语言知识	语音知识、词汇知识、语法知识、语篇知识、语用知识等
商务知识	经济学知识、管理学知识、国际商法知识、国际金融知识、人力资源管理知识、财务管理知识、商务操作规程、信息技术知识等
跨文化知识	外国文学知识、欧美文化知识、商业文化知识、中国文化知识等
人文社科知识	区域国别知识、国际政治知识、世界历史知识、世界宗教知识、外交外事知识等
跨学科知识	交叉学科知识、学科整合知识等

表 2.8　商务英语专业能力要求

分　类	分　项	能　力　描　述
英语应用能力	语言组织能力	语音语调识读能力、词汇拼读能力、造句能力、谋篇能力等
	语言运用能力	听、说、读、写、译技能、语用能力、纠误能力等
	语言学习能力	调控策略、学习策略、社交策略等
跨文化交际能力	跨文化交际能力	跨文化思维能力、跨文化适应能力、跨文化沟通能力等
	跨文化商务交际能力	沟通能力、商务能力、跨文化能力
商务实践能力	通用商务技能	办公文秘技能、信息调研技能、公共演讲技能、商务礼仪技能等
	专业商务技能	商务谈判技能、贸易实务技能、电子商务技能、市场营销技能、人力资源管理技能、财务管理技能等
思辨与创新能力	认知能力	理解、推理、评价、分析、解释、自我调控、精确性、相关性、逻辑性、深刻性、灵活性等
	情感调适能力	好奇、开放、自信、坚毅、开朗、公正、诚实、谦虚、好学、包容等
自主学习能力	学科自学能力	自我规划能力、自我决策能力、自我监控能力、自我评价能力

2.7.4.4　商务英语专业课程体系

商务英语专业课程体系包括公共课程、专业核心课程、专业方向课程、实践环节、毕业论文五个部分。课程总学分不低于 150 学分，总学时不低于 2 500 学时。四年的专业课程总学分不低于 100 学分或 1 600 学时（公共课程除外）。毕业论文与实习/实践不计入总学时。

2.7.4.5 课程结构要求

公共课程：参照教育部和外语类专业国家标准的要求设置。

专业核心课程：按四大模块设置，各模块占专业课总学时的比例为：

（1）语言知识与技能课程模块为 $50\%\sim60\%$；

（2）商务知识与技能课程模块为 $25\%\sim35\%$；

（3）跨文化交际课程模块为 $5\%\sim10\%$；

（4）人文素养课程模块为 $5\%\sim10\%$。

表 2.9 商务英语专业核心课程要求

课程模块	专业核心课程	门数	占专业课比例
英语知识与技能	实用英语语音、英语语法实练	2	$50\%\sim60\%$
	综合商务英语、商务英语听说、商务英语阅读、商务英语写作、商务翻译	5	
商务知识与技能	经济学导论、管理学导论、国际商法导论、国际营销概论	4	$25\%\sim35\%$
	国际贸易实务、国际商务谈判、实用电子商务	3	
跨文化交际	跨文化商务交际导论、英语演讲	2	$5\%\sim10\%$
人文素养	英美概况、英美文学选读、欧美文化概论	3	$5\%\sim10\%$
专业实习/实践			不计入总学时
毕业论文/设计			

2.7.4.6 专业方向课程要求

专业方向课程按必修和选修设置，突出商务知识与技能、跨文化商务交际、人文素养等类别。各高等学校根据培养规格、专业特色和行业需求，自主设置和动态调整。

2.7.4.7 实践（实验）教学要求

实践环节涵盖实训、实践和实习，占总学分的 $10\%\sim25\%$（不包括教育部规定的社会实践学分），由专业教师和行业专家共同指导完成。鼓励学生取得外贸、金融、会计、人力资源管理、财务管理、司法等行业资格证书。

专业实训在商务实训室等模拟仿真教学环境中操练外贸、金融、财务、营销、法律等实务流程。专业实践在第二课堂活动（如商业创意、商务谈判、商务技能等类比赛）和涉外商务活动（如经贸洽谈、招商引资、商品会展等）等课外环境中完成。专业实习在已签约或定点的校外实习基地集中实施或自主完成。

2.7.4.8 毕业论文要求

毕业论文重点考察学生商务英语和专业知识的综合运用以及实践与创新能力。毕业论文可采用实践类或学术类形式,要求符合行业或学术规范,用英语撰写,正文长度不少于5 000词。

实践类包含项目报告(如商业计划、营销方案、案例分析、翻译及评述等)和调研报告(如企业、行业、市场调研分析等)。对实践类毕业论文的指导和考核应有企业或行业专家参与。

2.7.4.9 教学与评价要求

教学要求:商务英语专业教学应按纲施教,因材施教,合理运用教学方法和教育技术,注重学生的思想品德、英语基本功、人文与科学素养、国际视野、商务知识、创新创业能力等方面的培养。

评价要求:商务英语教学评价应注重形成性与终结性相结合,重点评价学生的素质、知识和能力,教师的职业道德、教研能力、实践能力等以及专业教学的各个环节。

2.7.4.10 商务英语师资结构要求

商务英语专业的学生与老师比例不超过18∶1。教师的年龄、学历、职称、专业等结构合理,一般应具有硕士以上学位,能满足教学需要。专业教师中语言类、商务类、实践类师资的大体比例为6∶3∶1,商务类教师除英语能力合格外,其本科、硕士或博士学历中至少有一个应为经济、管理或法律类专业。实践类教师从行业专家中兼职聘请。还需聘有外籍教师。

2.7.4.11 商务英语教师素质要求

应师德高尚,具备合格的英语基本功、专业知识、教学能力、科研能力、实践能力,运用现代教育信息技术,开展课堂教学与教学改革。

2.7.4.12 教师发展要求

商务英语专业应制订教师发展规划,通过学历教育、国内外进修和学术交流、行业兼职或挂职等方式,不断更新教师的教育观念和知识结构,提高理论素养、教研水平和实践能力。

2.7.4.13 商务英语专业教学条件要求

教学设施:商务英语专业应配备足够数量的教学设备、教室、设施,实务流程和环境符合实训要求,安排专人日常管理和维护。

图书资料:外语、商务、人文、科技类的中外文专业图书期刊、电子数据库、工具书等符合要求,能满足学生的学习和教师教学科研的需要。

网络资源:网络系统和网络资源完备,能满足日常的专业学习、网络教学和课件开发等需要。

经费投入：经费投入有保障，能满足本专业发展的需要。

2.7.4.14 内涵与特色建设重点

人才培养模式改革

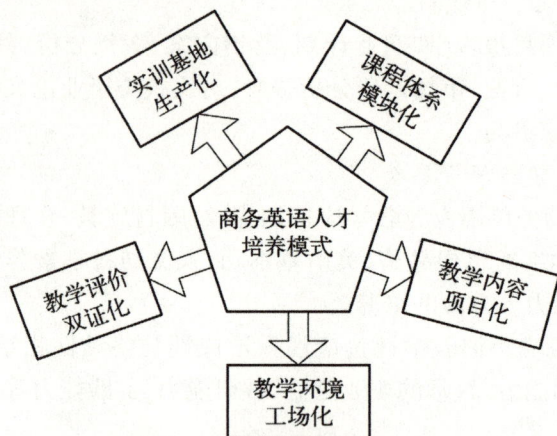

图 2.1 商务英语人才培养模式

2.7.4.15 特色方向与证书

依托各校学科特色和优势设置专业方向：① 国际贸易；② 国际金融；③ 国际会计；④ 知识产权；⑤ 国际经济法；⑥ 国际营销；⑦ 商务管理。课程中嵌入职业资格证书核心课程：① 国际贸易师资格证书；② 国际金融分析师资格证书；③ 国际会计师资格证书；④ 司法考试证书。

2.7.4.16 课程设置

(1) 商务英语(国际商务方向)

适合范围：多数二本、三本高校。培养目标：涉外企业的国际商务人员。

表 2.10 商务英语国际商务方向课程设置

国际经济学	跨文化商务沟通
国际企业管理	电子商务实务
国际商法	国际金融
国际营销学	国际贸易实务
商务英语阅读	商务英语写作、翻译

(2) 商务英语(国际贸易方向)

适合范围：多数二本、三本高校。培养目标：外企的国际贸易业务员、外贸公司的业务员。

表 2.11　商务英语国际贸易方向课程设置

国际经济学	跨文化商务沟通
国际企业管理	国际贸易实务
国际商法	电子商务
国际营销学	对外贸易概论
商务英语阅读与写作	国际物流
国际经济学	跨文化商务沟通

（3）商务英语（国际金融方向）

适合范围：一般财经类大学。培养目标：银行的国际金融业务人员。

表 2.12　商务英语国际金融方向课程设置

国际经济学	跨文化商务沟通
国际企业管理	国际金融概论
国际商法	国际投资概论
国际营销学	国际结算
商务英语阅读与写作	电子银行

（4）商务英语（国际财经方向）

适合范围：重点财经类大学。培养目标：麦肯锡、高盛、瑞银、摩根-斯坦利等著名跨国投资、证券公司及管理咨询公司的业务人员。

表 2.13　商务英语国际财经方向课程设置

国际经济学	跨文化商务沟通
国际企业管理	财政学原理
国际商法	货币银行学
国际营销学	投资银行学
商务英语阅读与写作	管理咨询概论

（5）商务英语（国际会计方向）

适合范围：高端财经类大学。培养目标：德勤、毕马威、安永、普华永道等知名国际会计事务所业务人员。

表 2.14　商务英语国际会计方向课程设置

国际经济学	跨文化商务沟通
国际企业管理	会计学
国际商法	统计学原理

续 表

国际经济学	跨文化商务沟通
国际营销学	财务管理
商务英语阅读	国际会计证书　ACCA，CIMA

（6）商务英语（人力资源管理方向）

适合范围：二、三本经贸类高校。培养目标：外企的人力资源管理人员。

表 2.15　商务英语人力资源管理方向课程设置

国际经济学	跨文化商务沟通
国际企业管理	人力资源管理
劳动法学	财务管理
组织行为学	劳动经济学
商务英语写作	统计学

（7）商务英语（国际旅游方向）

适合范围：位于北京、上海、西安等出入境旅游发达地区的高校。培养目标：中国国际旅行社等高端旅行社的高层次国际导游，北京、上海、西安等国际知名旅游城市及旅游景区的国际市场推广、营销人员。

表 2.16　商务英语国际旅游方向课程设置

国际经济学	跨文化商务沟通
国际企业管理	旅游学概论
国际商法	国际导游实务
国际营销学	酒店管理概论
商务英语阅读	旅游与会展经济概论

（8）商务英语（国际公务员方向）

适合范围：高端外语外贸类大学。培养目标：WTO、货币基金组织、亚洲银行等跨国组织及跨国公司工作人员。

表 2.17　商务英语国际公务员方向课程设置

国际经济学	跨文化商务沟通
国际企业管理	跨国企业概论
国际商法	中外企业比较
国际营销学	外国商情概论
商务英语阅读与写作	管理沟通

（9）商务英语（涉外公关方向）

适合范围：外语外经贸类大学。培养目标：中央外宣办、各省市外宣办、旅游局的公务员、翻译，奥美 Ogilvy 等著名国际公关公司业务人员。

表 2.18　商务英语涉外公关方向课程设置

国际经济学	跨文化商务沟通
国际企业管理	国际公共关系概论
国际商法	整合营销传播
国际营销学	国际新闻概论
商务英语阅读	国际商务礼仪

（10）商务英语（国际营销方向）

适合范围：外语外经贸类大学。培养目标：外企营销业务员。

表 2.19　商务英语国际营销方向课程设置

国际经济学	跨文化商务沟通
国际企业管理	国际公共关系概论
统计学原理	广告学
国际营销学	消费心理学
商务谈判	国际商务礼仪

（11）商务英语（涉外商务法律方向）

适合范围：财经政法类大学。培养目标：国际仲裁委员会工作人员，国际知名律师事务所、跨国公司法律部门、国企法律部涉外业务。

表 2.20　商务英语涉外商务法律方向课程设置

国际经济学	跨文化商务沟通
国际企业管理	成文法概论（大陆法系）
国际商法	案例法概论（英美法系）
国际营销学	中外法律比较
商务法律写作与翻译	法律语言学

（12）商务英语（国际文化产业方向）

适合范围：财经政法类大学。培养目标：国际仲裁委员会工作人员，国际知名律师事务所、跨国公司法律部门、国企法律部涉外业务。

表 2.21　商务英语国际文化产业方向课程设置

国际经济学	跨文化商务沟通
国际企业管理	文化传播学
产业经济学	广告学
国际商法	商务谈判
商务英语写作	文化贸易学

（13）商务英语（国际工程方向）

适合范围：工科类大学。培养目标：国际工程招标公司业务员，国际工程项目管理。

表 2.22　商务英语国际工程方向课程设置

国际经济学	跨文化商务沟通
国际企业管理	FIDIC 合同
国际商法	国际工程项目管理
国际营销学	石油英语阅读
商务英语阅读与写作	石油工程学概论

（14）专业内涵与特色建设重点

核心课程改革：① 综合商务英语课程，② 商务写作/翻译课程，③ 口译/演讲/谈判课程，④ 商务模拟实训类课程，⑤ 跨文化商务交际课程。

专业内涵与特色建设重点：① 教学观念与手段改革：向说写译谈沟通技能转变；向技能与专业内容结合转变；向 ESP/CBI/CASE/GBT 教学转变；向基于 MOOC 和机辅实训教学转变。② 第二课堂改革：国际商务谈判大赛、国际商务实践大赛、商务英语技能大赛、国际商务案例分析大赛、国际营销创意大赛。③ 师资队伍改革：商务意识与素养、商务相关知识、商务教学能力、商务实践能力、商务科研能力。

2.7.5　商务/经济研究参考媒体和刊物

（1）书面语可参考以下资料：经济学家、金融时报、商业周刊、华尔街日报、哈佛商业评论、财富杂志等经管类学术期刊专著的语言。财经媒体：BLOOMBERG（彭博社）、BBC、CNN、CCTV9 等。著名网站：WTO、WB、IMF、亚行、UN 贸发组织、UN 工发组织、美国商务部官网、欧盟、中国商务部等、达沃斯论坛、博鳌论坛等。世界 500 强企业官网、企业年报、投资报告、经济褐皮书等。

（2）口头话语可参考：公司总裁演讲、商务官员演讲、微软苹果产品发布会、企业新闻发布会。

（3）商务英语教师学养丛书，全国商务英语专业教学协作组重点推荐师资参考书：《专门用途英语课程的设置》、《法律英语的传统与变革》、《商务媒体话语中的隐喻与性别》、《商务会议语言》、《会话分析与专门用途语言》等等。

第 **3** 章
商务英语课程体系综述

3.1　商务英语主要理论学派

　　商务英语作为一门新兴交叉学科,其"跨文化、跨语言、跨学科"的交叉学科特质给学科的教学理论研究提出了种种挑战。就学科体系总体研究状况而言,商务英语学远非一门成熟的学科,学科建设中的诸多问题亟待研究。由于办学层次、教学背景、教学观等方面的差异,在商务英语专业办学规模迅速扩张的情况下,商务英语课程体系设置缺乏规划性和系统性的问题日益突出,成为严重制约商务英语学科持续健康发展的瓶颈。因此,在科学的理论指导下,创建具有商务英语自身特色的规范化和科学化的课程体系,学科建设和教学实践给我们提出了现实的研究课题。

　　"理论是学科的立足之本。理论的目的在于寻找规律,解释实践。商务英语课程体系设置必须具备理论支撑。理论是系统化的理性认识,是对研究的客观对象的本质及其与周围相关环境的相互联系、相互作用中表现出来的规律性进行理性思维和高度抽象的结果"(翁凤翔,2009)。"教学思想是课程体系的理论基础,是指导课程体系的理论核心,是课程体系的灵魂和精髓,它决定着课程体系的方向性和独特性。它在课程体系结构中既自成独立因素,又渗透或蕴涵在其他各个因素之中。其他因素都是依据理论基础而建立的。鉴别一个课程体系成熟的程度,一般从其理论基础中即可窥见一斑"(方林,2012)。由此可见,商务英语理论基础在创建自身课程体系中的重要意义。

　　商务英语课程体系既是一个综合的教学系统,也是一个完整的教学全过程,其涉及教学理念、教学理论、教学原则、教学设计、教学程序、教学结构、教学策略、教学内容、教学方法、教学手段、教学效果、师资素质等,并由"理论基础"、"培养目标"、"课程设置"、"教材建设"、"评价机制"等 5 个要素,构成一个完整的课程体系的基本结构。商务英语体系中的各个要素由于自身功能定位的不同,其相关理论支撑也有所不同;如培养目标主要的理论依据是"需求分析理论"和"人力资本理论";课程设置主要的理论依据是"二语习得理论"、"需求分析理论"、"ESP 理论"、"建构主义理论"等;教材建设主要的理论依据是"需求分析理论"、"CBI 理论"、"以学生为中心理论"等;评价机制主要的理论依据是"需求分析理论"、"自主学习理论"、"任务型教学"等等。这些理论在课程体系各个要素功能点发挥着指导作用,并和商务英语教学理论结合在一起,成为研究商务英语课程体系的理论基础。

由于国内商务英语教学界还没有形成一个被普遍接受的课程架构体系,商务英语课程体系理论研究还处于探索创立的阶段。又因为商务英语具有交叉学科的特征,其课程设置常常呈现出多元化、多样化的特点,所以要主观地界定一种或几种教学理论作为商务英语课程体系的理论基础,既不符合商务英语教学实际情况,也不符合商务英语课程体系建设的内在规律。教学理论紧密联系教学实际,多种教学理论相结合,有的放矢地运用相关理论进行课程体系的研究,就是我们构建商务英语课程体系的基本思路。我们在此介绍商务英语主要理论学派以及相关的概念、理念和方法,为大家提供理论参考。

3.1.1　ESP 理论

ESP 是在应用语言学基础上发展起来的一种教学理念。ESP 的全称是 English for Specific Purposes,中文翻译为专门用途英语。ESP 是一门新兴的边缘交叉学科,发展于 20 世纪 60 年代。由于人们在科学、技术、经济、文化等方面的交往日益扩大,ESP 逐渐得到语言学界专家学者的关注。

Hutchinson & Waters(1987)对 ESP 进行了权威界定:ESP 是一种教学方式,其内容和方法都是基于学习者的学习缘由。Strevens(1988)的定义也被普遍引用,他把 ESP 和普通英语(General English 简称 GE)看作一对相对独立的概念,认为 ESP 课程有明确的教学目标、教学内容和交际需要。提出了专门用途英语教学的四个特征:① 满足特定学习者的需要;② 内容上与特定专业和职业相关;③ 词汇、句法和语篇等方面与特定专业和职业相关活动的语言运用相关;④ 与普通英语形成对照。

商务英语从理论到实践不断发展,逐步形成一门交叉学科,建立了自己的独立学科体系——EBP 商务用途英语(English for Business Purpose)。商务英语是以英语为媒介、以商务知识和技能为核心的一种 ESP(Dudley-Evans *et al.* 1998;Bargiela-Chiappini 2012),其学科理论基础来自应用语言学、专门用途外语、跨文化交际学、话语分析等；研究对象是商务话语、商务活动和商务文化；研究方法借用社会科学和商学的方法，如定性定量统计、话语分析、案例分析等；研究队伍是商务英语教师以及国际商务从业人员。

根据国内外的教学实践，ESP 的基本教学原则概括为：

（1）真实性原则。Coffey（1984）提出"真实的语篇"（authentic texts）加上"真实的学习任务"（authentic tasks）才能体现 ESP 教学的特色。真实性（authenticity）是 ESP 教学的灵魂。

（2）需求分析原则。Johnson（2001）认为学习者的语言需要在 ESP 中较容易确认，这是 ESP 引人注目的特色之一。据此，需求分析理论是制定 ESP 教学大纲、编写 ESP 教材的基础。在 ESP 教学领域，需求分析包括两方面的内容：一是目标需求的分析，即分析学习者将来必然遇到的交际情景；二是分析学习者的学习需求，包括缺乏哪些技能和知识以及学习方法。

（3）以学生为中心的原则。Strevens（1998）在 ESP 国际讨论会上发言，提出"教育的重心正日益转向学生本人，包括他的需求、他的学习方式和他对学习过程的认知和理解，在某种程度上，可以说教育已摆脱了以教师为中心的教学方法"。ESP 教学必须以学生为中心，这是由 ESP 本身的属性决定的（周梅，2010）。ESP 具有鲜明的目标性，其学习者多为高年级学生或成人，教学大纲和教材都是建立在学生将来工作需求的基础上，所以这些因素决定了它的教学过程必须以学生为中心（王友良，2010）。

Strevens 曾指出 ESP 教无定法，可采取任何一种适用的教学方法，教师均可采用情景教学法、交际教学法、案例教学法、任务型教学法和建构主义指导下的自主学习等教学法（王瑾等，2013）。教学方法可以根据 ESP 特性进行选择，主要有三种教学模式。

（1）以教师为中心的教学模式。以教师为中心，顾名思义，就是在整个教学过程当中，虽然教学的四个要素，即教师、学生、教学内容和教学媒体各有分工，互有侧重，但始终围绕教师这个教学要素中心（王瑾，2014）。在这种模式当中，教师始终是课堂教学的重心，是知识的传授者、灌输者。他控制课堂教学的内容和节奏，决定使用的教学方法和教学媒体，对学生、教学内容和教学媒体三个教学要素的影响一直是单向的，而且有着绝对的权威。在这种模式下，学生是教师灌输知识的对象，一般情况下，ESP 课程并不适合采用以教师为中心的教学模式。

（2）以学生为中心的模式。根据 Peter Strevens（1988）以学生为中心的理论，就是在整个教学过程当中，学生成为四个教学要素的中心；教师、教学内容和教学媒体都是为学生服务的。陈坚林（2005）认为，以学生为中心，就是把学生看成是外语教学的主体,是知识的主动构建者。以学生为中心的教学模式强调学生是学习过程的主体,是知识的主动建构者,可以充分激发学生积极探索、主动发现的学习兴趣和热情,有利于学生创新思维和应用能力的培养。

鉴于上述两种模式的各自特点,在具体的教学模式设计过程中,教师应该综合运用两种模式,注意优势互补、扬长避短,充分发挥各自的长处。因此,在计算机多媒体和信息网络技术的支持下,教师主导、学生主体的教学设计模式也就应运而生。

(3) 教师主导、学生主体模式。教师主导、学生主体的教学设计模式,有时也被称为双主模式,是"以学生为中心"教学模式和"以教师为中心"教学模式的优势综合。它吸收两者的优势和长处,摒弃它们的缺点和不足。陈坚林(2005)认为,计算机网络与外语课程整合不仅可以创设理想的教学环境,更重要的是使教学结构体系发生根本变化。传统的以"教"为中心的教学结构转变为"学教"并重的教学结构,即教师主导—学生主体的教学结构,教学过程中的四个教学要素之间的关系也产生相应的变化(王瑾,2014)。

3.1.2　二语习得理论

第二语言习得是指人们逐步提高第二语言水平的过程。人们对这种过程进行研究,期望从中得到对外语的教与学有用的知识和启示(舒白梅,2005)。美国学者 Krashen 提出语言习得理论,"即第二语言发展监控模式"中的语言输入说和 Swain 的输入假设说以及自然习得理论,这三个理论对商务英语全英教学模式有较大启示意义。

全英教学理念源自北美盛行的浸泡教学法。它与传统的语言教学法最大的不同,在于它将目标语(L2)作为媒介来教授非语言课程。目标语的学习成为对学科学习的附带习得。许多学者对这种模式的教学成果进行大量的调查研究,结果表明学生的二语水平,特别是在接受性技能(receptive skills)方面得到很大提高,另外,学生在文化意识和社会语言能力方面也得到了发展(Kinberg,2011),证明浸泡式教学是一种行之有效的教学模式。

浸泡法的理论基础是自然习得理论(the Natural Approach)和 Krashen 的输入假设(the Input Hypothesis)。自然习得理论认为在以意义交流为目的的自然社会和学术环境中的语言学习是最有成效的。Krashen 在 80 年代提出的输入假设中指出,语言的习得是通过学习者接受了大量的比当前自身能力水平略高的可理解性输入(comprehensible input)而获得的(Larsen-Freeman *et al*.2000)。浸泡教学法就是为学生创造一个自然的学习环境,提供充足的可理解语言材料,让学生以目标语为媒介进行交际活动,以获得第二语言的自然习得。

任务型教学模式的理论基础来自 Krashen 的"输入与互动假设"。任务型教学的特点是"以学生为中心,在做中学"。该模式认为通过伙伴合作、协商完成学习任务的过程充满反思和顿悟。它要求教师根据学生的不同水平设计不同的任务活动,让学生通过与学习伙伴合作去完成任务,从而最大限度地调动和发挥学生的内在潜力;提高学生发现问题和解决问题的能力,培养学生与他人共处的合作精神和参与意识,让学生在完成任务的过程中体验成功的喜悦和自我价值的实现。任务型教学极能体现学生的主体性,是有效改变以往以教师讲授为主,学生极少有机会使用目标语进行交际的教学现状的最佳途径之一(Nunan,1989)。

3.1.3 需求分析理论

在经济界,需求分析被广泛应用,常见在市场分析和消费者的需求分析中,并形成较为成熟的运行模式。需求分析是采集数据进行分类整理的过程,且多数与机构利益相关。另一种说法是,需求分析是在找寻现实与期望之间差距的过程;而哈莱斯的观点则是,需求分析是寻找解决问题的具体方法(徐英俊,2001)。

由上可知,学习需求分析是在教学过程中,通过大量实证分析后,发现问题,从而论证解决问题的调查和研究过程。该项分析的最终目的是找出现实与期望之间的差距,以此来设计和规划解决方案,实现最终目标。要求教育工作者,以学生为研究对象,采用正确、科学的方式采集信息,了解学生的学习需求和缺失,以明确教育现状和达成目标间的差距,制定对策,弥补差距。这就是学习需求分析。

需求分析在外语教学中处于"核心"地位,外语教学过程的每一个环节均离不开外语需求分析的指导。目前,在设置一门外语课程时,需求分析已成为不可缺少的启动步骤。通过需求分析,课程设置者能够了解外语学习者的学习背景、现有外语水平与希望之间的差距,了解学习者学习课程内容和掌握外语技能的需求,从而为外语课程设置的必要性论证提供可靠信息。在论证之后,外语需求分析亦能让课程设置有的放矢地制定教学目标、教学大纲而适时安排教学(王瑾,2014)。

需求分析理论指导的项目式教学模式,在职业教育领域得到普遍推广。项目教学的指导思想是将一个相对独立的任务项目交予学生独立完成,从信息的收集、方案的设计与实施,到完成后的评价,都由学生具体负责。教师起到咨询、指导与解答疑难的作用。通过一个个具体的项目,使所有学生能够了解和把握完成项目的每一个环节的基本要求与整个过程的重点、难点(向晓,2013)。

3.1.4　建构主义理论

建构主义强调"以学生为中心"的三要素：让学生在学习过程中充分发挥主动性；让学生在不同的情景下使用所学到的知识；让学生根据自身行动的反馈信息来形成对客观事物的认识和解决实际问题的能力。

建构主义语言学认为，语言存在于言语之中，言语就是在特定的语境中为完成交际任务对语言的使用，包括言语活动过程及其产生的话语。实践教学中通过各环节的教学设计，创设生动、仿真、接近实际的商务活动情境，可以有效地激发联想，使学习者利用自己原有认知结构中的有关知识与经验去同化当前学习到的新知识，赋予新知识以某种意义，为提取长时记忆中的知识、经验与表象创造有利条件（舒亚莲，2013）。建构主义理论的内容很丰富，但其核心只用一句话就可以概括：以学生为中心，强调学生对知识的主动探索、主动发现和对所学知识意义的主动建构。

在建构主义学习理论影响下形成了认知学徒教学模式。认知学徒模式被许多研究者视为建构主义教学的一个重要的模式。建构主义学习理论认为，知识不是通过教师传授得到的，而是学习者在一定的情境即社会文化背景下，通过人际间的协作活动而实现的意义建构过程。因此建构主义学习理论认为，"情境"、"协作"、"交流"和"意义建构"是学习环境中的四大要素或四大属性。学习是在一定的情境下，借助人与人之间的协助活动而实现的意义构建过程（王瑾，2014）。在建构主义理论体系中，交互性网络不仅为学习者提供丰富多彩的学习资料，为其学习的主动性提供必要的支持，而且为学习者之间的合作与交流提供了方便，加强了学习者之间的协助性以及老师与学生之间的互动性，从而提高了学习者的认知能力和语用能力。

3.1.5　自主学习理论

自主学习是以建构主义认知心理学为基础发展而来的。自主学习主要具备以下三个特征：能动性、有效性和相对独立性。自主学习作为一种个性化学习，体现了建构主义理论关于学习者在已有知识基础上创建个人意义的理念。自主学习是学习者完全对自己与学习有关的决定负责并实施这些决定的行为（Dickinson，1987）。Little（1991）将自主学习看作学习者对学习内容和过程的心理反应。他认为，自主学习应涉及五个方面的内容：确立目标，确定学习内容，运用合适的学习方法，控制适合自己的时间、地点和进度，评价学习结果。

Piaget 所提出的建构主义理论强调人类的知识不是纯客观的；不是他人传授的，而是自己建构的；不是独自形成的，而是在与外部环境的交互过程中形成的;教学要以学生为中心,要给学生控制和管理自己学习的权利和机会;教学设计者的主要任务是设计学生的学习环境,为学生创造有利的学习条件(黄秀红,2007)。

针对中国国情,束定芳(2004)指出,英语自主学习的主要包括:① 态度(attitude),学习者自愿采取积极的态度对待自己的学习;② 能力(capacity),学习者应该培养这种能力和学习策略,以便独立完成自己的学习任务;③ 环境(environment),应该给予学习者大量的机会去锻炼自己,拥有自己负责自己学习的能力。如果没有外部的环境,如老师、教学设备和学习资料等,培养学习者自主学习的态度和能力是不可能的。

商务英语的实践教学能提供重要的学习"环境",创造商务英语第二课堂,使学生在实际工作中运用英语,是实践教学模式的主要内容之一。它以其独特的、丰富的学习平台,为学生英语自主学习创造了前所未有的条件,为培养学生自主学习能力提供了更为广阔的空间。

3.1.6 CBI 理论

国际上流行的 CBI 教学法,也被称为"内容本体教学"或"依托式外语教学"(袁平华,2006),即把内容与语言结合起来进行教学(常俊跃,2008)。CBI 理论的核心是,如果语言教学能基于某个学科知识来进行,将外语学习同内容有机地结合起来,教学效率往往会大大提高。Stryker & Leaver(1997)认为当语言教学与学科教学相结合时,当语言作为学习学科知识的媒介时,便产生了最理想的外语或二语学习条件。这是因为,当学生的注意力集中在内容上,把目标语作为工具来探索知识,这时的学习状态最接近于母语学习,因此效率也就越高。即,① 关注内容可以把形式学习的焦虑感降到了最低程度;② 内容学习大大增加了可理解的输入量;③ 它极大地调动了学生学习的兴趣和积极性。学生就学科内容或是感兴趣的话题进行真实且广泛的交流最能促进二语习得;④ 高层次的认知活动有利于语言水平的进一步提高,学习者把英语和一门学科结合起来学习。

根据教学目标的差异,基于 CBI 教学理念有多种教学模式,常见的有以下四种:

(1) 主题模式(theme-based model)。主题模式教学是围绕学生感兴趣的主题选择教学材料,以语言技能学习为主。结合听、说、读、写,包括语法在内的各项语言技能开展综合训练;使学生在获取新信息的过程中,提高语言水平,增强语言技能。教学对象为旨在提高外语水平的群体,课程由语言教师来担任。

(2) 课程模式(sheltered model)。课程教学模式以目标语编写各类专业课程教材,学生主要是学习科学知识;同时习得语言能力。教学对象为有学术和科研要求的群体,学生语言能力要求在中等或中等以上,课程由专业教师来担任。

(3) 专题模式(special model)。专题模式课程的教学材料来自实际工作岗位,用于职业或团体的培训。教学对象为在岗人员、职业院校学生、有学术研究任务的人员等,课程既可由专业教师担任,也可由外语教师担任。

(4) 辅助模式(adjunct model)。辅助模式意在让学生借助语言知识掌握专业知识,并提高语言水平。同时开设语言课和专业课,由专业教师和语言教师共同承担,语言课程为专业课程服务,帮助学生学习专业课所需的语言知识(王瑾,2014)。

3.1.7 PBL 理论

基于问题的学习(problem-based learning,简称 PBL)教学理论,PBL 主张在教学中设置复杂而有意义的问题情境,通过学习者的自主探究和协调合作来解决问题,学习隐藏于问题背后的知识,培养学生分析问题、解决问题、自主学习及与他人协作的能力。作为一种启发式教学模式,PBL 强调学习的过程是学生主动探究的过程,而不是被动地接受传递的知识。教师的作用是要形成一种学生能够独立探究的情境。教师应设置具有明确目的性与适当知识范围的问题,在课堂讨论中积极引导、鼓励学生进行有效思考。商务英语课程的教学目的是提升学生对商务英语语言的认知度和熟练度,提高学生在各种商务情境下英语表达的流畅度和适宜性(冯时,2013)以及在商务真实语境中解决问题的能力。

3.1.8 国际商务双语课程教学

双语教学作为我国高等院校教学改革的方向,在教学和课程改革中,作为一种培养良好外语应用能力的教学手段,成为一种时兴热门的教学方式。双语教学是指同时使用汉语或外语进行课堂教学的一种教学方式。这种教学要求板书用外语,课堂教授部分使用外语,部分使用汉语。全英教学和双语教学两种教学模式的共同点是,所使用的教材均必须是外国优秀教材或自编商务英语教材。

"实践型双语课程教学"是近年来教育界提出的双语教学模式新构想。此模式分为四个部分,这四个部分组合成商务专业双语课程的教学模式与实践内容。"实践型双语课程教学"是双语教学的新构想和发展方向,它通过案例教学与设置实验环节突出双语课程的专业特点和实用性,目的是明确双语课与类似英语课程的区别,并加强对学生实际动手能力的训练。

商务英语专业全英教学和双语模式趋于多样化,如商科专业主修+商务英语辅修制,商务英语主修+商科课程辅修制,商务英语专业+其他专业双学位制等。商务英语专业全英教学的范围包括全英教学试点班和全英语教学课程,如华中科技大学规定,全英教学试点班的学生除"两课"和体育课程以外,其他所有课程都进行全英语教学。

3.1.9　多模态商务英语教学理论

多模态教学的概念是由新伦敦学派在 1996 年提出的一种教学理论,主张利用多种渠道、多种教学手段来调动学生的多种感官协同运作参与语言学习,培养学生的多元读写能力,以达到加深印象、强化记忆、提高教学效果的目的。

多模态商务英语教学指教师和学生在商务英语教学过程中,通过多媒体的使用,充分调动视觉、听觉和触觉等多种模态传递和接收信息。在商务英语课堂上,教师可采用视频、录音、图画、图表、实物、道具等方式传递信息,模拟真实的商务交际活动,引导学生通过多种感官通道获取、加工课堂上所提供的各类与语篇信息相关的语言和非语言信息。

3.1.10　交际语言教学理论

交际语言教学的核心思想就是培养学生的交际能力,在外语课堂教学中表现为重视培养学生实际运用语言的能力。该理论认为教学必须紧密结合语境,使学生掌握语言使用的场合和涉及的有关语言的文化背景知识,让学生结合语境或上下文去理解某一词语,学会运用某种表达法。它不同于局限于句内语法结构、偏重知识传授的传统教学。交际语言教学打破了句子的界线,注重讲解句子之间、段落之间以及整篇文章内在的联系,使学生不但了解语言形式上的连接(cohesion),更要懂得语言意义上的连贯(coherence),避免传统教学"见树不见林"的弊端。学生由学习语法规则转为学习语言的使用规则,从而促进了语言运用能力的培养。

3.1.11　启发式教学理论

启发式教学鼓励学生通过自己的经验或发现进行学习。启发式教学的实质在于严格地遵循辩证唯物主义的认识论,从学生的实际需求出发,由教师有计划、有步骤地引导学生观察,通过学生独立思考学习知识,最重要的是启发学生自己主动地学习。比如在讲授语法规则时,引导学生在大量的语言实例中观察、对比、综合,然后进行实际运用。讲授课文时尽量启发学生多提出问题,然后讨论解决,激发学生的兴趣,引导学生思考。

3.1.12　关于商务英语教学模式

商务英语创造了具有学科特色的教学模式,如内容本体教学模式:即通过依托内容进行教学，将语言教学与学科教学相结合，教学效率往往会大大提高。情景教学模式：即通过运用设置情景法，把学生带到虚拟的商务情景中，使学生能触景生情很快进入角色，加深对知识的运用和操作。问答教学模式：即在教学中做到不仅老师可以提问，学生也可以提问；在问答教学模式中，老师和同学、同学和同学都会得到有益的启示，对于掌握知识和语言运用有着积极的意义。任务教学模式：即一种目的明确，以目标为导向的教学活动，对学习者而言是"任务式学习"，学生必须在与同学合作中完成学习任务。交际教学模式：即把交际能力的培养作为商务英语教学的主要目标，要求学生在特定的商务语境中创造性地使用语言，培养跨文化交际能力等等。

3.2　商务英语课程体系的主要特点

　　2000 年，国家教委《高等学校英语专业英语教学大纲》（以下简称大纲）明确指出：高等学校英语专业培养具有扎实的英语语言基础和广博的文化知识，并能熟练地运用英语在外事、教育、经贸、文化、科技、军事等部门从事翻译、教学、管理、研究等工作的复合型英语人才。《大纲》提出英语专业必须开设三类课型：即英语专业技能、英语专业知识和相关专业知识课程。外语院校本科的专业设置，正在由语言、文学、翻译等以语言为主的传统专业，向包括国际经济和贸易、国际政治、国际法、国际传媒在内的人文社科其他领域发展，着力于培养国家和社会急需的精通外语的各类专业人才。大学用英语开设专业课，已经成为英语学科发展的共同趋势，并引发了英语教学模式和课程设置的深刻变革。

　　商务英语教学实证分析表明：商务英语专业学生外语素质较高，专业知识应用能力较强，毕业生就业前景较好。这些分析结论表明，商务英语课程设置特色鲜明，教学方法丰富多样，教学效果明显，发展前景广阔。"课程是对育人目标、教学内容、教学活动方式的规划和设计，是教学计划、教学大纲和教材全部内容及其实施过程的总和"（向晓，2013）。课程体系涉及教学全过程，是一个由课程体系诸要素组成的教学系统工程，如理论基础、培养目标、知识体系、教学内容、课程设置、教材建设、教学方法、师资素质、评价体系等。商务英语课程体系诸要素在教学实践中发挥了积极的作用，凸显了商务英语课程体系的鲜明特色。总结商务英语课程体系的特点，对于我们在教学理论指导下构建商务英语课程体系，具有重要的现实意义。

3.2.1　商务英语专业培养目标特点

由于社会对外语人才的需求已呈多元化的趋势，过去那种单一外语专业的基础技能型的人才不再适应市场经济的需要，市场对单纯语言文学专业毕业生的需求逐渐减少。商务英语专业从单科的"经院式"人才培养模式转向宽口径、应用型、复合型人才培养模式，"整个教学目标的基点是如何使受教学者具备从事某一特定的职业所必须的全部能力"（向晓，2013）。商务英语专业旨在培养英语基本功扎实，具有国际视野和人文素养，掌握语言学、经济学、管理学、法学（国际商法）等相关基础理论与知识，熟悉国际商务的通行规则和惯例，具备英语应用能力、商务实践能力、跨文化交流能力、思辨与创新能力、自主学习能力，能从事国际商务工作的复合型、应用型人才。

商务英语培养融语言知识、策略能力和背景知识为一体的高素质、复合应用型人才。具体地说，商务英语培养目标具有双重性和实用性等特征，它不但培养学生听、说、读、写、译等综合运用英语语言的能力，而且还要培养学生学习和掌握商务专业知识和跨文化交际应用能力。商务英语突出国际商务学科领域的"专业"要求，培养目标更加宽泛，更加强调专业能力，更加注重实践能力。

如高职高专院校商务英语专业人才培养目标为：应用型高技能人才、高技能复合型人才、技能型国际商务人才、高等技术复合型人才、应用型管理后备人才等，呈现出各个学校人才培养目标的多样性，凸显高职高专人才培养模式的独特优势，体现出高职高专院校重技能、重实用，以能力为本位，以需求带导向，培养技能应用型人才的教育目标。

商务英语的人才培养目标具有双重性、实用性、层次化等特征，其复合型国际商务人力资本具有多元结构，即文化多维化、知识多元化、技能多样化，体现了商务英语专业教育复合型人才培养目标的特点。

3.2.2　商务英语专业特性

"商务英语知识体系通常包括英语专业知识、英语专业技能、商务专业知识、商务专业技能、人文素养及跨文化交际能力等几个部分"（陈建平，2010）。"商务英语创立新的教学体系，即将传统的专业英语基础课程、专业课程和国际经济与贸易类骨干课程的双语教学活动有机结合，通过选修课程强化学生对于外销员岗位证书考试科目及外贸综合业务课程的学习，实现英语学习和专业课程学习的双赢，从根本上提高学生的实践能力"（王瑾，2014）。

商务英语专业与英语语言文学专业同属于英语语言专业，二者之间既有共同之处，又有不同的专业方向。商务英语和英语语言文学专业的落脚点都是英语,都要求学生掌握英语的基本知识,有扎实的英语语言功底。英语语言文学专业的学生在学习掌握英语的基础上,然后学习英语文学和语言学知识;而商务英语专业的学生首先是学习英语语言,英语语言材料内容是商务英语各学科知识,然后主要是学习国际商务知识;两者皆以英语语言为基础,然后根据培养的目标设定不同的专业。比如,高职高专开设商务英语专业的各个学校,根据自身学校的教学资源和办学特色,也为学生安排了各自不同的专业方向,如国际贸易、外事服务、对外合作、商务翻译、跨境电商、国际会计、外贸业务代理、涉外物流、网络贸易、国际会展、国际旅游、酒店管理、企业管理、客户管理、幼儿英语和汽车外贸等。这些充满着个性化的专业方向,体现了高职高专商务英语专业知识结构多元化的特色。

第二章中表格 2.7 和 2.8 商务英语专业知识(技能)的特定要求,界定了商务英语的教学内容。商务英语专业的知识和能力构成涵盖四个知识模块的主要内容(王立非,2014);包括语言知识与技能模块、商务知识与实践模块、跨文化交际能力模块和人文素养模块。其中,语言知识与技能模块中的语音、词汇和语法知识,听、说、读、写、译技能和语言交际技能等,是和普通英语内容相同的;而商务知识与实践模块的经济学、管理学、法学、商务技能等,则是普通英语教学内容中所没有的。

再如,高职高专院校对于培养人才能力有如下要求:即创新能力、实践能力、跨文化交际能力、英语交际能力、交际谈判能力、商务英语语言技能、商务沟通能力、营销服务技能、专业技能(业务技能)、外贸业务操作技能、管理技能、现代办公技能、一线工作技能等等。这些对于能力(技能)的要求,凸显了高职高专人才培养能力多样化的特点,体现了高职高专院校商务英语专业注重技能应用性的本质特征。

3.2.3　商务英语课程学科教育特色

"课程是学校教育结构的组成部分,课程问题是学校教学的核心问题,关系到培养什么样的人,直接影响到学校的教学质量"(涂光辉,1994)。商务英语专业课程体系包括公共课程、专业核心课程、专业方向课程、实践环节、毕业论文五个部分。课程结构的基本要求是:公共课程参照教育部和外语类专业国家标准的要求设置。专业核心课程按四大模块设置,各模块占专业课总学时的比例为:① 语言知识与技能类课程模块为 50%～60%;② 商务知识与实践类课程模块为 20%～30%;③ 跨文化交际课程模块为 5%～10%;④ 人文素养课程模块为 5%～10%。在商务英语课程设置中,本科四年的专业课程总学时不低于 1 800 学时,各课程开课的比例大体为:语言类课程占 70%,商务类课程占 30%。一、二年级以普通英语课程为主,三、四年级以商务专业课程为主。学生在夯实语言能力基础上,掌握商务知识技能。

"商务英语课程不是英语学习和专业词汇的简单叠加,而是深入细致地渗透出各个专业领域的工作内容"(向晓,2013)。商务英语课程体系是融合语言和跨文化交际、国际商务、国际贸易、管理学、市场营销和金融学等方面的综合课程群。商务英语课程群有完整的体系,除了商务英语课程本身,还包括国际商务、国际市场营销、国际商务管理等双语课程。专业核心课程有第二外语、基础英语、英语听说、英语阅读、英语写作、英语国家概况、翻译理论与实践、商务英语、国际贸易实务、工商导论、国际商务谈判、国际市场营销等。专业商务英语是商务英语专业的重点课程,商务英语专业学生在学习英语的基础课程之外,还学习国际商务领域基础课程,如经济学、管理学、跨文化交际学、国际商务概论、国际贸易、国际金融、国际物流、国际支付等,以某个国际商务专业领域作为主干课程。在课程设置中,主干课程占有更多的课时。

实践教学课程是商务英语课程体系的一个重要内容。在商务英语专业实践课程中,专门设置了"专业实训、专业实践和专业实习"三个环节,将课堂训练、课外实践(活动)和课外实习捆绑在一起,采用顶岗实习、工学结合、校企合作等实践教学模式,在实践中帮助学生内化专业知识,提高专业技能。有些高校开发"职业能力分析"商务英语模块化课程体系,将岗位所需的知识和职业能力进行分解,并在此基础上设置相应的基础课程、专业核心课程和依据商务具体环节的技能设置教学项目。商务英语还设置有"项目课程",即"一个案例化的学习单元,它把实践知识、理论知识与实际应用情景结合在一起,是学习领域的具体化。它经常表现为具体的学习任务与工作任务相对应。项目课程是基于项目教学的课程设置,让学生在比较典型的项目任务中学习和应用知识、掌握操作技能和培养综合能力"(向晓,2013)。项目课程体现了商务英语课程实践性的特点,也是其课程设置的独特之处。商务英语本科教育课程体系呈现出课程设置层次化、课程设计特色化和课程内容地方化的特点,体现出商务英语课程鲜明的人才培养模式的教育特色。

此外,高职高专商务英语课程设置依据培养目标定位和学生的职业需求,遵循课程设置多样化的原则,实行分阶段、分模块的课程教学模式。商务英语专业课程主要分为职业基础课程模块、职业能力课程模块和职业拓展能力模块。如惠州经济职业技术学院的课程设置,涉及有关商贸各行各业的知识课程23门,以满足学生多样化的学习需求。高职高专商务英语专业适应地方经济发展的需求,设置多种多样的专业课程,为当地社会经济发展培养各类应用型人才,体现出人才培养目标多元化、服务于地方区域经济、办学地方特色化等职业教育特点,凸显高职高专商务英语专业重技能、重实用,以能力为本位,以需求带导向,培养技能应用型人才的教育优势。

3.2.4　商务英语教材建设特殊性

"近年来,商务英语方面的教材数不胜数,无论是牛津、剑桥、朗文等国外权威出版社,还是高教出版社、外语教学与研究出版社等国内享有盛誉的出版社,抑或是综合性研究型高校的出版社,都相继推出了专业系列教材。内容丰富全面,包括授课内容、教学方法、教师用书、课后资源、补充材料、自学教材、电子资源等,为授课教师提供了一整套固定的框架结构。这既体现了我国高教界和出版界对商务英语教材的重视,也反映了社会和高校对商务英语的旺盛需求"(王瑾,2014)。商务英语教材分为基础英语和商科教材,商科教材有国际贸易、国际金融、国际营销、国际商法、国际物流、国际经济、国际结算等。在商科教学中多使用国外原版的教材,如经济学原理、管理学原理、市场营销等,还有普通商务英语教材、专业商务英语教材、专业实训教材、体验性商务英语系列教材等。商务英语教材的数量和种类迅速增加,满足了办学单位和学习者的需求。

"高职高专与行业企业共同开发紧密结合生产实际的实训教材。在教材编写过程中,结合自身的教学实践、调研论证和外贸专家对工作岗位的实际要求来安排课程结构和内容,形成了具有特色的基于工作过程的校企合作系列教材"(向晓,2013)。商务英语专业教材建设做到教材内容融专业知识、专业技能、语言知识、文化知识于一体,"体现出商务英语教材内容应用性、复合性和专业性;凸显出商务英语教材系列化和层次化的特点"(莫再树,2014)。

"商务英语教材具有使用对象的复杂性和教材内容的真实性,即教材并非为了课堂使用特意编写的,而是来自语言使用的真实环境。在英语教学中使用的教材普遍是为了训练听、说、读、写、译等某项特定语言技能而编写的。然而在商务英语教学中,使用真实材料至关重要"(王瑾,2014)。由于商务英语自身交叉学科的特性和教学实践的实际需求,商务英语教材建设具有使用对象的复杂性、教材内容的真实性和教学目标的侧重性三大因素。商务英语学科教材建设有以下要求:

(1) 商务英语教材的编写原则:① 参与到具体的英语工作环境中;② 体现新颖的商务学科鲜活知识;③ 提升语言技能和综合素质。

(2) 教材开发要结合学生心理特点,以社会需求为依据,以工作过程为框架;以项目为载体,以工作任务为线索选择、组织和安排内容。教材内容应以学生的生活经验为基础,通过实践活动创建真实的、逼真的生活情境。教材建设还需吸收实践专家从经验中提炼出来的有效解决问题的策略、元认知策略、学习策略等内容。

（3）英语类教材内容专业性不宜太强，但语言要有代表性，尤其要有本专业常用词汇和一般科技文章的句法结构和表达方式等。练习编写要突出英汉翻译和摘要写作等语言练习题。

（4）双语教材应该选用实用性强、针对性强、内容丰富、生动形象、难易适中的原版教材。① 要在采用国外原版教材的基础上，补充一些相关的汉语商科教材或案例；② 基本使用英语语言讲解，并对教材中出现的疑难点或专业名词使用汉语进行辅助性解释；③ 选择外国原版教材应确保其新颖性、实用性和难易程度适中性，既切合学生的心理，又合乎语言教学目标。

（5）在网络环境下开展任务型语言教学，采用精彩的图片、原版英文录音、影视影像、课件题库等教学资源以及先进的教学硬件和教学软件。

（6）充分利用多模态商务英语教材、教案课件、商务英语相关音频录像材料以及其他的多模态教学资源，构建商务英语多模态教学语料库和网络平台丰富多彩的多模态商务英语学习资源。

目前，商务英语教材建设还面临着许多的实际问题，如商务英语学科专业至今还没有"教学大纲"，缺乏指导教材编写的理论（原则）；教材低水平重复建设；没有形成一个科学的、合理的商务英语学科教材体系等，这是我们在研究商务英语课程体系时必须高度关注的问题。

3.2.5　商务英语教学方法的特性

"教学活动方法简称教学方法，是指教师和学生为完成教学任务所采用的方法和手段。它是教师引导学生掌握知识技能，获得身心发展的共同活动和方法"（向晓，2013）。商务英语课程设置的实践性和应用性特点，要求商务英语教学方法贴近课程教学实际，围绕商务英语专业课程设计的目标，采用多样化的教学方法和多元化、全方位的教学模式开展教学活动，如案例教学法（商科专业中的经典教学方法）、交际教学法、语篇分析教学法、对比教学法等，仍然是商务英语教学的重要方法。教师根据不同的课程、教学内容、教学要求，选择合适的教学方法。常见的教学方法有：任务教学法、模拟教学法、现场教学法、角色扮演法、协同教学法、讲述教学法、讨论教学法、师生互动式教学法、启发式教学法、沉浸式教学法、探究教学法、合作学习法等，并在商务英语教学中充分利用多媒体、计算机、网络教学等现代化的教学手段，激发学生学习兴趣，扩展学习空间，提高教学效率。

如讨论教学方法主要通过呈现复杂问题，让学生思索解决问题的方法，此教学法主要重点在于讨论的过程，并不要求有标准答案或完整结论。

讲述教学方法又称为注入式教学法或诠释式教学法（Hativa，2000），是传统的教学方法，也是目前最为人熟知及广泛运用的教学方式。讲述教学方法适应课程需求及学生需要，以主题为核心，通过深入浅出的口头说明与介绍，让学生了解课程所要陈述之内涵、脉络及其基本原理、原则。

案例教学方法主要适用于法律、企管及教育等领域，以真实事件的叙述为主；法律案例多为法院的判决及真实的法律案件。案例教学方法借鉴案例所存在的问题与处境，作为分析判断、问题解决、研究策略、提出解决方案的基础，使学生理论与实务结合，增强教学效果。

现场教学方法亦可称为户外教学、校外教学和参观教学，其共同的内涵皆为理论与实际相结合，通过在教室外或学校外活动的过程，让学生真实地去感受及体验在课程内容中无法真实感受的事物，达到寓教于乐、寓教于游的效果。

角色扮演方法引导学生通过实际的行动演练，来描述、呈现、解决、讨论具有争议性或在生活中遇见的问题。

协同教学方法主要为两个或两个以上的教师，加上若干个助理人员，共同组成一个教师团队。教师可以共同计划课程并发挥个人的才能。改变后的教学形态，更能适应学生的个别差异，由于采用各种不同的教学方法，学生可以获得较多的指导（Cohn，1997）。

合作学习模式是学生通过分组后、小组成员在互动过程中达成共同目标的教学方法。通过小组探究和讨论的过程，让学生积极地投入课堂活动（Keats，1994）。

探究教学方法主要是指在教学情境中，教师引发学生对问题的好奇，并进一步引导学生发现事物真相和原理的教学方式。

在商务英语教学实践中总结创造了许多新鲜的教学方法，这些教学方法都是围绕着商务英语课程设计和教学实践需要产生、发展形成的。丰富多彩的教学活动和多种多样的教学方法，有效地保证了达成课程设计的基本目标，成为商务英语教学的一大亮点。

3.2.6 商务英语实践课程特征

"大学生的社会实践是一种以实践的方式实现高等教育目标的教育形式"（向晓，2013）。实践教学作为课堂教学的有益补充和延续，在商务英语专业人才培养中扮演着重要角色。商务英语实践课程既是专业课程的主要内容，也是训练学生掌握商务技能的重要载体，在商务英语课程设置中占有重要的位置。商务英语专业建立以培养职业岗位能力为核心、提高综合素质为主线的实践教学体系。构建以学生为中心，以就业为导向的实践性教学模式。

实践课程创新教学方法,采用项目导向、任务驱动、工学结合等新型教学模式,培养学生实际操作能力。课程实践(实验)主要有专业实训、专业实践和专业实习三个环节:专业实训是指在商务实训室等模拟仿真教学环境中操练外贸、金融、财务、营销、法律等实务流程。专业实践在第二课堂活动(如商业创意、商务谈判、商务技能等类比赛)和涉外商务活动(如经贸洽谈、招商引资、商品会展等)等课外环境中完成。专业实习在已签约或定点的校外实习基地集中实施或自主完成。

例如,高职高专院校商务英语专业顶岗实习是校企合作、工学结合模式的关键环节。通过顶岗实习,学生充分融合语言和商务知识,强化训练综合职业能力素质;增加社会工作经验,增强岗位意识和岗位责任感,帮助学生顺利踏上工作岗位。同时,通过顶岗实习,学生能够及时发现自身的不足,从而在理论学习中更具有针对性。高职高专院校与校外实训基地产学紧密合作,建立了"相互需要、互惠互利、相互参与、相互依存、组织落实、工作落实、产学结合、校企合作"的教育办学机制,促进了专业实践教学的不断发展。

"第二课堂教学活动是商务英语后续英语学习和(CBI)课程的第二课堂,它是基于英语语言基础和语言技能习得之上的实践课堂,它是检验课堂所学理论如何运用于真实商务环境的实验中心,它是学生展示超越课堂之外的独立思考能力、创新能力、决策能力、合作能力、执行力、敬业精神、诚信素质、个人修养、交际能力的交流平台。学生在这里进行实践操作和执行项目,策划商务活动和竞赛,走进企业进行体验学习和实习工作,这些活动提升学生'实践能力+语言能力+商务英语知识'的综合业务素质和厚德博学的精神"(王瑾,2012)。根据商务英语的教学特点,在课堂教学的基础上,强化第二课堂教学、专业课程实践、社会实践等各种形式的实践教学,培养学生的实际操作能力及综合素养,成为商务英语专业实践课程设计的一大特色。比如,充分利用学校教学现有的实验教学资源,创造丰富多彩的主题实践项目活动;建立第二课堂社团组织,进行项目实践活动;开展校企合作,建立校内和企业导师库;建设教学、科研、培训相结合的实践实训基地,参加贸易投资洽谈会等。商务英语实践课程培养学生的实际操作能力及综合素养,充分体现了商务英语实践课程应用性和体验式的特征。

3.2.7　商务英语"复合型"教师特点

"商务英语专业培养复合型、应用型人才的特点对教师的能力提出了要求,这个培养目标决定了商务英语专业师资与纯语言专业师资存在质的差异。专业课程教师的知识能力结构必须具有复合型、应用型特征。商务英语教学既包括普通英语的内容,又包括商务知识特定的内容。教师除了必须具备听、说、写、读、译的基本能力外,还须具备广泛的专业知识,如贸易知识、金融知识、财务知识、会计知识、法律知识、管理知识等"(王瑾,2014)。商务英语专业课程设置的知识内容涉及语言、商务和实践技能三大领域,对教师的知识结构和实践经验有着特定的要求。"复合型教师自身能够进行复合型的外语教学,把学科知识的学习和语言学习有机结合起来,这样就可以帮助学习者学会学科系统知识和内在逻辑,还能掌握如何用语言来表述这种知识和内在逻辑,从而帮助学生获取专业知识,同时还能帮助得当地使用语言,并实际操练语言。因此,商务英语教师至少应该是语言、商务学科、教学等领域中一个领域的专家,各个学科教师通过合力来培养复合型人才"(王瑾,2014)。商务英语教师应该具备英语基本功、专业知识、教学能力、科研能力、实践能力等,能够运用现代教育信息技术,开展课堂教学与教学改革。专业教师中语言类、商务类、实践类师资的大体比例为 6：3：1。商务类教师除英语能力合格外,其本科、硕士或博士学历中至少有一个应为经济、管理或法律类专业。同时,按照学校课程设置的实际需求,从行业专家中聘请实践类兼职教师。

商务英语专业复合型的人才培养目标,决定了教师也必须具有复合型的知识能力素质。教师既有扎实的语言基本功,又有相关专业的基本知识和实践经验,复合型教师正是商务英语师资队伍的主要特点。

3.2.8　商务英语课程体系评价模式特点

商务英语的教学评估手段采取形成性评价与终结性评价相结合的评价模式。在形成性评价中,采用多种评估手段和形式,包括学生评估、学生互评、教师评学、学生评教、教务部门对学生的评价等。在终结性评价中,主要方式包括期末课程考试、水平考试和毕业论文(设计)等形式。"采取多元评价机制,制定评价标准,明确考核目标。教师评价和学生评价相结合,形成性评价和终结性评价相结合,课内评价和课外评价相结合,理论评价和实践评价相结合,学校评价和企业评价相结合"(向晓,2013)。探索检验学习效果的测评机制,这是商务英语评估体系建设的新鲜课题,具有重要的现实意义。

教师有效地组织教学活动,然后建立一个学习评价模块。在具体目标情境下,被测试者的学科知识、行业(业务)技能、语言能力和行为能力等成为主要的测试内容,这是在外语专业级别考试中没有的测试内容。"学习效果评价可采用软硬两套指标来衡量商务英语专业的人才培养质量,硬指标主要是商务英语专业人才必须具备的基本技能和素养,软指标是在硬指标的基础上学生综合素质的拓展和提升。硬指标主要包括英语语言知识和技能、商务专业知识和技能等基本要素,其中,英语语言知识和技能占硬指标的 60～70%,商务专业知识和技能一般占 30～40%;而软指标则主要包括人文素养、跨文化交际能力、国际视野、创新能力、研究能力等方面的素养。对每一门课程的平时和期末测试仍是检查学生学习情况、评价学习效果的主要手段。测试必须具有较强的科学性,尤其是测试形式、测试范围、题型分布、难易程度等,应能较为客观地反映该专业人才培养质量的相关评价指标"(陈建平,2010)。商务英语专业评估体系目前沿用全国外语专业四、八级考试作为主要评价依据,还没有体现出与普通英语专业的差异性,不能完全适合商务英语专业水平评估的实际需要。设立商务英语专业的级别考试,建立起一套完全可行的专业评估机制,在形成性评价方面积极探索有益的评估模式,这是商务英语教学模式中急待解决的现实课题。

　　课程评价是课程开发的基本问题和核心环节。目前国内商务英语专业的课程设置,都是围绕着英语和商务两大模块进行双语或全英教学,课程设置的合理性与有效性,对于实现商务英语专业人才培养目标,具有十分重要的作用。而课程评价理论及其实际运用,可以为设置课程的必要性和可行性提供系统的理论支持和设置原则。斯塔弗尔毕姆的 CIPP 评价模式是目前公认的优秀的评价模式,主要包括七种评价(七个步骤):背景评价、输入评价、过程评价、影响、成效、可持续性和可推广性评价,即所谓"CIPP 模式"。在构建商务英语课程体系中,将 CIPP 评价模式植入现有的课程体系,从上述七个方面对课程体系运行的全过程进行评价,对于商务英语专业课程设置的合理性和可行性有着很强的指导意义。

　　综上,商务英语课程体系在培养目标、知识结构、课程设置、教材建设、教学方法、师资队伍和评价机制等方面有着突出的特点。商务英语课程体系特色鲜明:以人才培养目标为纲,以实践能力为主线,根据学科建设和教学实际需求设计商务英语课程体系,是商务英语课程体系的主要特色。加快商务英语课程体系建设,努力创造一个以学生为中心,以能力为目标,以实践为导向,构建集各种优势课程要素为一体的商务英语课程新体系,正是我们研究商务英语课程体系的出发点和归宿地。

3.3　基于商务英语教学理论的课程体系分析框架

　　框架,简单而言就是一个事物的组织和结构。分析框架,指的是在某一领域所应遵循的研究步骤或路线的阐述,是整个分析研究活动的基本架构。分析框架的作用就如同生活中的标识牌,通过框架的指引,沿着一定的路径使我们到达最终目的地。研究分析框架的概念以及分析框架所应具有的功能,简而言之,"分析框架"就是某一学科运用特定理论所形成的特定研究方式(常媛媛,2011)。课程体系是指在一定的教育价值理论理念指导下,将课程体系的各个构成要素加以排列组合,使各个课程要素在动态过程中指向课程体系目标实现的系统(向晓,2013)。因此,基于商务英语教学理论的课程体系分析框架,它指的是在商务英语教学研究和教学实践领域中,运用诸如 ESP 理论、二语习得理论、需求分析理论、建构主义理论和自主学习理论以及相关的"教学理念",对商务英语课程体系涉及的培养目标、课程设置、教材建设、师资队伍、教学方法以及评价模式等问题进行分析,形成可供参考的指导商务英语课程体系建设的理论思路。

商务英语教学理论是课程体系研究的理论支撑,它决定着课程设置的方向性和独特性。课程体系的构成要素分别是理论基础、教学模式、培养目标、课程设置、教材建设、评价体系,它们构成一个完整的、系统的课程体系。教学理论在课程体系结构中既自成独立因素,又渗透或蕴涵在其他各个要素之中,其他要素都是依据理论基础和自身特定的功能要求而设立。课程体系诸要素之间相互联系,相互影响,在课程体系中作为一个整体而共同发挥作用。

商务英语课程体系有着鲜明的学科特色,课程要素具有多种特点,它们为商务英语学科建设和开展教学活动发挥了积极的作用。我们在研究商务英语课程体系中,既要充分发挥优势要素的建设性作用,也要看到某些要素需要改革完善的问题,更需要按照系统论的创新思维,提高商务英语课程体系总体功能水平。商务英语课程体系是一个开放的系统,根据社会经济发展和教学实际情况,随着教学实践认识的逐步深入,教学思想、观念的更新变化,课程体系将不断得以修正调整,更加趋于完善,更加充满生机活力。

商务英语作为新兴的交叉学科,课程体系的理论基础越来越多地向学科界外扩展,如教育论、系统论、控制论、信息论、管理学等,呈现出多元化、融合化的趋势,它们为课程体系变革带来了新鲜活力。目前国内教学领域里新的教学理论层出不穷,为构建商务英语课程体系提供了充分的思维空间,商务英语课程体系具有广泛的研究和开发前景。

综上所述,我们认为,基于商务英语教学理论的课程体系分析框架的目标域有两个:一是厘清构建商务英语课程体系的基本思路;另一个是确立建设商务英语课程体系应遵循的基本原则。

基于表 3.1 商务英语教学理论指导下的商务英语课程体系分析框架,我们认为,构建商务英语课程体系的基本思路是:在教学理论的指导下,确立课程体

表 3.1　基于商务英语教学理论的商务英语课程体系分析框架

理论基础	教学模式	培养目标	课程设置	教材建设	教学方法	评价
ESP 理论	以教师为中心的教学模式;以学生为中心的模式,教师主导、学生主体模式	培养具有专业知识和英语技能的复合型人才。	(1) 目标需求与学习需求相结合的原则;(2) 学生、学校与社会需求兼顾的原则;(3) 大纲制定,教材选择及教学实施体现各种需求的原则。	内容专业性主要不宜太强,但语言上要有代表性,尤其要有专业方面的常用词汇和一般科技文章的句法结构和表达方式等。练习仅有专业知识的问答题,更重要的是荟萃出英语汉翻译和摘要写作等语言练习题。	语域分析教学法,语篇分析教学法,比较教学法	发展性评价模式,主要关注3个方面:以促进学生发展为目标;以提升师生职业道德和专业水平,提高学校教育质量。评价原则主要包括:合作性原则,合作性原则,针对性原则和反馈原则。
二语习得理论、CBI理论	全英教学模式	使用英语进行国际商务谈判、文化交流,进行国际合作项目的复合型人才	本科一年级和二年级阶段主要侧重英语基础课程和四级英语;三年级的学习。主科是指英语语言课程,包括基础英语和高级英语课程,副科是指一门商科专业方向课程,如商务管理、国际贸易等,这些方向由数门专业主干课程和部分选修课程组成。	一是要尽量采用国外原版教材,并补充一些相关的商科教材或案例;二是要商科语言讲解,并对教材中出现的疑难点或专业名词使用汉语进行辅助性解释;三是选择其新颖性实用性教材应确保难易度适中性,以更好地切合学生的心理受能力。	浸泡式教学法	形成性评价模式包括过程评价和终结性考试评价两部分。
	任务型教学模式	培养学生学习创新学习和协作学习行为核心	对语言形式的聚焦是任务框架的中心。前期任务以小组为单位开展活动,并在小组成员协作中完成课堂发表意见或生活中的任务,学生自主学习和参与讨论,并可以利用字典、网络工具或用口头表达工具完成任务;在任务汇报中,用口头或书面简要汇报,学生把全班成员汇报。任务活动结果和过程向全体学生把升华的商务英语口语系统化,升华自主学习。在练习阶段,教师进行力和专业素养。在练习阶段控制型练习,语言的控制型练习,以达到目的。	创造既符合平语言教学用途又与实际生活的情境,使学生有兴趣参与到商务语言活动中,充分调动多元智能,完成语言任务。	合作学习法	在进行小组合作学习评价时,把学习过程和学习结果结合起来,把对小组集体的评价与对小组成员个人的评价结合起来。在此基础上侧重于过程评价和对小组集体的评价。

续　表

理论基础	教学模式	培养目标	课程设置	教材建设	教学方法	评价
需求分析理论	项目式教学模式	培养学生职业能力	项目课程通过具体实在的项目进行，以理论为主线付之于实践。职业素养的提升贯穿于语言基础能力的培养过程中，通过提升语言专业能力，从而服务于语言专业能力基础培养。	教材开发要结合学生心理特点，以社会需求为依据，以工作过程为框架，以项目为载体，以工作任务为线索来选择、组织项目涉及的内容。每个具体的工作任务，都要明确对应的工作目标、要求、程序以及注意事项等。	案例教学法、任务型教学法	评价的核心目标是培养学生职业能力，包括语言能力、专业素养、评价标准强调能力与方法等。评价方式采取形成性评价相结合，以形成性评价和终结性评价为主。
建构主义理论	认知学徒教学模式	培养学生的认知思维能力，即专家所需实践的思维能力，问题求解和处理复杂任务的能力	创设优良的课堂教学情境，高效率的交互参与合作，愉快合作。基于计算机技术设计的学生与学习内容的交互环境，在不同背景下为学生提供支架式教学支持，使他们能够从容应对复杂困难的任务。	教材内容以学生已有的生活经验为基础，通过建构了学科知识外，教材建设还需吸收通过各种社会专家从经验中解决问题的策略，认识知识策略等。教材的作用更多是为学生创造真实的生活情境。	支架式教学法、反思和探究	开展情景化评估，即学习过程中间解决问题的能力和所学知识意义建构的程度反映了学习的效果，这是一种整合学习与教学的过程性评价。
建构主义理论	网络环境下商务英语教学模式	培养学者的商务工作能力和商务语言表达能力	课堂教学+自主学习+模拟实践+综合测评平台。师生共同创造良好的互动学习环境，教师利用这可以有效组织教学活动，让学生在特定的商务英语环境下进行商务英语或研究，提高学生用英语表达的分析问题和解决问题的能力。	网络互动交流平台的知识覆盖商务英语相关专业内容。除网络教学还可以涵盖任务型语言教学环境下开展可以涵盖精彩图片、原版英文课件和影视图片、影像和课件习题库等教学资源以及先进的硬件和软件。	任务教学法、案例教学法、项目教学法	评价体系应体现为诊断性、形成性和总结性。具体内容包括：评价学生的兴趣程度的评价；热情和参与程度的评价；对学生收获是学习内容的改变和自收获是学习能力的评价。主要变化，对自主学习能力的评价，综合性的评价，教师工作量的评价和计算方法等。

续　表

理论基础	教学模式	培养目标	课程设置	教材建设	教学方法	评　价
自主学习理论	商务英语实践教学模式	培养学生自主学习能力	教师应认真贯彻自主学习理论下的商务英语实践课堂教学原则,创造丰富多彩的英语实践活动主题和内容,经过第二课堂与第二参与自主的主题讨论和组织,确定相应的主题进行实践项目,学生以团队、公司和组织为单位,以自主学习的方式进行英语活动和工作。	编写原则:①参与到具体的英语工作中去;②体现新颖的商务知识;③强化语言技能的提升和综合素质的提高	沉浸式教学法、合作学习法、项目教学法、任务型教学法	评估体系:①建立等级评分制的方法;②让学生参与评估,结合组长、成员对自己的评价,使评价的主观性降到最低;③建立校企联合评估机制,加强评估的有效性。
PBL理论		培养学生解决实际问题的能力	①以解决问题为重心;②以学生为重心;③以合作学习为重心;④以教师的辅助为重心。	在PBL模式下,教师模拟各种商务场景,设计问题,为了解决问题,学生需行收集、分析学习信息,逐步构建自己对事物的认识。在此模式下,学生需要自己确定解决问题的方法、制定计划、收集和分析资料、开展独立的研究,并总结和反思解决问题所用的知识和技能。	合作学习法、任务教学法	主要是四层评估体系,分别是:导师对学生评估、学生自我评估、学生对导师评估、学生和导师对PBL课程评估。第一层包括两个方面:专业知识的掌握与应用情况;第二层包括三个方面:每个学生对知识掌握和应用的发展的自我评价,对各种技能发展的自我评价,对小组其他成员的组内表现的相互评价;第三层对导师的课堂和课后表现从学生角度对导师进行评估。

续　表

理论基础	教学模式	培养目标	课程设置	教材建设	教学方法	评　价
国际商务双语课程教学理论	内容教学法	培养学生外语应用能力	开展双语教学课程应遵循由易到难的原则，可在低年级开展基础性学科，如国际贸易概论以及经济学的双语教学；在大三上学期开设国际商务、国际金融、国际贸易实务、国际市场营销等课程的双语教学；在大三下学期开展英语经贸函电、报关与商检和外贸英语口语等课程的双语教学；大四上学期开展涉外商务谈判和学生的课程实践的双语教学。	选择合适的双语教材。双语教材的选用上，要尽可能选用实用性强、内容丰富、生动形象、难易适中的原版教材。针对性强、内容丰富、生动形象、难易适中的原版教材。	直观活动法、交际活动法、情境创设法、重复循环法、渗透性教学法、沉浸式教学法	双重考核方法，分为两个阶段进行：第一阶段是平时的英语小演讲以及阶段性的英语语言课，重考核学生的英语运用能力。第二阶段学生准备一套全英文试题，这个阶段侧重考核学生专业知识的掌握情况。
多模态商务英语教学	多元识读教学模式	培养学生的多元读写能力和多模态意义的能力	总原则：聚集各种学习单元以创设知识、学科、实践和行动的领域等。基于计算机网络的英语综合技能，尤其是听说技能综合课程，学生运用计算机教学软件系统进行个性化的自主学习，教师定时在线指导、答疑。在新的教学模式下，每周 2 课时的听说阅读课在网上完成，教师给予指导。阅读课程要求学生课前网上预习、自学单词，了解有关的背景知识，课后完成网络学习系统随时监测学生完成课文面或网上布置的作业。老师主要讲授课文的重点和难点，课堂上主要以学生为中心，实现以学生为中心、学生在老师的引导下自主学习的模式。	多模态商务英语教材、教案课件，商务英语相关音频录像资源以及其他的多模态教学资源构建成商务英语语料库和多模态教学平台为支撑的多模态商务英语，丰富多彩的商务英语学习资源。		形成性评估＋终结性评估

系建设的理论支撑；围绕人才培养目标设立科学合理的教学模式，在课程设置、教材建设、教学方法、评价模式等方面改革创新；传承商务英语课程体系的自身优势，吸收采纳其他学科课程体系的先进经验，完成课程体系建设工程。据此，建设商务英语课程体系应遵循的基本原则是：目标性原则、需求性原则、科学性原则、系统性原则、发展性原则。

3.4 商务英语课程体系分析框架模型

关于商务英语课程体系分析框架模型，是在理论基础的指导下，对培养目标、课程设置、教材建设、评价机制等课程要素进行分析研究的参照系。因为教学方法和师资素质对保证课程体系的运转有着至关重要的作用，也是该分析框架模型的组成部分。该模型中的理论基础、培养目标、课程设置、教材建设、评价机制等，从各个不同的侧面描述出商务英语课程体系的组成部分、内部结构及运行机制，形成了商务英语课程体系的基本理论分析框架。具体内容如下图所示。

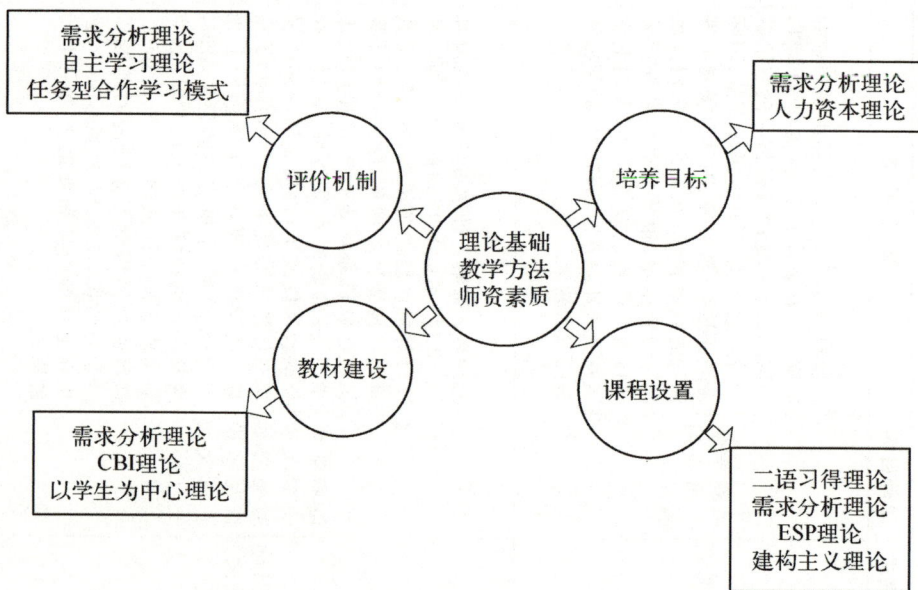

图 3.1　商务英语课程设置理论分析框架模型

图 3.2 为课程设置分析框架模型，该图表明了商务英语课程各个模块之间的关系，体现了各个课程模块在课程体系中的地位和权重。在这个分析框架模型中，全人通识教育基于建构主义理论，实践教学基于自主学习理论，专业知识

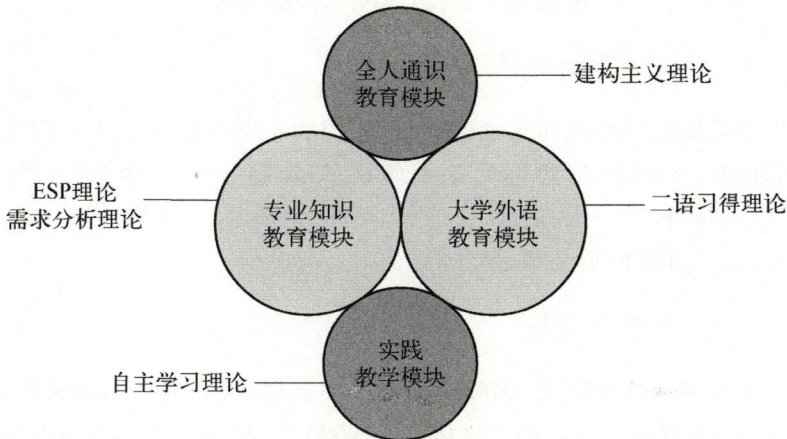

图 3.2 商务英语课程设置分析框架模型

教育基于 ESP 理论和需求分析理论,大学外语教育基于二语习得理论。

下面以广东外语外贸大学商务英语本科四个专业方向为例,说明课程体系分析框架模型指导下的商务英语课程设置情况。

3.4.1 专业知识教育模块——学科基础课

如微观经济学(英)、管理学原理(英)、国际商法、营销学原理(英)、会计学原理(英)、商务统计、宏观经济学(英)、国际贸易、综合商务英语、商务英语写作、高级商务英语写作、商务英语听说、当代商业概论(英)、经济学原理(英)、国际商务礼仪等。

3.4.2 专业知识教育模块——专业模块课(按照四个方向进行划分)

如①商务英语(国际商务管理):人力资源管理、企业战略管理、电子商务管理等。

如②商务英语(国际贸易):国际贸易实务、国际结算、中国对外贸易、国际商务谈判(英)等。

如③商务英语(国际金融):货币银行学、国际金融、商业银行管理、财务管理等。

如④商务英语(国际经济法):民法、商法、民事诉讼法、国际经济法、WTO导论、法律英语等。

3.4.3 大学外语教育模块

如第二外语(法语、德语、日语或西班牙语等)、英语国家社会与文化、英语文学选读、学术英语写作、英语笔译、英语口译、高级英语等。

3.4.4　全人通识教育模块

如思想道德修养与法律基础、毛泽东思想和中国特色社会主义理论体系概论、中国近现代史纲要、形势与政策、计算机基础、高等数学、微积分、线性代数、概率论、定向越野、健美操、篮球、排球、乒乓球、跆拳道、太极拳、网球、武术、现代艺术体操、游泳、瑜伽、羽毛球、足球等。

3.4.5　实践教学模块

如专业实习与毕业论文、国际贸易实务实践课(英)、涉外法律实践、法律英语写作实训、模拟庭审与口译工作坊、商务专题笔译工作坊、商务专题口译工作坊、企业行为模拟(校内实习)、专业实习、企业调研报告/案例分析、创新能力等。

上述商务英语课程设置,可以作为商务英语课程体系设计的参照目标。各个层次的办学单位可在框架模型的基础上,根据自身的具体情况,按照课程体系设计的基本原则,经过实证分析,制定出本校的商务英语课程体系基本框架,科学合理地设置商务英语专业课程。

第4章
高职高专商务英语课程体系研究

高职高专类院校开设商务英语专业,是为了向社会输送"专业有特长、就业有优势、创业有能力、提高有发展、发展有空间"的复合型应用性专门人才。高职高专商务英语课程设置,应以社会需求和学生的个人发展需要为指导,以培养学生职业发展能力和岗位迁移能力为目标,促进课程与专业(职业)的有机融合,在课程目标、课程标准、课程设计等方面形成一脉相承的课程体系。本章通过对部分高职高专院校商务英语课程体系现状的调查,旨在探索构建高职高专商务英语课程体系的基本思路,充分发挥高职高专商务英语人才培养目标多元化、课程设置多样化、办学专业特色化以及服务于地方区域经济的特点,凸显高职高专人才培养模式的独特优势,从而实现高职高专重技能、重实用,以能力为本位,以需求为导向,培养技能应用型人才的教育目标。

4.1 调查对象及内容

根据教育部公布的数据,我国独立设置的高职院校有 1 266 所,其中约有800 所学校开设商务英语专业,占全国高职院校的约 59.16%(白景永,2014)。其中开设商务英语专业高职高专院校大致可分为:地方综合类、外语类、外贸类、外事类、金融类、商务商业类、工商工贸类、交通航海类等(见表 4.1)。目前,开设商务英语专业的高职高专院校注重职业教育与商务英语专业的紧密联系,依据市场行业需求设置多种多样的专业方向,并根据学校自身办学的情况和职业教育的需求开设相关专业课程,这是当前高职高专商务英语专业课程设置的共同点。

高职高专院校商务英语专业由于自身学科定位所决定,课程设置体现出人才培养目标多元化、服务于地方区域经济、具有各自的办学特色等职业教育特点。我们从以上三个方面对高职高专商务英语专业课程设置情况进行调查分析,调查方法包括收集网络文献、问卷调查,对话访谈等;通过对比分析不同类别的高职高专院校课程设置的异同,发现当前课程设置中存在的主要问题,进而提出关于建设高职高专商务英语课程体系的可行性建议。

表 4.1　部分开设商务英语专业的高职高专院校分类情况

地方综合类	北京信息职业技术学院、北京培黎职业学院、北京汇佳职业学院、广州番禺职业技术学院、广州城市职业技术学院、深圳职业技术学院、福州职业技术学院、威海职业学院
外语、外贸类	河北外国语职业学院、石家庄外国语职业学院、海南外国语职业学院、江西外语外贸职业学院
外事类	广州涉外经济职业技术学院、厦门华天涉外职业技术学院、武汉外语外事职业技术学院
经贸金融类	北京经贸职业学院、浙江经贸职业技术学院、江苏经贸职业技术学院、福建对外经济贸易职业技术学院、浙江金融职业学院、惠州经济职业学院
商务商业类	天津商务职业学院、浙江商业职业技术学院
工商工贸类	上海工商外国语职业学院、广东农工商职业技术学院、广州轻工职业技术学院、广州工商职业技术学院、浙江工贸职业技术学院、义乌工商职业技术学院、安徽工商职业学院
交通航海旅游类等	北京交通职业技术学院、广东交通职业技术学院、武汉交通职业学院、武汉航海职业技术学院、浙江交通职业技术学院、浙江旅游职业技术学院

4.2　人才培养目标多元化

高职高专商务英语专业的人才培养目标共同定位为:具备良好的职业道德修养、敬业精神和社会适应能力,了解国际商务活动的政策方针和相关法律法规,掌握国际商务的基本知识理论,熟悉国际商务活动的操作流程及规范,具有语言应用技能和商务应用技能的复合型人才。本章对全国开设商务英语专业的15所高职院校的人才培养目标,做了文献抽样调查(见表 4.2)。

表 4.2　高职高专商务英语人才培养目标

高职高专院校	商务英语专业人才培养目标
北京信息职业技术学院	培养从事外事服务、涉外商务助理、产品销售、进出口业务等方面的高素质、高技能复合型人才。
北京培黎职业学院	学生具有在商务背景下的较强英语交际能力。

续　表

高职高专院校	商务英语专业人才培养目标
北京汇佳职业学院	强化商务英语语言技能,强化外经贸专业知识。
北京交通职业技术学院	培养具有扎实的旅游与酒店管理基础理论知识,能够系统地掌握行业的经营管理理论,工作基础知识和相应的职业技能。适应高星级酒店、旅行社、旅游景区等行业实际工作需要的应用型高技能人才。
北京经贸职业学院	学生具有扎实的英语基础、较宽广的英语国家文化知识,具有经济、外贸知识和旅游营销的知识。
上海工商外国语职业学院	培养具备国际贸易外销、采购、单证、跟单、报关、报检、货代等方面专业知识与专业技能,能够胜任国际经贸一线岗位,具有外语与网络贸易背景的"商贸现代化"高素质技能型国际商务人才。
	培养具备系统的酒店管理实务方面专业知识、外语能力突出、熟悉旅游法规并能高效使用各种现代化手段、能在高星级酒店以及相关单位从事旅游管理工作的高等技术复合型、应用型管理后备人才。
江苏经贸职业技术学院	**商务英语(国际贸易方向)** 培养掌握本专业必备的贸易基础理论和进出口贸易操作流程,熟悉经贸实际工作,具备专业核心技能,具有较强的创新能力和实践能力,能够熟练从事对外贸易工作的高素质复合应用型人才。
	商务英语(国际会计方向) 培养掌握商贸和会计方面的基础知识和技能,能胜任和规划各类企事业会计工作,具有较强的创新能力和实践能力,熟练从事对外贸易和会计方面工作的高素质复合应用型人才。
	商务英语(幼儿英语方向) 培养了解幼儿心理和幼儿教育的基础理论知识,掌握幼儿教育所需的绘画、音乐、舞蹈等专业教学技能,胜任在幼儿英语培训机构、幼儿园或小学从事幼儿英语教学工作的应用型人才。
	商务英语(国际导游方向) 培养能在旅行社、旅游景区、酒店、旅游行政管理部门及相关企事业单位,胜任导游、涉外导游、外事工作、旅游经营管理、酒店服务等工作的高素质复合应用型人才。
浙江金融职业学院	**商务英语专业** 培养掌握英语知识和国际贸易知识,具备较强英语运用能力、跨文化交际能力、商务沟通能力、外贸业务操作能力和现代办公技能,能从事外贸公司商务助理或外贸业务员、社会教育培训机构英语教师等工作的人才。
	国际贸易专业 培养掌握国际贸易、计算机和商务英语等基础知识,具备外贸单证操作、外贸跟单操作和外贸业务操作等技能,能从事外贸单证员、外贸业务员和外贸跟单员等工作的德、智、体、美全面发展的人才。
	国际商务专业 培养掌握国际物流和跨境电商销售业务等专业知识,具备国际物流和跨境电商业务处理、品牌营销、客户服务等专门技能,能从事跨境物流、跨境电商销售、客户服务等工作人才。
	会展策划与管理专业 培养掌握较全面的国际展会管理、营销、服务等知识,具备一定的国际展会策划、营销、服务等技能,能从事辅助国际性展会前期的策划和营销,中期接待和服务以及后期撤离和跟踪等工作人才。

高职高专院校	商务英语专业人才培养目标
武汉航海职业技术学院	培养具备一定英语听说读写译能力、熟悉外贸和涉外物流流程操作的生产、服务、管理一线的高技能人才。
福建对外经济贸易职业技术学院	**商务英语专业** 培养具备较扎实的英语语言基本功及涉外商务基本技能，能够满足跟单员、外销员、报关员、报验员、秘书等商务岗位需要的德、智、体、美全面发展的高素质技能型人才。 **商务会展专业(闽台合作)** 培养符合海峡西岸经济区建设所需的，面向会展主办机构、服务机构以及参展企事业单位人才需求的高素质、强技能型人才。
广州番禺职业技术学院	培养掌握国际经济贸易领域的基本理论、基本专业知识和技能，具备一定的商务操作技能和业务处理能力，能够以英语为工作语言，参与和从事一般国际商务工作的应用型人才。 **商务英语专业(国际贸易方向)** 培养以英语作为工作语言，熟悉通行的国际贸易规则和惯例的高素质应用型复合人才。
广东农工商职业技术学院	**商务英语(商贸方向)** 培养具备商务英语专业必备的基础理论和专业知识，适应相关行业第一线需要的高素质技能型专业英语人才。能从事涉外商务关系的建立和维持、进出口交易磋商、进出口合同履行等工作人才。
深圳职业技术学院	培养熟悉国际贸易、物流等行业中高级行政助理、商务现场翻译和高级商务助理等岗位群的基本理论知识与业务流程，具备办公室行政、翻译、外贸单证、客户服务等一线工作任务所需技能的高等应用型英语专业人才。
广州轻工职业技术学院	培养熟悉英语语言基础知识，掌握英语沟通技能和相关业务等技能，在科技、贸易、生产、管理、服务等领域及文化交流中一线服务和管理等方面工作的高素质技能型专门人才。
惠州经济职业技术学院	**商务英语(报关与报检)** 培养具备国际商务与报关、报检知识、外贸业务知识和相关业务能力的高技能型人才。 **商务英语(跨境电商)** 培养具备国际商务、外贸业务等知识，熟悉并掌握外贸工作中询盘及订单跟进、处理客户函电、单据操作等能力，兼备阿里巴巴速卖通、敦煌网等电商平台运营中发布产品、翻译、网络营销、客服等相关操作能力的实用型、技能型商务英语人才。 **应用英语/涉外事务管理** 培养具备涉外工作的基本职业素质和修养以及相当的交际、谈判和管理技能，德、智、体、美全面发展的高端技能型涉外人才。 **应用英语/汽车外贸** 培养具有必备的汽车基础知识、外贸行业知识和工作技能，德、智、体、美全面发展，能从事高端汽车进出口业务及技术服务的高素质复合型外语应用人才。

表4.2中被调查的高职高专学校关于培养人才能力有如下要求：创新能力、实践能力、跨文化交际能力、英语交际能力、交际谈判能力、商务英语语言技能、商务沟通能力、营销服务技能、专业技能（业务技能）、外贸业务操作技能、管理技能、现代办公技能、一线工作技能等等。如北京培黎职业学院制定的人才培养目标：旨在面向首都经济建设和社会发展需要，使学生具有在商务背景下较强的英语交际能力。北京交通职业技术学院商务英语专业培养目标：针对北京地区旅游业高素质、高能力的旅游专业人才紧缺的状况和旅游行业发展的需要，培养具有高尚职业道德和职业精神，具有扎实的旅游与酒店管理基础理论知识，能够系统地掌握行业的经营管理理论、工作基础知识和相应的职业技能，能适应高星级酒店、旅行社、旅游景区等行业实际工作需要的应用型高技能人才。本专业培养学生具有较高的职业外语水平，较强的计算机操作和使用能力及旅行社导游服务及景区管理能力，熟练掌握酒店前厅、客房、餐饮等服务技能，并达到多证书要求。这些对于能力（技能）的要求，正是高职高专人才培养职业化教育的基本需求，体现了职业教育注重专业技能应用性的本质特征。

从分析调研的15所高职高专院校制定的商务英语课程培养目标得知，高职高专院校的培养目标以社会市场人才需求为依托，商务英语课程培养目标呈现出多元化的特点。上述学校关于培养人才目标有两种提法：一为比较宏观的人才培养目标，如应用型高技能人才、高技能复合型人才、技能型国际商务人才、高等技术复合型人才、应用型管理后备人才等；二为比较具体的专业人才培养目标，如商务助理、外贸业务员、教育培训机构英语教师工作人才、跨境物流人才、跨境电商销售人才、客户服务人才、国际性会展策划人才、营销服务人才以及熟悉外贸和涉外物流流程操作的生产、服务、管理一线的高技能人才等，呈现出各个学校人才培养目标的多样性。同时，各个学校根据自身的教学资源和办学特色，也为学生安排了各自不同的专业方向，如国际贸易、外事服务、对外合作（如闽台合作）、商务翻译、跨境电商、国际会计、外贸业务代理、涉外物流、网络贸易、国际会展、国际旅游、酒店管理、企业管理、客户管理、幼儿英语和汽车外贸等。这些充满着个性化的专业方向，体现了高职高专商务英语专业人才培养目标多元化的特色，也是值得借鉴和推广的人才培养模式。

4.3　高职高专商务英语专业培养模式与办学特色

高职高专商务英语专业培养模式，展现出注重培养职业实践能力的办学特色。北京培黎职业学院利用英语学科优势，坚持"英语＋商务＋人文素养"办学特色,以英语与商务有机交叉融合为核心,形成"强交际、懂商务、重实践、讲素质"的人才培养模式。北京汇佳职业学院坚持以"新型、高品质、多层次、国际化"和"以动为本、动懂结合"的教育理念为重要依托,在专业设置、课程安排、师资队伍建设诸方面,集中体现出鲜明的职业型、国际化的特色。该校在教学中实施强化营训练兼拓展指导模式,即在学生入学的初始阶段,集中强化学生英语听说能力,配以外教授课的能力培养模式。北京交通职业技术学院以就业为导向,以能力培养为主线,专业培养目标具有明确的职业针对性。该校根据用人单位的要求培养人才,实行"招生+培养+实训+就业"校企联合人才培养模式。

北京经贸职业学院实行"语言+专业知识"的复合型人才培养模式,即:一、二年级进行英语语言基础教育,开展听、说、读、写等基本功的训练,同时在大二第二学期有 3~4 个月的实习并颁发实习证〈赴美带薪实习或在北京周口店遗址博物馆实习〉;在三年级主要进行商务、旅游方面的专业知识学习和实践,培养学生经济、外贸和旅游营销等方面的知识素养。浙江旅游职业技术学院开发设计CEC‐PBL 人才培养模式,根据用人单位的要求培养专业人才,专业培养目标具有明确的职业针对性。福建对外经济贸易职业技术学院按照福建省"闽台校企联合培养人才项目"培养模式,结合大陆、台湾职业院校以及会展企业三方面的优质资源,引进台湾高职院校的优质理论与实践课程,形成"两岸三方、资源整合、校企一体"的人才培养模式。广州番禺职业技术学院迎合市场人才需求和社会经济发展要求,商务英语专业重视基础知识,形成注重能力培养的宽口径复合型人才培养模式,具有很强的适应性和针对性。该校商务英语专业以能力培养为标准,即英语交际能力+商务知识+商务技能+综合素质,将英语语言训练与获得商务知识与技能融为一体,以地区行业需求为导向,突出"商英结合、商学结合"的办学理念,教学计划和人才培养方案凸显商务英语沟通能力、商务操作能力和综合素质的培养,做到语言能力与商务技能并举、语言教学与商务教学有机融合,坚持理论与实践结合,体现教学联系实际、贴近实践、注重实用的特点,满足人才培养需求。该校规范有序、富有成效的语言教学、专业和综合实践教学,体现了高职高专商务英语专业鲜明的办学特色。

4.4　商务英语专业课程设置服务于地方区域经济发展

区域经济作为综合性的经济发展的地理概念,反映了区域性的资源、资金、技术和政策等的开发利用状况,即地区生产力布局的科学性和社会综合经济效益。中国目前已初步形成东部发展、西部开发、中部崛起和东北振兴的四大区域经济格局,构成国家区域经济发展的基本内容。它们相对集中又分工协作、互动发展,被概括为国家总体经济发展战略。国家在这些地区制定区域经济发展政策,培育经济增长极,推动当地经济可持续发展,如环京津冀地区、长三角地区、珠三角地区等。高职高专商务英语专业适应地方经济发展的需求,设置多种多样的专业课程,为当地社会经济发展培养各类应用型人才,体现了专业课程设计服务于地方经济区域发展的学科特色。

　　本文采取网络问卷的方法,收集到下列高职高专院校商务英语专业课程设置情况。通过对专业课程与其他课程的对比分析,说明课程设置与区域经济的关联性。其结果见表 4.3。

表 4.3　高职高专院校商务英语专业课程设置情况

地区	区域产业经济职业方向	高职院校	商务英语专业课程名称	服务于地方区域经济课程名称	占所有商务英语专业课程的比例
北京	国家机关、外事、外贸、外企、各类涉外金融机构、商务管理公司、专业翻译机构、旅游、高级宾馆酒店	北京信息职业技术学院、北京培黎职业学院、北京汇佳职业学院、北京交通职业技术·术学院、北京经贸职业学院	基础英语、商务英语阅读、商务英语写作、跨文化商务交流、国际贸易实务、谈判口语、商务英语证书课程、商务写作、法律法规翻译、翻译理论与技巧、商务翻译、经贸翻译、口译理论与技巧、口译基础、笔译基础、应用文翻译、经贸翻译、翻译实习、外事接待口语、工商导论、市场营销、旅游学概论、旅游地理、旅游美学、旅游经济学、旅游应用文写作、旅游公共关系与实务、导游英语口语、导游基础、导游业务、北京导游基础、旅行社计调与外联服务、旅行社经营实务、酒店英语口语、前厅与客房管理、餐饮服务与管理、饭店管理(38 个)	经贸翻译、法律法规翻译、工商导论、市场营销、公共关系与实务、外事接待口语、外贸跟单、旅游经济学、旅游学概论、旅游地理、旅游美学、旅游应用文写作、旅游酒店英语口语、导游英语口语、导游基础、导游业务、北京导游基础、旅行社计调与外联服务、旅行社经营实务、前厅与客房管理、餐饮服务与管理、饭店管理(21 个)	55%
武汉	涉外独资、合资企业和机构、外贸及外贸运输、物流、航运、旅游以及商贸、电子商务企事业单位	武汉航海职业技术学院	商务英语精读、商务英语写作、商务英语口语与听力、商务谈判技巧、商务英语翻译、商务英语口译、外贸英语函电、远洋运输业务、国际礼仪、国际航运管理、国际贸易实务、货代实务、报关与商检、海商法规、办公自动化、现代物流管理(16 个)	国际贸易实务、报关与商检、国际礼仪、商务谈判技巧、外贸英语函电、远洋运输业务、国际航运管理、货代实务、海商法规、办公自动化、现代物流管理(11 个)	69.7%

地区	区域产业经济职业方向	高职院校	商务英语专业课程名称	服务于地方区域经济课程名称	占所有商务英语专业课程的比例
福建	海峡西岸经济区、会展主办机构、服务机构以及参展企事业单位	福建对外经济贸易职业技术学院	基础英语、商务英语阅读、翻译理论与技巧、口译理论与技巧、口译基础、笔译基础、应用文翻译、经贸翻译、法律法规翻译、商务英语写作、会展项目管理、会展策划、国际市场营销、国际会展服务、会展英语、会展综合实训(16 个)	经贸翻译、法律法规翻译、会展项目管理、会展策划、国际市场营销、国际会展服务、会展英语、会展综合实训(8 个)	50.0%
惠州	珠江三角洲地区各类中外合资企业、国外驻华商社、民营企业、贸易公司、货运公司、船务公司和报关公司、高端汽车售后服务公司等	惠州经济职业技术学院	基础英语、口语、英语写作、英语翻译、商务英语、国际贸易理论与实务、外贸函电、外贸单证、商务礼仪英语、报关实务、报检实务、国际服务外包、业务流程外包、服务外包实用英语视听说、外事英语口译、笔译、外事礼仪、外贸单证、跨文化交际、汽车英语、商务礼仪、汽车企业管理、汽车营销、汽车识图、电子商务与网络营销(25 个)	外贸函电、外贸单证、商务礼仪英语、报关实务、报检实务、国际服务外包、业务流程外包、服务外包实用英语视听说、外事英语口译、外事礼仪、外贸单证、汽车英语、商务礼仪、汽车企业管理、汽车营销、汽车识图、电子商务与网络营销(17 个)	68.0%

按照地区市场经济需求理论分析：

北京地区毕业生主要就业方向是国家机关、外事、外贸、外企、商务管理公司、专业翻译机构、旅游、高级宾馆酒店以及各类涉外金融机构等，主要从事商务管理、商务翻译、外贸洽谈、经贸文秘、涉外公关、涉外导游等工作。

华东地区毕业生就业方向为涉外经济贸易企业、中外合资企业、外资企业和对外加工装配企业等，主要从事外销员、国际商务单证员、外贸跟单员、采购员、报关员、报检员、货物代理员等工作。还有在中外旅游公司、高星级涉外酒店从事旅游管理、酒店管理、旅游翻译等工作。另外，还有在跨境电商、国际物流、会展公司、展览场馆、文化传播类等企业工作。

华南地区的毕业生在中外合资企业、国外驻华商社、民营企业、贸易公司、货运公司、船务公司和报关公司等机构担任涉外商务助理、外销员、外贸代理员、翻译、业务员、英文跟单员、人力资源专员、行政文员、客户服务专员等，从事外贸业务、外贸跟单、市场营销、进出口报关、货运代理、商务文秘等工作。还有在其他企业担任公关人员、推销员、秘书、教师、行政管理、外事接待、外事管理、外事翻译、对外文化、出国留学咨询等工作。商务英语毕业生就业情况,既说明了各个高职高专学校商务英语专业课程设置的多样化特点,也直接体现了课程设置服务于地方经济的办学特色。

商务英语专业课程设置具有多样化特点。如惠州经济职业技术学院的课程设置,涉及有关商贸的各行各业的知识课程,包括基础英语口语、英语写作、英语翻译、商务英语、实用英语、外事英语口译、笔译、外事礼仪、商务礼仪、国际贸易理论与实务、外贸函电、外贸单证、报关实务、报检实务、国际服务外包、业务流程外包、跨文化交际、职业资格培训、汽车英语、汽车企业管理、汽车营销、汽车识图、电子商务与网络营销等 23 门课程。

教育部《关于全面提高高等职业教育教学质量的若干意见》明确指出:"针对区域经济发展的要求,灵活调整和设置专业,是高等职业教育的一个重要特色"。从上表 4.3 的数据可知,北京地区高职高专院校开设的适应地方区域经济需求的专业课程占总课程的 55%;华中的武汉和福建地区的专业课程分别占 68.7%与 50.0%;华南的惠州地区的专业课程占 76.0%。从数据分析得知,目前高职高专院校都是依托地区经济发展的需求,根据学校自身办学情况设置专业课程。上表所列 8 所高职高专学校的商务英语专业共有 63 门课程,大致分为以下几个类别。

(1) 国际商务英语(英语)类专业课程:有基础英语、英语写作、英语口语、商务英语、商务英语阅读、商务英语写作、商务礼仪英语、英语翻译、商务英语翻译、翻译理论与技巧、法律法规翻译、经贸翻译、口译理论与技巧、笔译基础、应用文翻译、商务英语口语与听力、谈判口语、商务英语证书课程、实用英语视听说、外事英语口译、商务英语口译、外贸英语函电、酒店英语口语等,共计 23 门课程。

(2) 国际商务类专业课程:有国际贸易理论与实务、商务写作、商务谈判技巧、外贸跟单、货代实务、报关与商检、海商法规、外贸函电、外贸单证等,共计 9 门课程。

(3) 商务英语相关课程:有跨文化商务交流、跨文化交际、商务礼仪等,共计 3 门课程。

(4) 旅游类课程:有旅游学概论、旅游地理、旅游美学、旅游经济学、旅游应用文写作、旅游公共关系与实务、导游英语口语、导游基础、导游业务、北京导游基础、旅行社计调与外联服务、旅行社经营实务等,共计 14 门课程。

(5) 其他类型课程:有工商导论、市场营销、酒店管理、餐饮服务与管理、远洋运输业务、国际航运管理、国际服务外包、汽车英语、汽车企业管理、汽车营销、汽车识图、电子商务与网络营销、现代物流管理、办公自动化等,共计 14 门课程。

对比上述专业课程设置情况可以看出,总课程科目为 63 门,商务英语(英语)类专业课程科目占总课程科目之比为 23/63,占 37％;如将前 3 项相加为 35 门课程,即商务英语专业课程与所开设总课程之比为 35/63,占 57％;旅游类及其他课程与总课程之比为 28/63,占 44％。由于北京经贸职业学院是以旅游为专业方向,上列 14 门旅游课程全是该院所开设课程,不一定能代表高职高专专业课程设置的整体情况。就上述数据分析可以得出结论,高职高专学校根据各自办学特色,开办了多样化的专业课程,课程设置整体情况基本吻合商务英语课程设置的国家标准要求,高职高专学校的商务英语专业课程设置方向对头,能够适应地方经济发展需要,真正凸显了自身的办学特色。

4.5　关于学生对商务英语专业课程设置的意见调查

我们访谈调查广东轻工职业技术学院 10 名大三学生,了解学生对商务英语课程设置的意见。以下是他们对商务英语专业课程的评价及调查数据整理结果。

问题一:你认为商务英语专业课程体系(包括公共课程、专业核心课程、专业方向课程、实践环节、毕业论文五个部分)中,哪部分的实践教学效果最令你满意? 请说明你认为最满意的课程的原因:

结果:有 3 个学生认为对商务英语专业方向课程最满意,原因是"老师讲得好"、"老师布置任务的场景和我工作时遇到的情况很相似"。有 3 个学生认为对专业核心课程最满意,原因是"实用性强,感觉学到了专业知识"。还有 4 个学生认为对实践环节最满意,原因是"针对性比较强,实践活动多,活动有趣"。

问题二:你认为商务英语专业课程体系(包括公共课程、专业核心课程、专业方向课程、实践环节、毕业论文五个部分)中,哪部分的实践教学效果最令你不满意? 请说明你认为最不满意的课程的原因:

结果:被访谈的学生一致认为对毕业论文最不满意。主要原因是觉得所写的论文在实习工作中没有得到应用。

问题三:你觉得在学校所学商务英语知识在工作中能够得到良好应用吗?(请谈谈具体如何应用的体会。)

结果:有 9 个学生认为能把学校所学商务英语知识较好地应用于工作中。比如,有学生认为"能用在外贸工作中"、"会写外贸函电的信件"、"我现在所属的行业是展览顾问行业,我能运用这些知识寻找相应的国家的行业展会,再运用我所学的英语知识与这些展会主办方进行谈判。商务英语知识拓展了我的国际视野,对我的工作有很大的帮助。"

从调查结果得知,学生对商务英语专业核心课、专业方向课、实践环节比较满意,对毕业论文不太满意,关于公共课没有反馈意见。从调查结果的原因分析,学生对课程设置的意见,主要是对课程教学方式、教师的授课能力的意见。同时,我们在总结访谈调查结果中,发现有两个值得关注的问题:

(1) 校外顶岗实习难度大。学生提到"参加实习机会少,实习过程不够深入"。究其原因为:多数外贸企业规模不大,单位需求人数少,很难一次性接受大批学生实习。外贸企业的工作流程涉及商业秘密或企业的核心机密,并且专业性也比较强,接收单位很难让学生进行实质性的业务实习,不放心让学生顶岗操作。因此,学生即使到了实习单位,也难以深度介入具体操作环节。

(2) 需要进一步提升教学团队的整体实力。专任教师多数具有"双师"素质,但由于商务英语专业岗位多的特点,具有企业工作经验的兼职教师人数不多,专任教师的实践能力有待提升。

4.6　对部分高职高专商务英语专业毕业生的调查

我们对部分毕业生进行问卷调查,调查的主要内容有:毕业生就业企业类型、毕业生所从事的行业、毕业生所从事的岗位、在校学习课程知识与实际运用知识的对比等。在对广东轻工职业技术学院商务英语专业毕业生进行的问卷调查中,共发放问卷 136 份,回收 127 份(其中有效卷 106 份,占 83.5%)。这些英语专业三年级学生已经学完专业课程,正在参加毕业实习。广东轻工职业技术学院商务英语专业毕业生问卷调查结果如表 4.4、表 4.5、表 4.6 所示。

表 4.4　商务英语专业毕业生就业企业类型

企业类型	合资企业	外资企业	国有企业	私营企业	其他
人　数	35	27	16	23	5
百分比(%)	33.02%	25.47%	15.09%	21.70%	4.72%

由表 4.4 数据得出:商务英语专业毕业生人数最多的为合资企业(33.02%),在外资企业和私营企业的人数分别是 25.47%、21.70%,国有企业所占人数比例是 15.09%,其他企业的人数占 4.72%。

表 4.5　商务英语专业毕业生就业行业

企业所属行业	外贸	金融	制造	服务	教育	其他
人　数	32	25	14	26	6	3
百分比(%)	30.19%	23.58%	13.21%	24.53%	5.66%	2.83%

由表 4.5 数据得出:商务英语专业毕业生主要从事外贸、金融、服务、制造业等。其中,外贸行业所占人数最多(30.19%),服务和金融行业占人数分别是24.53%、23.58%,制造和教育行业所占人数较少(13.21%、5.66%)。

表 4.6　商务英语专业毕业生主要从事工作岗位

毕业生岗位	外贸单证	商务文秘	国际会展	报关	商务服务	物流	报检	翻译	商务代表
人　数	23	20	11	10	8	7	8	9	10
百分比	21.70%	18.87%	10.38%	9.43%	7.55%	6.60%	7.55%	8.49%	9.43%

由表 4.6 数据得出:商务英语专业毕业生主要从事岗位是外贸单证、商务文秘(所占人数比例分别是 21.70%、18.87%),商务服务和物流人数较少(分别占 7.55% 和 6.60%)。

由以上数据分析得知,高职高专商务英语专业课程设置体现了服务地方经济特色化的总体趋势。但是,需要根据地方经济发展的实际情况,在细分市场需求的前提下,设置一些具有地方特色需求的专业课程。如《广东省 125 经济发展规划》强调"重点发展金融保险、现代物流、信息服务、科技服务、商务会展、总部经济等面向生产的服务业,打造四大现代服务业对外合作示范区"。广东省商务物流和服务业的市场需求大,高职高专商务英语专业在第三产业中的缺口很大,毕业生在商务服务行业比例不高,说明商务英语专业课程设计,应该按照"市场需要什么,我们就提供什么"的思路,紧密联系当地经济发展的实际,精心设置专业课程,服务于区域经济发展的实际需要。

表 4.7　在校学习知识比例、实习需要英语知识与商务知识比例

在校所学英语与商务知识比例	在校所学英语与商务知识人数	实习需要英语与商务知识比例	实习需要英语与商务知识人数	百分比
4:6	106	5:5	45	51.89%
		4:6	25	23.58%
		6:4	22	22.75%
		7:3	8	7.55%
		3:7	6	5.66%

根据表 4.7 列举的在校学生学习知识比例、毕业生实习需要英语知识与商务知识比例数据,经过调查分析显示:学生在校学习的英语语言与商务知识专业课程比例为 4:6(包括实训知识);但在实际工作岗位中使用英语语言与商务知识比例为 5:5 的学生人数最多,占 51.89%;排在第二位的比例为 4:6 的学生人数占 23.58%;以下比例为 6:4 的占 20.75%;比例为 7:3 的占 7.55%;比

例为 3∶7 的占 5.66％。依据数据分析得知,毕业学生希望同时提高英语语言
能力和商务知识能力,他们认为偏重于英语语言或偏重于商务知识能力的课程
设置,不太适应社会市场对人才的实际需求。

4.7　总结与启示

教育部《关于全面提高职高专教学质量若干意见》明确提出"以服务为宗旨,
以就业为导向"的办学理念。高职高专商务英语课程体系建设必须面对社会经
济需求制定专业发展战略,以就业为导向,以发展学生全面素质为基础,以职业
能力为本位,注重实践教学,专业课程设计灵活多样,满足社会需求和学生职业
设计的需要。目前,紧密联系区域经济发展实际需求,科学合理地进行专业设
置,是提升高职高专院校核心竞争力需要解决的关键问题。遵循以上办学指导
意见,结合调查分析,我们提出关于建设高职高专商务英语课程体系的以下
意见:

高职高专课程设置应该遵循服务于地方区域经济的原则,结合本地区经济
特点,积极开设符合本区域经济、文化发展需要的课程,以服务地方经济为宗旨,
以市场需求为导向,依托市场进行理性定位,突出产学研合作,培养具有商贸知
识的应用型英语人才。商务英语专业要根据区域经济发展的需要,制定商务英
语人才的培养方向和目标,建立科学的、适用的课程体系。根据地方产业结构和
优势产业发展的需求,形成新型现代商务英语人才培养模式,培养立足本土,服
务第一线的实用型人才。要加强专业建设力度,优化课程体系,改革教学内容,
建立能力型商务外语人才培养模式,着力培养熟练掌握专业技术,并能够成功开
展文化交流的专业人才。高职高专课程设置应该充分利用区域资源开展项目合
作,紧密联系区域经济产业结构和技术要求,建设与区域经济紧密相联的特色专
业,更好地服务于区域经济(付明瑞,2009)。

课程设置应遵循多样化的原则,实行分阶段、分模块的课程教学模式。商务
英语专业课程主要分为职业基础课程模块、职业能力课程模块和职业拓展能力
模块。每个模块分别按照基础课程、专业课程和综合课程进行课程设计,组织阶
段式教学,在毕业前顶岗实习时进行综合实训,形成具有系统性的学习领域课程
体系。教师在课堂教学中要注重创设环境,模拟真实场景,引导学生在"学中用,
用中学",增强学生的感性认识,让学生体验具体的商务情境,调动学生的学习热
情,积极主动地参与教学,帮助学生掌握商务专业知识技能,培养学生商务社交
能力(宋梅梅,2006)。

　　课程设置应该遵循办学地方特色化的原则,建立以培养职业岗位能力为核心、提高综合素质为主线的实践教学体系。构建以学生为中心、以就业为导向的实践性教学模式。在实际教学过程中创新教学方法,采用项目导向、任务驱动、工学结合等新型教学模式,培养学生实际操作能力。

　　高职高专院校商务英语专业要加大实践课时的比例,在培养学生的实践能力(技能)方面下力气、花功夫。顶岗实习是校企合作、工学结合模式的关键环节,是训练商务操作技能的载体。通过顶岗实习,学生充分融合语言和商务知识,参与综合职业能力素质的强化训练,可以增加社会工作经验,增强岗位意识和岗位责任感,帮助学生顺利踏上工作岗位。通过顶岗实习,学生能够及时发现自身的不足,从而在理论学习中更具有针对性。要提高校外实训基地产学合作层次,建立"相互需要、互惠互利、相互参与、相互依存、组织落实、工作落实、产学结合、校企合作"的教育办学机制,加快专业实习基地建设发展步伐。

　　高职高专商务英语专业教育的关键环节,就是要有一支具有专业知识和实践经验的教师队伍。要加大具有实践经验教师的比例,优化师资队伍结构,鼓励专业教师到实践岗位顶岗挂职,增强专业教师的企业工作经验,实现一专多能,提升教师的实践教学水平。高职高专要加强兼职教师队伍建设,形成实践教学的教师骨干队伍。要积极从校外聘请一些经验丰富、实践能力强的行业骨干或专家作为商务英语专业的兼职教师,让他们承担教学任务,指导专业实践教学,促进商务英语专业课程和实践课程共同发展(宋梅梅,2006)。

第5章
商务英语本科课程体系研究

5.1 引言

　　课程设置是保证高校商务英语人才培养的关键要素,是保证教学质量的基石。要适应国家和经济社会发展的需求,就要加强基础性建设,课程体系是教学的基础建设。商务英语课程体系的研究和设计,是关系到学科发展和人才培养规格的大事,是十分重要的基础性建设(王兴孙等,2001)。本章基于高校课程体系设计应该体现层次化、特色化、地方化的思维角度,对商务英语学科人才培养目标、课程体系、课程设置、教材使用评估等问题进行分析论证,并采用实证分析方法,分析目前高校商务英语本科课程体系的实际状况,提出构建商务英语本科课程体系的基本思路。

5.2 商务英语本科课程体系研究背景及意义

　　2007 年教育部批准增设商务英语本科专业,对外经济贸易大学成为第一个批准开设该专业的学校;2008 年,教育部批准广东外语外贸大学开设商务英语专业。我国商务英语学科从无到有,发展迅速(叶兴国,2013)。到 2015 年,全国开设该专业的高校已经增加到 300 所,覆盖了所有类型和办学层次的高校,并呈快速上升趋势。与此同时,商务英语专业的快速发展,也在教学实践中提出了一些急待解决的学科建设问题。作为以市场为导向的新兴特色专业,由于其开设时间尚短和缺乏可借鉴经验,课程体系构建不够完善,人才培养也未达到预期目标,课程体系建设成为一个急待解决的现实问题。

　　国内许多学者对商务英语本科课程设置展开了相关研究。早在 2001 年,王兴孙和陈洁就提出商务英语课程体系应该遵循以下几个原则:即适应需求原则、与国际接轨的原则、从实际出发的原则、不断完善的原则等。而后,许多学者基于不同理论视角对商务英语的课程设计展开研究,包括建构主义、教育生态学视角、需求分析理论、模块学说、能力培养视角等。赵牟丹(2008)以建构主义理论的知识观、学习观以及情景观为指导,对长春5所高校商务英语课程体系设计情况进行实证调研,发现建构主义适用于商务英语的课程设计,可以适当增加实践课的比重,整合某些商务英语技能课程并且运用多媒体等手段营造商务情景。严瑾(2009)通过抽样调查商务英语专业本科生的实际需求,建立了一套模块化的商务英语课程,并以此为标准对湖南省本科院校的商务英语课程设置情况进行描述和评价。薛金祥(2011)提出商务知识与语言能力、跨文化交际能力与语言能力、自主学习与课堂教学、人文素养与专业素质、实践教学与理论教学、现代信息技术与传统教学手段等六对生态关系式课程体系建构的途径,进而建构"知识＋技能＋素养＋实践"商务英语专业课程体系生态模式。傅超波(2013)以福建农林大学英语专业教学改革为例,探讨基于模块学说的商务英语课程体系构建。

近些年来,教育界开始探索基于能力培养的商务英语专业课程体系建设。有些高校还开发"职业能力分析"商务英语模块化课程体系,将岗位所需的知识和职业能力进行分解,并在此基础上设置相应的基础课程、专业核心课程和依据商务具体环节的技能设置教学项目。但是,这种模式只是将英语语言课、商务类基础课和专业课进行简单地组合,尚未根据实际教学过程进行有效地、系统地重组和整合。王明岩和宫钦翠(2013)提出在教学过程中建构商务英语专业课程体系,认为以职业能力培养为本位的高校商务英语教学改革,应从职业岗位和专业培养目标分析入手,按照职业性、开放性、实践性的原则,系统设计商务英语专业的教学内容排序、教学模式、管理模式以及相应的教学资源与环境,构建具有现代高等教育特色和商务英语专业特色、基于工作过程系统化、以学生职业生涯为背景的课程体系。

孙杨(2011)认为商务英语课程设置主要存在以下3个问题:

(1)商务英语专业课程体系还停留在"英语＋商务"的简单叠加,没有突出核心课程在课程体系中的重要地位;

(2)专业课程结构不合理,课程结构缺乏整体优化,部分课程类型设置、课程性质划分和课时安排不合理;

(3)仍然存在"重知识学习,轻能力培养"的软化现象,没有重视课程体系中的实践教学环节。

吕英莉和范玲(2013)通过对北京城市学院商务英语在校生、毕业生和用人单位的主客观需求情况进行调查,分析商务英语专业设置的问题,提出了科学优化专业课程的建议。她们在对商务英语往届毕业生调查中发现:

（1）商务英语专业就业面广，就业岗位类型多样。其中合资企业占 32%，85% 的工作都与英语专业相关；而在岗位类型中，教育管理培训岗位占 30%，营销人员占 27%。因此，课程设置应该适应社会对人才的要求。

（2）商务类核心课程专业能够满足学生工作需求，在工作中使用效率较高的专业课程国际贸易实务占 92%，商务读写课程占 80%，国际商法课程占 80%。因此，应该加大商务类的核心专业课程的比例。

（3）培养学生综合能力是提高学生就业竞争力的关键。商务英语本科学生就业前景面临巨大挑战，社会更加注重商务英语人才的翻译和实践能力。目前我国商务英语课程设置仍然围绕英语听说读写译等基本语言能力的培养，在培养实践能力和组织能力方面有待进一步提高。

关于商务英语课程体系的研究，反映了当前商务英语课程体系中的实际情况。既有基于不同视角的研究，也有实证调研的依据，为商务英语课程体系建设提供了很好的参考意见，但还存在以下几点不足：

（1）关于课程设置内容的调查，虽有一些实证研究，但因为被调查对象主要是在校生、毕业生及用人单位，他们对于商务英语课程体系的反馈意见，具有一定的局限性，尚未有专门针对商务英语专业课程设置、教学计划及培养方案等的整体研究。

（2）已有的被研究调查的院校局限于单个或几所高校，而且被调查高校具有同质性，没有真正反映出高校商务英语专业课程设置的整体情况。

（3）关于商务英语课程体系的研究，在评估标准方面缺乏理论依据。

上述关于商务英语课程体系的调查研究，充分说明商务英语学科建设应该站在新的高度，前瞻性地提出商务英语课程体系建构思路。2016 年，国家将正式发布《高等学校商务英语专业本科教学质量国家标准》（以下简称"国标"），本标准适用于各类高等学校的商务英语本科专业。各高等学校应根据本标准、相关行业标准和人才需求，制订本校商务英语专业培养方案。本标准是商务英语本科专业准入、建设和评价的重要依据。"国标"的发布既是商务英语课程体系建设的一个有利契机，也是学科建设的一个重要节点。值得注意的是，在商务英语教学过程中，由于高校所在区域经济、区域文化、办学主体、办学层次等方面存有差异，"国标"只能作为学科专业方向的指导原则。在课程体系设计的实际过程中，要更好地满足当地市场需求、学生需求，体现层次化、地方化、特色化的商务英语课程体系设计思路，还需要做好课程体系细化设计的具体工作。因此，本章通过对全国 300 所中 20 所开设商务英语专业本科院校①的培养目标、课程体

---

①　调研高校包括：西南财经大学、浙江工商大学、扬州大学、上海外国语大学、西安外国语大学、对外经济贸易大学、广东外语外贸大学、广东工业大学、北京林业大学、闽南师范大学、暨南大学、四川外国语大学、上海财经大学、黑龙江大学、铜陵学院、广东金融学院、大连外国语大学、九江学院、广东外语外贸大学南国商学院、河南科技大学。

系、教材评估等 3 个方面展开抽样调查,结合实证分析的调研数据,对比分析不同高校在商务英语课程体系设计上存在的异同,针对当前本科商务英语的课程体系存在的问题,提出商务英语课程体系设计方案,以图改进商务英语本科教学,满足国家和市场对商务英语应用复合型人才的需要。

5.3　关于商务英语人才培养目标

影响商务英语课程设置的首要因素是人才培养目标的定位,人才培养目标直接决定了培养模式和课程体系的顶层设计。《商务英语国家标准》提出的人才培养目标是:商务英语专业旨在培养英语基本功扎实,具有国际视野和人文素养,掌握语言学、经济学、管理学、法学(国际商法)等相关基础理论与知识,熟悉国际商务的通行规则和惯例,具备英语应用能力、商务实践能力、跨文化交流能力、思辨与创新能力、自主学习能力,能从事国际商务工作的复合型、应用性人才。由于本科院校办学主体、学校所属类别、办学层次、学校所在区域经济存在差异性,商务英语专业在遵循"国标"的基础上,也应该体现人才培养目标的层次化、地方化、特色化。以下将在高校办学层次、所在区域经济、所属类别进行学校分类(详见表 5.1、表 5.3、表 5.5)的基础上,对比分析所选高校商务英语专业培养目标的异同。

根据高考录取批次进行高校办学层次分类:一本包括重点本科、普通一本大学;二本即普通二本大学;三本普通三本大学。高校所属类别根据按照学科设置和办学特色进行分类,如综合类院校、语言类院校、理工类院校、农林类院校、医药类院校、财经类院校、师范类院校等。高校区域经济按照国家规划的区域发展布局进行分类,分为东、中、西三个经济地带①。

5.3.1　关于高校培养人才目标的层次化

各个高校在生源、师资、教学资源等方面存在的差异,形成了不同的办学层次格局。在商务英语人才培养模式设计中,应该在符合国标的基础上实现人才培养目标的层次化。我们在高校办学层次分类的基础上(如表 5.1),对其培养目标进行分析研究。

———————

① 东部沿海地带包括辽宁、北京、天津、上海、河北、山东、江苏、浙江、福建、广东、广西、海南、台湾 13 个省、市、自治区、直辖市;中部地带包括黑龙江、吉林、山西、内蒙古、安徽、河南、湖北、湖南、江西 9 个省、自治区,西部地带包括重庆、四川、云南、贵州、西藏、陕西、甘肃、青海、宁夏、新疆 10 个省、自治区、直辖市。

表 5.1　所选高校办学层次分布

一类本科	西南财经大学、浙江工商大学、扬州大学、上海外国语大学、西安外国语大学、对外经济贸易大学、广东外语外贸大学、广东工业大学、北京林业大学、闽南师范大学、暨南大学、四川外国语大学、上海财经大学、黑龙江大学、大连外国语大学、河南科技大学
二本	铜陵学院、广东金融学院、九江学院
三本	广东外语外贸大学南国商学院

（1）上列本科院校商务英语专业的培养目标都遵循"国标"的基本要求，即商务英语专业的学生是具有扎实的语言基本功、掌握商务理论知识和技能、具有良好的人文素养和国际化视野的复合型应用性人才。在一本院校中，广东外语外贸大学、对外经济贸易大学和西安外国语大学都开设了不同的专业方向，其中仅有西安外国语大学针对不同专业方向设立了培养目标。

（2）上列各高校培养目标内涵基本相似，培养目标未能体现学生就业去向的层次化。在被调查的高校中，上海外国语大学、西安外国语大学和铜陵学院将政府部门纳入到学生的培养就业去向，这就违背了以市场为导向的就业去向基本思路。因此，不同办学层次的高校商务英语毕业生的目标定位，成为商务英语人才培养目标的中心问题。

以高校毕业生的实际就业情况为例，对各高校的培养目标与其办学层次是否吻合进行考证。如广东外语外贸大学国际商务英语学院商务英语专业的培养目标是：商务英语专业以英语为主，商务为辅，突出"英语＋商务"人才培养特色，培养具有扎实的英语语言基础、娴熟的英语交际能力、良好的文化素养、系统的商务知识、宽阔的国际视野，善于跨文化交流，适应经济全球化竞争，能胜任国际商务管理、国际贸易、国际金融、国际交流、涉外法律等部门工作的高素质商务英语人才。从 2007 年至 2010 年，该校的毕业生就业去向主要集中在三资企业、国有企业、私营企业和民营企业等四个方向，如表 5.2 所示。

**表 5.2　广东外语外贸大学国际商务英语学院
商务英语专业毕业生就业去向**

年份	国家机关	国有企业	民营企业	三资企业	私营企业	高等院校	普教系统	其他
	比例	比例	比例	比例	比例	比例	比例	比例
2007	1.68%	18.52%	9.43%	39.39%	13.47%	1.68%	0.34%	15.49%
2008	3.78%	24.13%	8.43%	45.93%	13.66%	1.16%	0.58%	2.33%
2009	3.44%	18.96%	26.35%	17.73%	23.89%	1.97%	3.94%	3.72%
2010	4.09%	28.64%	18.93%	19.95%	21.74%	0.77%	1.28%	4.09%

年份	国家机关	国有企业	民营企业	三资企业	私营企业	高等院校	普教系统	其他
	比例	比例	比例	比例	比例	比例	比例	比例
2011	8.63％	22.04％	38.98％	16.29％	3.83％	2.56％	0.32％	7.35％
2012	4.82％	22.51％	39.52％	20.19％	8.68％	0.32％	1.61％	2.45％
2013	4.10％	33.12％	21.45％	16.72％	21.45％	0.32％	2.22％	0.62％
2014	4.06％	13.13％	44.38％	15.31％	19.38％	0.31％	2.5％	0.93％

注：以上统计数据中各年级总人数为参加就业的毕业生总人数，不包括继续深造以及未能正常毕业的学生。

总体来说，广外国际商务英语学院商务英语专业毕业生就业去向基本符合培养目标。

5.3.2　关于高校培养人才目标的地方化

高校所在区域经济也是制定人才培养目标的主要参考因素。在商务英语人才培养模式设计过程中，培养目标应该在符合国标的基础上体现地方化的特点。我们按照被调查高校所在区域经济地带进行分类（见表 5.3），并对其培养目标进行对比研究。

表 5.3　所选高校所属经济地带分布

东部经济地带	浙江工商大学、扬州大学、上海外国语大学、对外经济贸易大学、广东外语外贸大学、广东工业大学、北京林业大学、闽南师范大学、暨南大学、上海财经大学、海南大学、广东金融学院、黑龙江大学、大连外国语大学、广东外语外贸大学南国商学院
中部经济地带	西安外国语大学、铜陵学院、九江学院、河南科技大学

（1）上列处于不同区域经济地带的高校商务英语专业人才培养目标中，广东工业大学、广东金融学院在培养目标中提出满足国家和地方社会经济发展目标需求，两个高校的具体培养目标如下：

广东工业大学的人才培养目标是：商务英语专业旨在培养德才兼备、具有坚实的英语语言基础知识和跨文化交际能力、掌握国际商务基础知识和理论，具备较强的商务操作技能和业务处理能力，能够满足国家和地方社会经济发展需要的复合型应用型商务英语人才。

广东金融学院的人才培养目标是商务英语专业培养适应社会经济建设需要，德、智、体、美全面发展，面向华南地区特别是广东经济社会发展的人才需要，具有扎实的英语基本功、宽阔的国际视野、专门的国际商务知识与技能，掌握经济学、管理学及法学等相关学科的基本知识和理论,具备较强的跨文化交际能力与较高的人文素养,能在国际环境中熟练使用英语从事商务、经贸、管理、金融、教育等工作的复合应用型涉外商务的商务英语专门人才。广东金融学院的人才培养目标,有着具体的地域指向,即"面向华南地区特别是广东经济社会发展的人才需要",在众多开设商务英语本科专业院校中,凸显了该校在人才培养方面的地域属性。

(2) 高校商务英语专业应该利用其所在区域经济的优势,既满足市场需求又满足学生的需求,为当地区域经济发展提供相适应的人才供给。目前部分高校的培养目标没有紧密地切合地方需求,导致学生掌握的技能不能适应当地市场的需求,出现商务英语专业毕业生扎堆在大城市寻找就业机会,当地区域还是商务英语人才紧缺的现象。在被调查的高校中,上海和广州高校在培养目标设计中相对凸显地方特色化。以广东外语外贸大学国际商务英语学院商务英语专业毕业生就业单位地域分布情况为例(见表5.4)。

**表 5.4　广东外语外贸大学国际商务英语学院
毕业生就业单位地域分布比例**

年份	广州市	深圳市	珠三角地区	省外地区
	比例	比例	比例	比例
2008	63.08%	8.43%	24.42%	4.07%
2009	63.77%	9.18%	21.58%	5.46%
2010	42.05%	12.05%	35.90%	10.00%
2011	38.44%	14.25%	38.19%	9.12%
2012	36%	17%	37%	10%
2013	54.26%	14.83%	24.60%	6.31%
2014	40.00%	18.13%	28.12%	13.75%

由上表可知,由于该校所在广州地域经济相对发达,就业渠道比较畅通,毕业生大部分都在本地就业,为当地经济服务。虽有部分学生去其他二、三线城市,但选择到省外地区工作学生较少,学生即使选择省外地区也主要是回生源所在地。据此,高校商务英语专业的培养目标应该植根于地方经济的需求,体现培养目标地方化的特色,才能实现商务英语人才服务于地方经济的目标。

上海是中国的经济、交通、科技、工业、金融、贸易、会展和航运中心,GDP 总量居中国各城市之首,上海将在 2020 年建成国际金融、航运和贸易中心。因此,适应上海国际金融、国际贸易等服务行业的发展趋势,培养应用型、复合型商务英语毕业生非常必要。上海财经大学顺应经济全球化的新形势,响应国家"走出去"经济战略,适应上海市设立"总部经济区域"对高层次人才的新要求,在商务英语专业培养目标中,除了培养学生的语言基本功和经管法相关学科理论知识外,专门突出培养学生分析和解决问题能力、创新思维与实践能力,着力培养学生对异国文化的理解和认识。具体课程设置围绕培养目标而展开,以更好适应当地国际化经济区域对高层次商务人才的新要求。

5.3.3　关于高校培养人才目标的特色化

充分发挥高校所属类别的学科优势,在商务英语课程体系设计过程中,体现培养目标的特色化,也是课程设置所要考虑的主要问题。我们在对被调查高校所属类别进行分类的基础上(见表5.5),对其培养目标进行对比研究。

表 5.5　所选高校所属类别分布图

财经类	西南财经大学、浙江工商大学、对外经济贸易大学、铜陵学院、广东金融学院、上海财经大学、广东外语外贸大学南国商学院
综合类	扬州大学、暨南大学、黑龙江大学、九江学院
理工类	广东工业大学、河南科技大学
农林类	北京林业大学
师范类	闽南师范大学
语言类	上海外国语大学、西安外国语大学、广东外语外贸大学、四川外国语大学、大连外国语大学

各个高校在培养目标上凸显了学校类别优势和办学特色。下列上海财经大学、西南财经大学、浙江工商大学、西安外国语大学、暨南大学、黑龙江大学等高校的办学特色如表5.6所示。

表 5.6　高校商务英语专业培养目标特色

高　　校	学　校　特　色
上海财经大学	强调毕业生应胜任跨国公司管理、内外资银行、四大会计事务所等部门工作,体现出其所属财经类院校的优势。
西南财经大学	利用学院英语学科优势,依托西南财经大学经济学、管理学等财经类强势学科资源。
浙江工商大学	强调掌握与国际商务相关的经济学、管理学、法学、社会学等学科的基本知识和理论,增加社会学相关知识,有助于培养人文素养。
西安外国语大学	根据开设方向设立培养目标。
暨南大学	将具有初步的科研能力和适于从事教学工作等内容纳入培养目标。
大连外国语大学	强调掌握应用语言学、应用经济学学科知识和培养学生创新意识以及创新能力。
黑龙江大学	将外事、教育等部门工作和商务英语专业教学与研究等纳入培养目标。

广东外语外贸大学南国商学院对培养目标进行具体化设计,强调本专业学生应该参加英语专业四、八级或 BEC 中级、高级考试,达到教育部教学大纲或 BEC 中级、高级所要求的水平和具有较强的计算机及信息技术运用能力,学生须参加全国高校计算机二级水平考试。作为三本院校,办学目标定位是培养职业技术人才和应用型人才,以就业需要为导向,在专业设置时紧密结合社会需求。该校培养要求与学校定位相符,强调应用性和掌握技能,凸显了办学特色。

5.4 关于课程设置的层次化、地方化和特色化

商务英语课程设置是教学的核心内容,作为专业培养目标得以实现的途径,合理的课程设置(包括课程结构和课程内容)非常重要。以下对被调研高校的商务英语专业学分、学时分配、课程结构和课程内容等内容进行分析(详见表 5.7,表 5.8)。如对外经济贸易大学、河南科技大学、浙江工商大学、广东外语外贸大学、暨南大学、西南财经大学、大连外国语大学、北京林业大学、九江学院、铜陵学院和广东外语外贸大学南国商学院等院校,包含各个办学层次、不同区域经济地带和不同的学校所属类别。

表 5.7　高校商务英语专业学分、学时分配情况

学　校	对外经济与贸易大学	浙江工商大学		河南科技大学	广东外语外贸大学	暨南大学	西南财经大学	
总学分	182	160		172	165	160	172	
总学时	2 826	2 567		2 372＋36	2 808	2 810	2 528	
大学外语教育课程学分	92	10		71	65	60	26	
专业方向课学分	22	必修	74	12	40	62	18	
		选修	31	5				
公共基础课/通识课程学分	40	29		45	46	26	通识基础	59
							核心	10
实践教学:专业实习与毕业论文	23	被列入"专业课"类		16	14	12	8	
其他实践教学	16	任意选修课:16		23	0	0	6	

表 5.8　高校商务英语专业学分、学时分配情况

学　校		北京林业大学	闽南师范大学	大连外国语大学		九江学院	铜陵学院		广东外语外贸大学南国商学院
总学分		182.5	159	187		167.5	180		158
总学时		/	2 862	2 986		2 271	2 492		2 660
大学外语教育课程学分		54.5	54	0		37 基础教育	38		38
专业知识教育课程学分	必修	37.5	26	78		47.5 专业教育	34		37
	选修	31.5	20	28		18 专业教育	18		0
全人通识教育课程学分		30	35	必修	47	42.5 综合教育	必修	46＋2 创业就业课	47
		14		选修	17		选修	10	
实践教学：专业实习与毕业论文		8	24	8		16	11		7
其他实践教学		7	17	9		6.5	21		29

5.4.1　关于商务英语课程体系的分析

我们从表 5.7、表 5.8 中所提供的情况可以看到，所有的本科院校商务英语专业的总学分都不低于 155 分，这说明本科层次的总学分的起点应为 155 个学分。各高校商务英语课程体系组成部分既有相同之处，又有各自课程体系的特点。相同之处在于商务英语课程体系都由以下 5 个主要部分组成：公共课/通识课、学科基础课、专业方向课、实践教学——专业实习与毕业论文和其他实践教学环节等。将这 5 个部分进行整理后，其具体图像如图 5.1。

通识教育/公共课程分为公共必修课程和公共选修课程，旨在夯实基础，拓宽口径，加强科学精神和人文精神的贯通和融合，强调学生掌握宽厚的学科知识背景，促使学生全面发展。学科基础课既包括商务英语语言知识和技能，也包括商务英语学科基础的商务类与文化类知识和技能。专业课程体现了专业培养要求、专业特点和人才知识结构，为学生将来从事与本专业相关工作做好必要的知识准备。专业课程分为专业必修课程、专业限选课程、专业方向限选课程（有方向的专业）和专业任选课程。高校应该结合自身的实际情况，如所属层次、所在区域经济特点和高校所属类别开设专业课程。专业选修课程可以按照学生最低

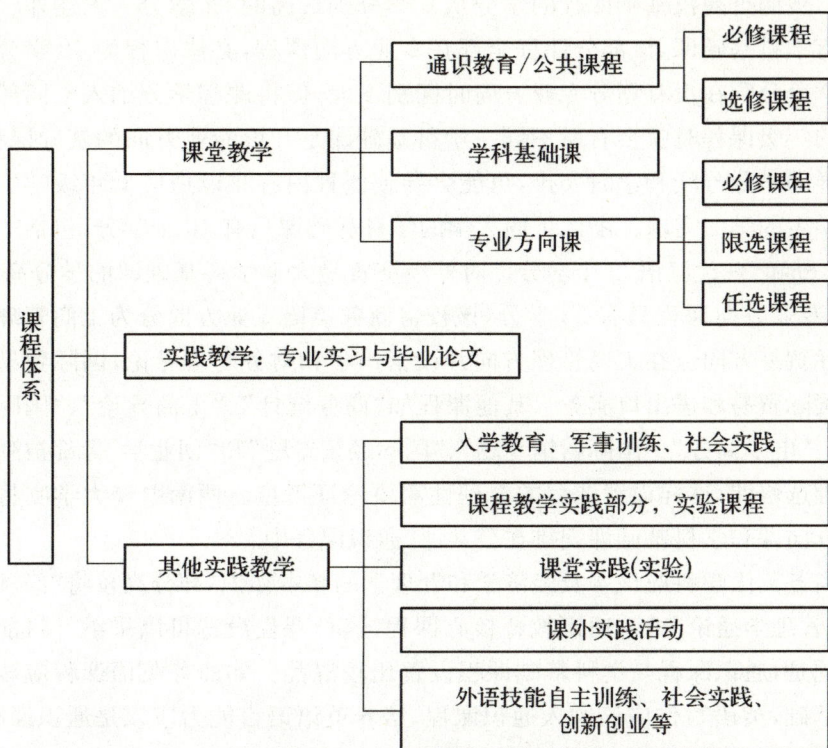

图 5.1　商务英语本科阶段部分院校课程体系

选修学分的 1.5～2 倍设置课程,以供学生根据学习兴趣或职业发展需求进行课程选修。实践教学旨在培养学生的创新精神和实践能力,主要分为专业实习、毕业论文和其他实践教学两种形式。

　　有些院校的课程体系设计比较特殊,如浙江工商大学将"实习和毕业论文"列入专业方向课,其"实验、实习、实训、上机"嵌入在课程体系的各个部分。又如九江学院的课程体系包括综合教育、基础教育、专业教育、专业实习与毕业论文和实践教学环节等 5 个部分。大连外国语大学则没有学科基础课程,该校将该部分课程全部纳入专业方向课中。各层次本科院校的商务英语专业课程体系组成部分基本保持一致,不同之处在于课程体系内部学分安排上存在很大差异。我们下面从商务英语课程体系的层次化、特色化和地方化三个方面进行分析。

5.4.2　关于课程层次化的分析

课程层次化的主要表现:

(1)一本院校在学科基础课程设置和学分安排方面呈现级差大、多样化的情况。被调查高校基础课程的学分从 0 学分到最高的 92 学分。大连外国语大学没有学科基础课,该部分课程全部在专业方向课程,必修课程为 78 学分。这样的学分分配在没有划分专业方向时区别不大,但将课程学分纳入不同部分和不同的年级课程时就会有所不同。学科基础课是开设专业方向的基础课程,该校这样的学分分配和学时安排,可能会导致课程内容难以适应低年级学生和高年级学生的学习需求。浙江工商大学的学科基础课只有 10 个学分,包括"二外"8 个学分和"现代汉语"2 个学分。对外经济贸易大学学科基础课的学分高达 92 学分,专业方向课程只有 22 学分,该校将商务英语专业方向分为工商管理方向和国际贸易方向。在工商管理方向开设营销学和财务管理导论,国际贸易方向开设国际贸易和进出口实务。其他课程如"商务统计"、"工商导论"、"国际金融导论"、"电子商务"、"国际营销专题"、"国际经贸专题"和"创业学"等都被列为学科基础选修课,这样设置课程的合理性需要论证考量。西南财经大学则将部分专业方向课和学科基础课安排在公共课/通识课程中。

商务英语学科应该普及经济学和管理学的基本知识,部分高校将"经济学通论"、"管理学通论"纳入通识教育核心课程,这种课程设置可以采纳。目前主要的问题是,通识课程与学科基础课程设置比较混乱。如商务英语课程应该纳入学科基础,英语写作应该纳入通识课程,培养英语语言能力应该是通识课程,培养专业英语能力应该是学科基础课程,但部分高校却是相反的做法。为了做到专业培养精细化、专业分工化,设置学科基础课程非常必要,学校可以根据师资和生源具体情况,学生在修得学科基础课学分后,再进行专业课程的层次化教学。

(2) 二本和三本院校的课程学分分配基本相似。三本院校突出实践环节的重要性,在相比其他层次高校总学分较少的情况下,学生所修实践环节学分为 29 学分。三本院校在学分学时分配体现出层次化,与其学校培养实用型人才的定位目标和学校所在层次定位相吻合,有利于满足学生需求和市场需求。对比之下,虽然一本院校在师资、生源和其他资源方面,较之二本院校具有优势。但一本和二本院校并没有体现课程体系的层次化,这是一本院校在课程设置、课时分配、学分安排方面需要关注的问题。

5.4.3 关于课程特色化的分析

部分高校在商务英语学科基础课程、专业方向课程学分安排(包括选修和选修课部分)等方面,学生修得学分与其学校所属类别密切相关。表 5.9 列举出各类院校在学科基础课和专业方向课的特色课程。

表 5.9 各类院校商务英语基础课程和专业方向课程的设置情况

财经类	**西南财经大学：** 经济学原理(英语)、商务导论(英语)、国际商务(英语)、国际贸易实务(英语)、国际支付与结算(英语)、货币金融学(英语)、现代金融实务(英语)、国际金融、国际营销、人力资源管理、电子商务、国际商业文化、财务管理、<u>中西方文化比较</u> **浙江工商大学：** 单证与 ISO 管理体系、国际商务礼仪、国际贸易实务(英)、国际金融英语、商务导论(英)、旅游实务英语、互联网英语、国际物流英语、国际营销英语、<u>商务英语专业导论</u>、<u>商务英语专业实践</u>、创新与创业、<u>综合商务技能</u>、<u>中国文化概论</u> **对外经济贸易大学：** ① 工商管理方向：商法导论(英)、工商导论(英)、<u>营销学(英)</u>、<u>财务管理学导论(英)</u>、国际政治导论(英)、社会学导论(英)、商务统计(英)、文化资本引论(英)、国际金融导论 (英)、电子商务 (英)、国际营销专题 (英)、国际经贸专题 (英)、创业学 (英)、国际商业文化 (英)、商务交际实践 (英) ② 国际贸易方向：<u>进出口实务(英)</u>、<u>国际贸易(英)</u>、商法导论 (英)、国际政治导论 (英)、社会学导论 (英)、商务统计 (英)、文化资本引论 (英)、国际金融导论 (英)、电子商务 (英)、国际营销专题 (英)、国际经贸专题 (英)、创业学 (英)、国际商业文化 (英)、商务交际实践 (英) **铜陵学院：** 国际商务文化(英)、国际市场营销(英)、国际商务谈判(英)、国际贸易实务(英)、商务沟通(英)、商业伦理学(英)、国际项目管理(英)、国际商法(英)、电子商务(英)、商务统计(英) **广东外语外贸大学南国商学院：** 国际贸易实务(英)、人力资源管理(英)、国际市场营销(英)、国际商务谈判(英)、中西文化比较、国际商务礼仪(英)、当代商业概论(英)、电子商务(英)、国际商法(英)、统计学(英)、会计学(英)、国际金融(英)、财务管理(英)、创业与创新
综合类	**暨南大学：** 国际贸易实务(英)、国际贸易单证(英)、会计实务、国际结算、电子商务、人力资源管理、<u>公共关系学</u>、国际商务谈判、<u>商务法律文书</u>、中西文化比较、市场营销 **九江学院：** 中国文化史、国际贸易、进出口业务、<u>商务英语专业导读</u>、<u>商务英语专业技能训练</u>、商务谈判、国际商法
理工类	**河南科技大学：** 国际商务概论、国际贸易实务、国际市场营销、外贸英语函电、商务英语谈判、商务单证、<u>商务公关</u>、国际商法、国际商务文秘、国际金融、国际支付与结算
农林类	**北京林业大学：** 工商导论(英语)、金融学(英语)、市场营销学(英语)、世界经济概论、<u>应用语言学与英语教学</u>、国际商务谈判、国际商务热点专题、<u>农林经济英语阅读</u>、<u>农林英语口译</u>、会计学基础(英语)、国际商法 (英语)、电子商务 (英语)、国际商务 (英语)、国际贸易实务(英语)

师范类	**闽南师范大学：** 国际商务虚拟运行与实务、国际贸易理论与实务、国际商务导论、国际商务、市场营销、进出口报关、旅游英语、管理英语、广告英语、商务谈判与礼仪、国际物流、金融英语、会展英语、电子商务（没有经济学和管理学）
语言类	**广东外语外贸大学：** ① 商务英语（国际商务管理） 经济学原理、当代商业概论、国际商法、<u>会计学原理</u>、管理学原理、<u>人力资源管理</u>、<u>企业战略管理</u>等 ② 商务英语（国际贸易） 经济学原理、当代商业概论、国际商法、<u>国际贸易实务</u>、<u>国际贸易</u>、<u>国际结算</u>、<u>中国对外贸易</u>等 ③ 商务英语（国际金融） 经济学原理、当代商业概论、国际商法、<u>会计学原理</u>、货币银行学、<u>国际金融</u>、商业银行管理等 ④ 商务英语（国际经济法） <u>民法</u>、<u>商法</u>、<u>民事诉讼法</u>、<u>国际经济法</u>、<u>WTO 导论</u>、法律英语、当代商业概论、国际贸易实务等
	大连外国语大学： 微观经济学（英）、宏观经济学（英）、国际商法（英）、会计学原理、市场营销（英）、国际贸易实务（英）、商务谈判、国际商务礼仪（英）、国际金融（英）、外贸函电（英）、<u>经济数学</u>、货币银行学（英）、商务沟通（英）、跨国公司管理（英）、国际商务导论、电子商务、国际结算（英）

　　由表 5.9 可以看出,财经类院校如西南财经大学、对外经济贸易大学、浙江工商大学和广东外语外贸大学南国商学院,综合类院校如暨南大学,语言类院校如广东外语外贸大学、大连外国语大学,农林类院校如北京林业大学等,能够发挥学校学科类别优势,突出特色课程学分要求。财经类院校商务英语课程学分分配凸显特色化,如西南财经大学,利用自身财经学科背景,开设与金融、财经相关的课程。对外经济贸易大学作为教育部批准的第一个开设商务英语专业的高校,利用自身的经济与贸易学科优势,将商务英语专业分为工商管理方向和国际贸易方向,设置大量满足学生就业需要的商务知识和技能课程。北京林业大学在课程设置中,提供可供选择的农林经济英语阅读课程和农林英语口译课程。

　　对比之下,理工类院校和师范类院校在特色课程设置方面还存在不足。如河南科技大学未能结合自身的理工优势学科,开设如"外贸管理信息系统 EDI"、"数据库管理及应用"、"统计学"或"商务统计学"等课程。闽南师范大学没有要求学生选修"管理学"和"经济学"课程,提供学生选择的商务课程较少。在为数不多的商务课程中,还有几门是旅游英语、管理英语、广告英语、金融英语、会展英语等,修完这类课程的学分对提高学生商务知识和技能帮助不大。为了实现其专业的特色化,该校应该充分结合其自身师范类院校的背景优势,开设"应用语言学与英语教学相关课程"。高校实现商务英语课程设置的特色化,既有利于提高学生的相对竞争力,又有利于高校扬长避短,依托自身优势学科提高商务英语教学质量。值得注意的是,高校商务英语课程设置特色化的前提是要保证标准化,如商务英语课程设置中必须有"经济学"、"管理学"、"商务英语专业导论"、"中国文化概论"或"中西文化比较"等课程,因为该类课程与商务英语专业培养目标是相辅相成的。

5.4.4 关于课程地方化的分析

结合表5.9,从商务英语课程地方化角度进行分析,东部经济地带高校课程学分安排与市场需求接轨,课程学分分配比较合理。如对外经济贸易大学、北京林业大学、广东外语外贸大学、暨南大学、广东外语外贸大学南国商学院、浙江工商大学等高校,能够结合当地的区域经济特点和市场需求进行课程设置(详见表5.9中划线的课程)。而同处东部经济地带的闽南师范大学、大连外国语大学缺乏本土化的课程设计。大连作为中国东部沿海重要的经济贸易城市,应该在原有的贸易、金融课程的基础上,增设与当地旅游相关的课程,满足当地外向型旅游业对商务英语人才的需要。中部经济地带有些高校开设课程并未结合当地区域经济特点和市场需求,如铜陵学院、九江学院、河南科技大学等。在开设贸易、金融等专业课程外,如何开设地方特色课程,这是一个值得探索研究的问题。

5.5 商务英语课程体系满意度实证分析

为了验证学生对商务英语课程体系的满意度,并对课程结构的比例安排提供依据,我们随机抽取广东外语外贸大学国际商务英语学院的两个商务英语专业的学生进行调查,作为本次实证调查的样本。本次调查共回收40份问卷,由于是现场课堂发放,有效问卷率为100%;本次调查还从中随机抽取1名受试者进行深度访谈。受试学生个人因素分布情况见表5.10。

表5.10 受试者性别、年级、所属学校类别分布

	性 别		年 级				所属专业方向	
	男	女	大一	大二	大三	大四	国际贸易	国际金融
人数	8	32	0	18	22	0	21	19
%	20	80	0	45	55	0	52.5	47.5

注:已剔除各观察值的缺失项。

本次调查运用SPSS20.0统计软件对数据进行了频率分析和卡方检验,以探索学生对当前商务英语课程体系的满意度,并探讨年级及变量对该满意度的影响,以下是研究发现及讨论。

根据数据对各变量的总体情况进行频率描述分析,以说明被调查各类高等院校商务英语课程设置满意度现状,同时结合问卷中受试者主观题回答及访谈,从中发现课程设置中存在的问题。以下各表是各变量的频率描述分析结果:

表 5.11 商务英语课程体系中最不满意部分

		频率	百分比	有效百分比	累积百分比
有效	公共课程	8	20.0	20.0	20.0
	学科基础课	8	20.0	20.0	40.0
	专业方向课	19	47.5	47.5	87.5
	实践环节	5	12.5	12.5	100.0
	合计	40	100.0	100.0	

由表 5.11 可知,商务英语课程体系中最令学生不满意部分是专业方向课(47.5%);其次是学科基础课(20%)和公共课程(20%);最后是其他实践环节(12.5%);在被调查样本中,没有人勾选"专业实习和毕业论文"这一选项。结合表 5.12 可知,导致对专业方向课不满意原因,以响应者次数从高到低依次是:"课程内容安排不合理(12)"、"实际教学方式与学生期望的教学方式存在巨大差距(12)"、"教师团队未能满足开设课程的需要(8)"、"课程结构设置不合理(7)"。

由表 5.12 可知,导致学生对专业方向课不满意的主要原因是"课程内容安排不合理"和"实际教学方式与学生期望的教学方式存在巨大差距"。被访者回答,课程内容安排不合理会增加学生学习难度,降低学生自信心从而影响实际教学效果。如所在学院先开设"国际金融",再开设"货币银行学",由于"国际金融"难度较大,在没有货币银行学相关基础的前提下,学习难度较大,学生学习这门课程缺乏自信心。关于实际教学方式与学生期望的教学方式存在较大差距的问题,可能与学生对学习商务英语专业期望值过高,或因教师未能及时了解学生实际需求相关。导致学生对公共课程不满意的主要原因是"课程设置学分学时分配不合理",而导致学生对"学科基础课程"不满意的原因是"课程内容安排不合理"。

表 5.12 商务英语课程体系不满意原因

			商英课程体系中最不满意部分				总计
			公共课程	学科基础课	专业方向课	实践环节	
不满意原因	课程结构设置不合理	计数	2	3	7	0	12
	课程内容安排不合理	计数	3	4	12	2	21

续　表

			公共课程	学科基础课	专业方向课	实践环节	总计
			商英课程体系中最不满意部分				总计
不满意原因	课程设置学时学分分配不合理	计数	5	3	4	4	16
	师资团队未能满足课程开设需要	计数	0	2	8	1	11
	教学条件未能满足开设课程需要	计数	0	0	3	2	5
	实际教学方式与学生期望的教学方式存在巨大差距	计数	4	4	12	1	21
	所设课程教学效果未能及时评估	计数	1	2	3	0	6
总　　计		计数	8	8	19	5	40

通过排序题,对商务英语学科基础课各模块的重要性进行排序:A. 语言知识与技能课程模块;B. 商务知识与技能课程模块;C. 跨文化交际课程模块;D. 人文素养课程模块。进行统计和二次编码后,按排序前后的顺序给予权重;1→10,2→7,3→4,4→0。最后对各分值进行加总得到的顺序是:语言知识与技能课程模块(318)、商务知识与技能课程模块(261)、跨文化交际课程模块(123)、人文素养课程模块(54)。这四者比例约为 1.25 : 1 : 0.4 : 0.8。

表 5.13　商务课程与语言课程比例

		频率	百分比	有效百分比	累积百分比
有效	1 : 1	9	22.5	22.5	22.5
	3 : 7	3	7.5	7.5	30.0
	7 : 3	5	12.5	12.5	42.5
	4 : 6	3	7.5	7.5	50.0
	6 : 4	20	50.0	50.0	100.0
	合计	40	100.0	100.0	合计

结合表 5.13 发现,学生希望商务英语课程模块和语言课程模块的比例为 1.5 : 1。结合与访谈者的回答可知,报考商务英语专业时,吸引学生兴趣的是商务课程的双语教学,大部分学生希望能教授更多的商务知识。

表 5.14　商务英语课程开设现状

		响　应		个案百分比
		N	百分比	
开设现状	依托该校特色和优势进行设置	10	15.6%	25.6%
	融合语言和商务知识和技能	13	20.3%	33.3%
	结合当地区域经济特点和市场需求	9	14.1%	23.1%
	未能体现该校特色和学科优势	11	17.2%	28.2%
	课程重语言,轻商务	16	25.0%	41.0%
	与当地区域经济特点和市场需求脱节	5	7.8%	12.8%
总　　计		64	100.0%	164.1%

由表 5.14 可知,被试者认为当前所在高校商务英语专业方向课开设重语言、轻商务为(25%);融合语言和商务知识与技能为(20.3%);体现该校特色和学科优势为(17.2%);依托该校特色和优势为(15.6%);结合当地经济特点为(14.1%);与当地区域经济特点和市场需求脱节为(7.8%)。从中可以发现,被试者对商务英语专业课程开设现状看法褒贬不一,并提出课程设置没有体现地方化、特色化,商务与语言融合不紧密等问题。针对商务英语课程设置如何实现合理性(与学生能力和需求相符)、特色化(依托学校学科优势)和地方化(与当地市场需求相吻合)等问题,被试者给出以下建议:

(1) 采用中文授课英文教材方式收获会更多(大二,国际金融方向);

(2) 加强商务知识传授,大一开设一些商务类知识性课程(大二,国际贸易方向);

(3) 加强与当地市场需求吻合度(大二,国际贸易方向);

(4) 课程设置难度过高,学生在没有金融基础知识前提下,直接学习国际金融等课程,缺乏自信心,课程学习难度应该逐步递进(大三,国际金融方向);

(5) 没有突出国际商务的专业性,国际金融课程太少,语言课程过多(大三,国际金融方向);

(6) 多以广州本地案例结合理论授课(大三,国际金融方向);

(7) 增加商务知识学习容量,适当与考研挂钩(大三,国际金融方向);

综合以上实证分析,从学生需求角度来看,增加商务类课程是学生的共同要求。我们按照商务英语国家标准的基本要求,将专业核心课程分为四大模块设置,各模块占专业课总学时的比例为:

(1) 语言知识与技能课程模块为 50%~60%;

(2) 商务知识与技能课程模块为 25%~35%;

（3）跨文化交际课程模块为 5%～10%；

（4）人文素养课程模块为 5%～10%。

以上是王立非教授关于《商务英语国家标准解读》提出的比例。我们认为，开设商务英语专业的语言课程和商务课程比例最大可为 2.4∶1，最小为 1.4∶1。但在不同层次、不同性质、不同区域经济的高校，如何做到实际教学中课程设置有效合理？我们将结合以上定性和定量分析，给出学科基础课各模块占专业课总学时比例，作为高校在课程设置的参考。因为上述被调查高校是一本院校，学生生源和师资队伍情况比较好，该校为华南地区唯一的集外语和外贸专业于一身的重点高校，可以依托学科优势和雄厚的商务英语教师队伍进行实验教学。故该校的课程设置具有一定的独特性，在此仅作为参考。高校开设商务英语专业时，商务和语言课程模块比例可以进行层次化的设计，减少学生的语言课程教学，从低年级开始铺垫商务课程，商务课程和语言课程模块比例可为 1.5∶1，而学科基础课中两者比例可为 1.25∶1。具体课程结构见表 5.15。

表 5.15　一本院校商务英语基础课程各课程模块占专业课程比例

课程模块	学科基础课程	占专业课比例
语言知识与技能	综合商务英语、商务英语听说、商务英语阅读、商务英语写作、商务翻译等	50%～60%
商务知识与实践	经济学导论、管理学导论、商务统计、当代商业概论、商法导论、国际贸易实务等	20%～30%
跨文化交际	跨文化商务交际导论、中西文化比较	5%～10%
人文素养	英美文学选读、欧美文化概论、社会学导论、中国文化通览等	5%～10%
专业实习/实践		不计入总学时
毕业论文（设计）		

以上以一本院校为例，给出各模块课程的比例安排，其他层次院校可根据自身学校的师资团队及学生生源情况，上调语言课程模块比例和下降商务课程模块比例。

5.6　关于教材评估

教材是课程内容的载体，教材质量直接关系到课程体系的整体质量。因此,教材评估也是商务英语课程体系的重要组成部分。为了能满足学生希望增设商务课程模块比重和提高课程教学效果的需求,我们对 13 所高校商务英语专业知识类教材使用情况,展开解释性的实证调查及回答,调查高等院校商务类教材使用效果现状,为商务英语商务类教材的评估提供一些参考和帮助。

在参考国内外学者提出教材评估标准的基础上,我们列出较为详尽的教材评价清单,包括静态质量(内容难度设置合理性)和动态使用(教材体现教学理念与专业培养目标关系)等内容。

5.6.1 关于教材的实证分析

我们对 13[①] 所高校(包括 11 所一类院校和 2 所二类院校)的商务英语专业知识类教材(以下简称商务类教材)使用效果进行调查,调查结果基于受试学生的问卷和访谈[②]。本次调查共回收 197 份问卷(由于是网上调查,无发放问卷数),剔除 18 份无效问卷,得有效问卷 178 份,有效问卷率为 90%。本调查还从中随机抽取 3 名受试者进行深度访谈。本文运用 SPSS20.0 统计软件对数据[③]进行频率分析,以探究商务类教材使用效果现状。

实证分析(一):受试者个人因素分布情况(见表 5.16)

表 5.16 受试者性别、年级、所属学校类别分布

	性 别		年 级				所属学校类别	
	男	女	大一	大二	大三	大四	一本	二本
人数	45	133	34	49	22	73	124	54
%	25.3	74.7	19.1	27.5	12.4	41.0	69.7	30.3

注:已剔除各个观察值的缺失项。

根据数据对商务类教材难度设置、教材体现教学理念与专业培养目标关系等各变量的总体情况进行频率描述分析,说明被调查各类高等院校商务类教材的使用现状。同时结合问卷中受试者主观题的回答及访谈,从中发现教材使用存在的问题。以下各表是各变量的频率描述分析结果。

实证分析(二):商务类教材使用满意度(见表 5.17)

---

① 13 所高校包括广东外语外贸大学、对外经济贸易大学、上海外国语大学、闽南师范大学、暨南大学、西安外国语大学、铜陵学院、广东工业大学、九江学院、黑龙江大学、西南财经大学、扬州大学、河南科技大学。

② 本研究的测量工具是自编问卷及访谈稿。

③ 以下各表输出结果基于 SPSS20.0 软件的数据分析结果。

表 5.17 商务类教材使用满意度

有效		频率	百分比	有效百分比	累积百分比
	不满意	1	0.6	0.6	0.6
	不太满意	8	4.5	4.5	5.1
	一般	92	51.7	51.7	56.7
	基本满意	53	29.8	29.8	86.5
	满意	24	13.5	13.5	100.0
	合计	178	100.0	100.0	

由表 5.17 可知,有 51.7% 的受试者认为目前商务类教材使用效果一般;有 43.3% 受试者认为目前商务类教材使用效果令人满意;有 5.1% 的受试者认为目前商务类教材使用效果不令人满意。其中不满意的原因主要在于:教材案例缺乏时效性,内容枯燥没有趣味性,联系实际的商务活动太少;知识框架模糊,原版教材专业术语过多不易掌握,教师未能较好运用教材;学生缺乏商务类课程的基础,与以往的研究结果(扈珺等,2011)相吻合。

实证分析(三):商务类教材使用与其他英语类专业区分度(见表 5.18)

表 5.18 商务类教材使用与其他英语类专业区分度

有效		频率	百分比	有效百分比	累积百分比
	不明显	3	1.7	1.7	1.7
	不太明显	12	6.7	6.7	8.4
	一般	37	20.8	20.8	29.2
	较明显	71	39.9	39.9	69.1
	很明显	55	30.9	30.9	100.0
	合计	178	100.0	100.0	

由表 5.18 可知,有 70.8% 的受试者认为商务类教材与其他英语类专业(如英文专业和翻译专业等)区分度较大,这与教材本身的教学目的及专业培养目标密切相关。为了培养适合市场和国家经济发展需求,熟练掌握国际商务知识和技能的复合型人才,商务类教材的区分度还应进一步加大,从而增强商务英语专业人才的社会不可替代性。

实证分析(四):商务类教材难度设置情况(见表 5.19)

由表 5.19 可知,72.5% 受试者认为所使用教材难度设置符合学生能力与需求;有 6.2% 的受试者认为教材偏简单;有 16.9% 的受试者反映教材难度过大且缺乏梯度性,这可能与教材内容设置不合理,原版引进教材难度较大有关;也可

表 5.19　商务类教材难度设置情况

		频率	百分比	有效百分比	累积百分比
有效	不确定	8	4.5	4.5	4.5
	偏易	11	6.2	6.2	10.7
	偏难	30	16.9	16.9	27.5
	基本相符	108	60.7	60.7	88.2
	很相符	21	11.8	11.8	100.0
	合计	178	100.0	100.0	

能与教材使用年级、使用学校类别以及所在高校师资有关。比如,访谈者(一类院校大一的学生)谈到,就学校教学情况和自身所在年级而言,经济学导论课程教材《国际经济导论》难度过大,学生缺乏学习信心,未能真正发挥教材辅助教学的功能。

实证分析(五):关于教材的趣味性、时代性、互补性、启发性以及教学方式与实际需求关系的比较(见表 5.20)

表 5.20　关于教材的趣味性、时代性、互补性、启发性
以及教学方式与实际需求关系的比较

	有效百分比				
	教学方式与实际需求	趣味性	时代性	互补性	启发性
不赞成	2.2	2.2	0.6	1.7	1.7
不太赞成	6.7	7.9	7.9	7.9	5.6
一般	36.0	33.1	28.1	32.6	38.2
基本赞成	40.4	39.9	48.3	39.3	39.9
赞成	14.6	16.9	15.2	18.5	14.6
合计	100.0	100.0	100.0	100.0	100.0

由上表可知,教材所选案例和设置任务的关系比例分别为:趣味性占56.8%,时代性占63.5%,启发性占54.5%,互补性占57.8%(教材与教学材料的关系),教学方式与学生实际需求的相符程度占55%。超过一半的受试者都表示赞成。但是,还是有接近40%的学生持有不同意见,说明教材在这几个题项上还存有需要改善的较大空间。导致受试者对教材不满意的原因主要有:教材选材与现实脱轨且内容过时;教材内容比较空泛;原理讲述过多;缺乏经典案例和启发性;教学方式未能体现培养商务技能和学生提高商务实务技能的实际需求。

实证分析(六):教材体现的语言能力和实际能力的比较(见表 5.21)

表 5.21　教材体现的语言能力和实际能力的比较

		频率	百分比	有效百分比	累积百分比
有效	无明显倾向	30	16.9	16.9	16.9
	重实际能力	53	29.8	29.8	46.6
	重语言能力	48	27.0	27.0	73.6
	两者兼备	47	26.4	26.4	100.0
	合计	178	100.0	100.0	

由上表可知,比较教材体现的语言能力和实际交际能力的关系,有 29.8% 的受试者认为教材重实际交际能力,有 27.0% 的受试者认为教材重语言能力,还有(26.4%)受试者认为教材兼顾上述两者能力,比例关系比较接近。这个比例关系说明商务类教材对学生商务知识和商务技能培养各有侧重,没有出现能力培养“顾此失彼”的倾斜现象。

实证分析(七):关于教学理念与专业培养目标相符程度(见表 5.22)

表 5.22　关于教材教学理念与专业培养目标相符程度

		频率	百分比	有效百分比	累积百分比
有效	不太一致	13	7.3	7.3	7.3
	一般	54	30.3	30.3	37.6
	基本一致	77	43.3	43.3	80.9
	一致	34	19.1	19.1	100.0
	合计	178	100.0	100.0	

由表 5.22 可知,有 62.4% 的受试者认为使用的商务类教材体现的教学理念与商务英语专业的培养目标基本相符,但尚需进一步完善商务类教材建设。结合问卷中的主观题可知,受试者认为教材应该体现注重实务技能培养,与专业培养目标接轨的教学理念。

本章以性别、年级、学校办学层次和高校所属区域经济地带为自变量,教材评估标准中静态质量和动态使用各维度为因变量,对不同组别的教材使用效果进行 Kruskal Wallis 检验,以探索商务类教材使用效果在被试者性别、年级、学校办学层次和所属区域经济地带各变量是否存在差异,并分析其背后的原因。

分析结果显示:不同性别在教材使用效果各维度上差异不显著;不同年级在教材使用满意度($\rho=0.009$)上存在显著差异;不同办学层次院校在教材使用满意度($\rho=0.000$)、教材区分度($\rho=0.043$)、难度($\rho=0.039$)、教材选用素材所具时代性($\rho=0.041$)、教材体现教学理念与专业培养目标($\rho=0.026$)五个维度上差异显著；不同区域经济地带在教材使用满意度($\rho=0.000$)、教材体现教学理念和专业培养目标($\rho=0.007$)上存在显著差异。由于篇幅所限，本章只报告差异显著的变量。

(1) 不同年级在教材使用效果上的差异

表 5.23　检验统计量[a,b]

	满意度
卡方	11.634
df	3
渐近显著性	.009

a. Kruskal Wallis 检验
b. 分组变量：年级

表 5.24　同年级被试商务英语教材使用满意度秩均值

	年级	N	平均秩
满意度	大一	34	111.00
	大二	49	75.28
	大三	22	90.91
	大四	73	88.61
	合计	178	

由表 5.23 可知，在教材使用满意度($\rho=0.009$)上大一、大二、大三和大四差异显著。结合表 5.24，在教材使用满意度的平均秩由高至低分别为大一（秩均值=111.00）、大三（秩均值=90.91）、大四（秩均值=88.61）和大二（秩均值=75.28）。这可能与高校年级课程设置的合理性以及不同年级学生对教材需求不同相关。

(2) 不同学校层次在教材使用效果上的差异

表 5.25　检验统计量[a,b]

	满意度	区分度	难度	时代性	教学理念与培养目标
卡方	28.578	4.089	4.262	4.172	4.927
df	1	1	1	1	1
渐进显著性	0.000	0.043	0.039	0.041	0.026

a. Kruskal Wallis 检验
b. 分组变量：学校层次

表 5.26　不同学校层次被试教材使用满意度秩均值

	学校层次	N	平均秩
满意度	一本	124	101.94
	二本	54	60.94
区分度	一本	124	94.38
	二本	54	78.29
难度	一本	124	94.12
	二本	54	78.90
时代性	一本	124	94.33
	二本	54	78.41
教学理念与 专业培养目标	一本	124	94.82
	二本	54	77.29

由表 5.25 可知，在教材使用满意度（$p=0.000$）、区分度（$p=0.043$）、难度（$p=0.039$）、时代性（$p=0.041$）和教学理念和培养目标（$p=0.026$）上，一类、二类院校差异显著。结合表 5.26，Kruskal Wallis 检验中秩的输出结果可知，一类院校在教材使用满意度（秩均值＝101.94）上比二类院校（秩均值＝60.94）高，其他各维度一本院校都较二本院校有较高的秩。这可能与一本院校商务英语学科与专业建设起步较早、可获取的商务英语教学资源更多、师资队伍建设更完善、招收生源基础较好相关。

（3）不同区域的高校在教材使用效果上的差异

表 5.27　检验统计量[a,b]

	满意度	教学理念与专业培养目标
卡方	13.480	7.248
df	1	1
渐近显著性	.000	0.007

a. Kruskal Wallis 检验
b. 分组变量：区域经济地带

表 5.28　不同区域经济被试教材使用满意度秩均值

	区域经济	N	平均秩
满意度	东部	118	98.73
	中部	60	71.35
教学理念与 专业培养目标	东部	118	96.47
	中部	60	75.79

由表 5.27 可知,东部和中部高校在教材使用满意度($\rho=0.000$)和教学理念以及专业培养目标($\rho=0.007$)维度方面存在显著性差异。结合表 5.28,在教材使用满意度的平均秩由高至低分别为东部(秩均值$=98.73$)、中部(秩均值$=71.35$)。教学理念和专业培养目标的平均秩由高至低分别为东部(秩均值$=96.47$)、中部(秩均值$=75.79$),这与东部较中部地区经济资源、教育资源相对优越相关。

5.6.2   结论与建议

作为商务英语学习和研究的载体,商务英语教材对于学科发展、课程体系的研究均起着非常重要的作用(扈珺等,2011)。本章基于教材的静态质量和动态使用两个维度对全国 13 所高等院校商务专业知识类教材使用情况,展开描述性的实证调查,以期为中国商务英语商务类教材选择、应用和评估提供一定的参考。目前商务类教材使用效果总体上令人满意,但仍然有许多急需改进的问题,主要存在如下问题:教学资源缺乏导致教材未能"物尽其用";教材难度设置与学生年级课程设置不匹配。据此,提出以下建议:

(1)完善商务类教材的配套教学资源,弥补学科教学资源缺乏的问题,如光盘、补充练习和案例分析手册等,改善商务类教材的使用效果。

(2)提高教材在学校类别、所在高校师资水平存有差异情况下的使用效果。不同层次的高校应该在学生反馈意见的基础上选择商务类教材。生源较好的一本院校可以选择原版引进的商科教材,依托自身的学科优势和当地区域经济特点进行教材配备,从而更好地为专业课程体系服务;二本院校利用自身学科优势适当引进原版教材,同时配备适当的中文教材;三本院校的商务类教材应该植入满足当地市场需求的商务技能课程内容。

(3)建立合理的商务类教材评估体系,及时发现学生需求并调整年级课程设置,从而提高教材的适用性。

5.7 ▶ 小结

本章从层次化、地方化和特色化的角度,对本科商务英语专业的培养目标、课程体系和教材建设展开深入调查分析,现就这三个方面提出以下看法。

5.7.1   关于培养目标、课程体系和教材建设的层次化

5.7.1.1   各层次高校应该体现出培养目标的层次化特点

不同层次本科院校在培养目标,特别是就业去向中没有体现出层次化。不

同层次的高校应该根据自身学校层次和市场需要设定商务英语人才培养目标，通过培养目标的定位设计，以不同的层次化培养目标，实现不同层次本科院校课程设置和教材建设的层次化。

5.7.1.2　各层次高校应该体现课程体系层次化的特点

不同层次的高校在商务英语课程体系方面即有相似之处又存有差异性。相同之处在于，所有层次高校的商务英语课程体系都由以下 5 个部分组成：公共课/通识课程、学科基础课、专业方向课、专业实习与毕业论文以及其他实践教学环节。另外，二本和三本院校各部分学分分配基本相似。

不同层次高校课程体系也体现了明显的差异化。一本院校学科基础课相对多样化，学分分配差距较大；三本院校学生修的实践学分较之一本和二本院校学分较高，这种差异性与该层次院校培养实用型人才定位相符。

以一本院校为例展开的课程体系调研发现，商务英语各课程模块在学科基础课中的分配比例分比为：英语知识与技能（35%～40%）、商务知识与技能（40%～50%）、跨文化交际（5%～10%）和人文素养模块（5%～10%）。在此比例的基础上，其他层次高校可以根据自身的师资团队水平、教材建设情况和学生生源进行各个课程模块比例的弹性化变动。

5.7.1.3　各层次高校教材使用体现了较为明显的层次化

基于商务英语中商务类课程的实证调研发现，在教材使用满意度（$p = 0.000$）、区分度（$p = 0.043$）、难度（$p = 0.039$）、时代性（$p = 0.041$）和教学理念和培养目标（$p = 0.026$）上，一类、二类院校教材使用满意度差异显著。一类院校在教材使用满意度的维度远远高于二类院校，其他各维度一本院校也都较二本院校有较高的秩。这与一类院校商务英语学科与专业建设起步较早、可获取的商务英语教学资源更多、师资队伍建设更完善、招收生源基础较好相关。

5.7.2　关于培养目标、课程体系和教材建设的地方化

（1）被调研高校商务英语专业培养目标地方化不明显。

（2）东部经济地带的高校商务英语专业课程体系，在课程学分安排和课程结构内容方面做得较好；中部经济地带的高校在设计商务英语课程体系时，未能结合当地区域经济特点与市场需求，还是在模仿东部地区商务英语专业的高校进行课程设置。

（3）结合教材使用满意度调研发现，东部地区高校所选商务类教材，在教材使用满意度、教学理念和专业培养目标相符程度方面，比中部地区高校认可度要高。

中部地区高校在设计课程体系和选用配套教材时，要开设为当地经济服务

的课程,培养适应当地市场需求的商务英语人才。避免出现培养的学生不能满足当地市场需求,又要前往东部经济地区就业的重复培养的困境。

5.7.3 关于培养目标、课程体系和教材建设的特色化

依托高校的学科优势和资源设计课程体系,部分高校体现出较为明显的培养目标和课程体系的特色化(如表 5.6),如实证调查中的西南财经大学、西安外国语大学、暨南大学和黑龙江大学等,并在教材使用满意度和区分度上凸显自身优势。有 69.5% 的学生认为使用的商务类教材较为满意,73.9% 的学生认为使用教材与其他英语类教材区分度高。结合表 5.17 和表 5.18 可知,依托学科优势和资源进行培养目标和课程设置的高校,教材的使用满意度也远远高于其他高校。

5.7.4 商务英语课程体系设置的基本原则

商务英语由于学校层次、学校门类、所在区域的差异,应该在培养目标、课程设置和教材建设等方面,体现出层次化、地方化和特色化的特点。这是符合本科院校商务英语专业发展规律的必由之路。但由于多种原因而出现的发展不平衡的现状,这也是商务英语专业快速发展过程中的必然现象。在坚持商务英语专业基本发展方向(标准)的前提下,我们提出构建商务英语课程体系应该遵循的四个原则,作为各个本科院校设计商务英语课程体系的参考:即资源优化配置原则、多维度匹配原则、弹性化原则和动态完善原则。

(1) 资源优化配置原则。依托高校自身学科资源和办学优势,科学定位专业培养目标,合理设置课程和进行教材建设。构建既符合本土化的需求,又与国际接轨的商务英语课程体系。

(2) 多维度匹配原则。多维度匹配主要体现在:高校培养的人才与国家需要相匹配;专业培养目标与课程设置相匹配;专业培养目标与学校办学层次/定位相匹配;课程体系与当地经济特点相匹配;教材建设与课程体系相匹配;课程体系与学生需求和能力培养相匹配。

(3) 弹性化原则。弹性化原则主要体现在课程体系内容结构和学分学时的安排设计。主要表现在学科基础课程中语言课程和商务课程比例的弹性化。一本院校的商务课程比例可达 50%,而二本、三本院校最高不应该超过 35%;一本院校语言课程比例最低可为 35%,二本、三本院校不可低于 50%。

(4) 动态完善原则。在实际教学过程中,评估学生对课程体系和教材使用的满意度。根据市场需求的变化,修正完善专业培养目标。在教学实践中,逐步建构一个科学合理的商务英语课程体系。

第6章
商务英语硕士研究生课程体系研究

6.1 研究背景及意义

1995年，在我国硕士研究生专业目录中，将商务英语方向列入"语言学与应用语言学"学科，商务英语办学进入研究生层次。近几年来，部分院校陆续开设商务英语专业的硕士点和博士点，标志着商务英语高层次人才培养取得了一定的成绩。然而，由于学科体系建设不够完善和商务英语研究生课程体系的研究比较滞后，研究生人才培养模式、课程设置、教材评估等成为当前研究生教学工作中急待解决的现实问题。笔者查阅2016年以前的"中国知网"有关商务英语课程体系的研究文章，从搜集到的资料发现，研究的内容主要集中在高职高专类院校和本科院校商务英语课程设置方面，关于硕士研究生阶段商务英语课程设置的研究内容非常少，形成了一个理论研究的"断层"。这充分说明开展商务英语硕士研究生课程体系研究的必要性和紧迫性。

本章通过对10所高等院校（对外经济贸易大学、广东外语外贸大学、上海对外经贸大学、西安外国语大学、湖南大学、西南财经大学、北京第二外国语学院、武汉科技大学、天津外国语大学、北京林业大学等）商务英语专业硕士研究生培养方案、课程体系设置、学位论文、师资队伍的调查研究，对比分析商务英语硕士研究生课程体系存在的主要问题，提出课程体系设置改进的对策建议，为构建商务英语课程体系提供规范化的基本模板和决策参考，从而提高商务英语教学效果，更好地服务于硕士研究生阶段商务英语专业人才的培养目标。

6.2　研究的理论基础及相关研究

6.2.1　ESP 理论

ESP 是在应用语言学基础上发展起来的一种教学模式和理念。ESP 理论指导下的教学模式有以教师为中心的教学模式，以学生为中心的模式，教师主导、学生主体模式，旨在培养具有专业知识和英语技能的复合型人才，课程设置遵循以下原则：

（1）目标需求与学习需求相结合的原则；

（2）学生、学校与社会需求兼顾的原则；

（3）大纲制定、教材选择及教学实施要体现各种需求的原则。

教学方法主要为语域分析教学法、语篇分析教学法、比较教学法。

6.2.2　CBI 理论。

CBI 理论的核心是，如果语言教学能基于某个学科知识来进行，将外语学习同内容有机地结合起来，教学效率往往会大大提高。CBI 理论指导下的教学模式旨在培养学生自主学习能力、解决实际问题能力、外语应用能力、多元读写能力和读写多模态意义的能力。教师应认真贯彻自主学习理论下的商务英语实践课教学原则，创造丰富多彩的实践活动主题和内容，经过与学生探讨，学生自主确定第二课堂社团和组织，确定相应的主题进行实践项目，使学生以团队、公司和组织为单位，以自主学习的方式进行英语活动和工作。教学方法为沉浸式教学法、合作学习法、项目教学法、任务型教学法等。

6.2.3　需求分析理论。

学习需求分析是在教学过程中，通过大量实证分析后发现问题，从而论证调查解决问题和研究过程。需求分析在外语教学中处于"核心"地位，外语教学过程的每一个环节均离不开需求分析理论的指导。目前，在设置一门外语课程时，需求分析已经成为不可缺少的启动步骤。通过需求分析，课程设置者可以了解外语学习者的学习背景，学习外语课程和掌握语言技能的期望值，从而为外语课程设置的必要性论证提供可靠信息。在论证之后，外语需求分析亦能让课程设置有的放矢地制定教学目标、教学大纲和适时安排教学。

本章将在需求分析理论的指导进行研究分析。

6.3　研究结果

通过对上述高校的调查发现，大多数高校的商务英语是作为二级方向设立在外国语言学及应用语言学学科之下，如对外经济贸易大学、北京第二外国语大学、北京林业大学、上海对外经贸大学、湖南大学、西安外国语大学等；而其他高校如广东外语外贸大学、西南财经大学、武汉科技大学、天津外国语大学则是将商务英语专业作为一个独立专业。表 6.1 为各高校开设硕士研究生商务英语专业（方向）情况简介。

表 6.1　各高校硕士研究生商务英语专业情况简介

学　校	专业名称	研　究　方　向	学制及学习年限
对外经济贸易大学	外国语言学及应用语言学	商务英语、跨文化商务交际、商务翻译	2 年
广东外语外贸大学	商务英语研究	国际商务交际研究、商务英语语言研究、商务英语教学研究	3 年
上海对外经贸大学	外国语言学及应用语言学	应用语言学、商务英语、英语教学法、翻译学	2 年半
湖南大学	外国语言学及应用语言学	形式语言学、认知语言学、语言习得、应用语言学（语言测试、语言教学、商务英语等）	弹性学制2 至 4 年
西南财经大学	商务英语研究	商务英语研究	3 年
西安外国语大学	外国语言学及应用语言学	现代语言学、第二语言习得与测试、翻译理论与实践、同声传译、商务英语研究	3 年
北京第二外国语大学	外国语言学及应用语言学	国际商务英语、英语教学研究、跨文化交际	3 年
武汉科技大学	国际商务英语	商务语言与教学、商务国情与跨文化交际	全日制 3 到 4 年；非全日制不超过 4 年
天津外国语大学	国际商务英语	国际商务英语	弹性＋学分制：2 年半到 4 年
北京林业大学	外国语言学及应用语言学	语言学、英汉对比与翻译、商务英语、英语教学与现代教育技术	2 到 3 年

上述各高校培养人才的目标方向基本一致，但侧重点略有不同。各高校都要求本专业学生具备娴熟的英语语言能力，掌握较系统的商务知识，具有坚实的

语言学和跨文化交际学理论基础,毕业后的主要去向为跨国公司、涉外企事业单位、政府部门和社会团体、大专院校,成为能够胜任国际商务交流与管理、教学与研究等工作的国际化复合型高级英语人才。大部分高校的培养目标都突出培养学术能力、独立从事科学研究的能力,要求学生掌握系统的研究方法,具有良好的学术潜力,侧重于培养教学与研究能力,能够胜任相关领域的教学与科研工作(如广东外语外贸大学、湖南大学、天津外国语大学、上海对外经贸大学、武汉科技大学等)。

对外经济贸易大学、北京第二外语大学则以培养市场导向性人才为主,突出强调培养研究生商务实践能力和商务英语翻译能力,如对外经济贸易大学商务英语方向研究生培养目标:

研究生具有扎实的英语基本功,掌握商务基本理论知识和业务操作技能,能够多角度地研究英语在商务领域活动中的使用情况,包括商务英语词汇、句法、语篇、语用特点以及国内外商务英语的发展等。本方向毕业生应能胜任高层次的国际商务翻译、信息调研、学术研究或从事各种国际商务的实际业务,还能开展主要经济体的研究以及商务领域的调研业务,在就业市场上具有很强的竞争力。

从以上分析发现,有的高校对于本校人才培养的目标定位比较具体,且具有可操控性,如对外经贸大学突出培养本专业研究生的商务实战技能,使其能够从事英语相关领域的实际业务。广东外语外贸大学则突出本专业研究生语言学理论知识的培养,使研究生通过系统的语言学理论知识和商科知识学习,成为研究应用型人才。如广东外语外贸大学商务英语方向研究生培养目标:本专业旨在培养具备娴熟的英语语言能力、坚实的语言学和跨文化交际学理论基础,掌握较系统的国际商务知识,成为能运用语言学、文化学、翻译学、经济学、管理学等学科的相关理论,研究国际商务交际中的语言文化现象的研究应用型人才。

有的高校商务英语研究生人才培养目标定位较为宽泛,表述过于宏观。如武汉科技大学人才培养目标:本专业主要培养适应我国社会主义现代化建设,特别是适应中国经济国际化战略需要,德、智、体全面发展,具备良好的商业道德、职业素养和创新精神,具有娴熟的英语语言能力和良好的跨文化交流能力,通晓国际商务理论与实务,能在跨国公司、涉外企事业单位、政府部门和社会团体、大专院校胜任国际商务交流与管理、教学与研究等工作的复合型、应用性、国际化高级商务专门人才。

这样的培养目标定位模糊,可操作性不太强,应该结合学校本身特色和地域社会经济需求设计具体化的培养目标。如财经类大学可根据本校学科特色,将商务英语研究与国贸、会计、金融等商务课程相融合,分析研究商科课程中的英语现象和问题;海事类大学可研究运输行业文献英汉互译的理论与实践,突出与海事航运有关的国际公约常用格式文本,熟悉海事英语的语言规律;农林类大学可以突出关于农业英语的研究等,通过特色化的商务英语研究可以使商务英语专业设置具有针对性,培养更多高素质专业型英语人才。

6.4　关于商务英语硕士研究生课程体系

商务英语研究生课程体系应该凸显自身的专业特色,优化课程体系设计,合理设置商务英语研究生课程,在创新改革中更好地满足市场和社会对于高素质复合型人才的需求。

6.4.1　商务英语硕士研究生的学分要求

上述高校对于商务英语硕士研究生的学分要求都不尽相同,学位基础课程学分、学位核心课程学分、学位选修课程学分、社会实践学分、前沿讲座学分、科研训练与教学实践学分的学分分配比重略有不同,课程学分要求从 27 到 70 不等,参见表 6.2。

表 6.2　各高校关于学分的要求

学　校	学分要求	具　体　要　求
对外经济贸易大学	不低于 30 学分	必修课 10 分,选修课 19 学分(专业选修课不少于 11 分,跨院选修课和公共选修课加总不超过 6 学分),讲座 1 学分。
广东外语外贸大学	32 ~ 36 学分	学位基础课程 7 学分,学位核心课程 8 学分,学位选修课程 14~18 学分,前沿讲座 1 学分,科研训练与教学实践 2 学分。
湖南大学	70 学分	公共基础课 6 学分,学位基础课 12 学分,学位方向课 14 学分,学术活动 2 学分,开题报告 2 学分,学位论文 34 学分。
西南财经大学	不低于 50 学分	课程学分不低于 40 学分,社会实践 2 学分,科研训练 8 学分(学术交流与学术论文 2 学分,中期考试与考核加文献综述与学位论文开题 2 学分,学位论文 4 学分)
武汉科技大学	不低于 34 学分	公共基础课程不少于 9 个学分,学位基础课程不少于 6 个学分,学位专业课程不少于 8 个学分,专业选修课程不少于 10 个学分。学生还需参加教学研究环节其中包含教学或企业实践,但不计入前述标准学分内。
北京第二外国语大学	38 学分	公共必修课 10 学分,第二外语 6 学分,专业必修课 8 学分,专业选修课 8~10 学分,社会实践或教学实习 4 学分。
北京林业大学	27 学分	学位课学分要求为 20 学分,课程学习要求在一学年之内完成,开题报告 2 学分,专业外语 1 学分,Seminar 课程 2 学分,安排在第 3~4 学期。

因为学制和学习年限的不同,各高校在起始学分设置上差别较大。从上表可以看出,各大高校基本教学任务都在研究生阶段的前一至两年完成,学位基础课程和学位核心课程的比例基本在 30%～40% 之间,学位方向课或选修课的比例基本在 50%～60% 之间,前沿讲座和教学实践的比例基本在 10% 左右。

6.4.2　关于商务英语硕士研究生课程设置研究

关于商务英语研究生课程设置的研究包括三个板块,分别为商务英语专业课程设置现状分析、语言类课程与商科课程所占比重分析以及商务英语课程体系满意度实证分析。

6.4.2.1　商务英语专业的课程设置现状

商务英语专业课程主要分为三个板块,包括英语语言类课程、商科类课程和文化相关类课程。以下是对各高校在公共基础课、学位必修课和专业选修课课程设置的分析。

(1) 公共基础课:各高校的公共基础课程基本相同,包括中国特色社会主义理论与实践研究、马克思主义与社会科学方法论和第二外语,表明各高校重视研究生思想道德的建设和科学世界观的塑造,开设第二外语课程满足了学生和社会需求。同时,在调查中发现只有少数高校开设《中国文化概论》课程,如武汉科技大学,反映出高校对于人文通识教育课程不够重视。

(2) 学位必修课:因为各高校教学特色和所在地域不同,各高校对于学位基础课和学位核心课程的设置也有所不同。如表 6.3 所示。

表 6.3　各高校必修课一览表

学　　校	必修课程(不包括学位公共课程)
对外经济贸易大学	研究方法与论文写作、商务英语概论、语料库语言学、话语分析、跨文化商务交际、国际营销(英)、国际商务谈判、翻译理论概要、文学翻译、商务翻译、对比语言学
广东外语外贸大学	战略管理、商务英语理论研究和跨文化交际导论
西南财经大学	科研方法与学术论文写作、普通语言学、翻译理论、跨文化商务沟通、语用学、文体学、英语教学法
湖南大学	学术研究方法、文献阅读与论文写作、普通语言学、文学翻译与鉴赏、教学理论与方法
西安外国语大学	应用语言学、特殊用途英语、商务语言研究、商务英语教学、语言学研究方法论

续　表

学　　校	必修课程（不包括学位公共课程）
武汉科技大学	普通语言学、应用语言学、翻译学（学位基础课）、商务英语研究、国际商务礼仪、跨文化商务交际学、外国商务国情学（学位专业课）
北京林业大学	英语语言文学研究方法、理论语言学、语体学与话语分析、语用、认知与社会语言学、英汉对比与翻译

通过上表可以看出，高等院校在学位必修课中都开设"研究方法与论文写作"课程，如对外经贸大学、湖南大学和西南财经大学等高校，说明高校比较注重研究生学术科研能力的培养。方法论与研究方法课程是区分研究生教育与本科生教育的核心课程。研究生通过这门课程的学习，可以更系统地掌握论文写作的方法和理论，为以后的学术科研奠定良好的基础，对此应该给予充分肯定。

武汉科技大学的课程设置凸显对于跨文化交际和商务礼仪课程的重视，该校开设的外国商务国情学课程内容比较新颖，与其培养国际化高级商务专门人才的目标比较吻合。西南财经大学的必修课程为普通语言学、翻译理论、跨文化商务沟通，专业课程为语用学、文体学、英语教学法等，反映出该校对于语言学科基础理论的重视，但是商务英语方向课程偏少，仅有跨文化商务沟通课程，应该再增加设置专业方向的课程。

（3）专业选修课：在所搜集到的高校课程设置资料中可以看出，商务英语专业选修课大致分为语言类课程、商务翻译类课程、商务类课程和文化类课程，但由于高校自身的学科特色及教学资源优势的不同，因此选修课程也具有较大差异性。而语用学、功能语言学、理论语言学、商务翻译、跨文化交际等课程，在各高校的开设情况基本一致。

有的高校开设关于商务英语研究的课程较多，如广东外语外贸大学的学位选修课程有商务英汉对比研究、商务翻译研究、商务文体研究、跨文化商务交际研究、商务英语教学研究等。开设的课程与专业研究方向（国际商务交际研究、商务英语语言研究和商务英语教学研究）较为一致，研究生可根据自己研究兴趣选择自己的研究方向。有的高校虽然有商务英语专业或方向，但缺少与商务英语相关的选修课程。如湖南大学列举的学位方向课中，与商务英语相关的仅有跨文化交际课程，更多的课程是偏向于语言测试和语言教学方向，学生很难系统地掌握商务英语的相关理论知识，毕业论文的研究方向会比较模糊。

各大高校充分利用自身的教学优势和资源，为研究生提供商务类课程的各种选修课。如对外经济贸易大学商务课程设置完善，可供学生选择的课程门类较多，可供选修的商务类课程也比较丰富。该校商务类的选修课程多达 16 门：

如跨文化商务管理、国际企业管理（英）、国际品牌战略营销、国际商法（英）、国际品牌广告赏析、营销沟通与写作（英）等。多样化的商务类课程提供了研究生选修课程的空间，在商务翻译和法律翻译的基础上，该校还增设了口译课程，说明学校充分考虑到社会和市场对翻译人才的巨大需求。对外贸易大学语言类课程开设了语言交际实践和英语演讲课程。这类课程可以提高研究生语言交际能力，符合市场对于多元化复合型高素质人才的需求。

6.4.2.2　语言类课程与商科类课程所占比重

教育部规定商务英语专业的英语语言类课程占总课程的 60%～70%，商务类课程占总课程的 30%～40%。从各高校课程设置情况可以看出，各个高校在语言类课程和商科课程的设置比重略有不同。如对外经济贸易大学英语语言类课程有商务英语语言学、商务语用学、语料库语言学、话语分析等；商科类课程有经济学、跨文化商务交际、国际营销、营销沟通与写作等。二者的比重分别为 54% 和 46%。

广东外语外贸大学的英语语言类课程有语用学、理论语言学、功能语言学、语料库语言学、商务英语理论研究、商务英汉对比研究、商务文体研究等；商科类课程有战略管理、商业经济学、会计学、营销学等。二者的比重分别为 70% 和 30%。

西南财经大学的语言类课程有普通语言学、语用学、文体学、功能语言学、第二语言习得等；商科类课程有经济学、国际商务实务、金融与银行业务、国际支付与结算等。二者的比重分别为 68% 和 32%。

武汉科技大学的语言类课程有普通语言学、应用语言学、商务英语研究、话语篇章分析、语用学等；商科类课程有国际商务礼仪、国际营销管理、国际商务沟通与谈判等。二者比重分别为 50% 和 50%。

根据以上列举的高校商务英语课程开设情况可以看出，大部分高校的语言类课程和商科类课程的分配比重都在原则范围之内，只是由于各高校的办学传统、办学基础和办学特色比例略有不同。我们需要关注的问题是，如何合理地进行课程设计，更好地融合语言类课程和商科类课程，有的放矢地确定学术研究对象和研究内容，满足研究生和市场的需求，为社会培养更多优秀的国际化高素质复合型商务英语人才。

6.4.2.3　关于商务英语课程体系满意度的实证分析

为了验证学生对于商务英语课程体系的满意度，并为课程设置提供依据，笔者抽取对外经济贸易大学、广东外语外贸大学和西安外国语大学的商务英语专业研究生作为本次实证调查的样本，对硕士研究生阶段商务英语专业课程设置满意度进行问卷调查研究。本次调查共回收 52 份问卷，有效问卷为 100%。受试个人因素分布情况见表 6.4。

表 6.4 受试者性别、年级分布

	性 别		年 级		
	男	女	研一	研二	研三
人数	12	40	14	33	5
％	23.08％	76.92％	26.92％	63.46％	9.62％

以下是被调查各类高等院校商务英语课程设置满意度现状，问卷受试者主观题回答及访谈，并列出各表中各变量的频率描述分析结果。

表 6.5 学生选择修读研究生的原因

		频率	百分比	有效百分比
有效	个人兴趣	18	34.62	34.62
	就业需要	21	40.38	40.38
	高学历	8	15.38	15.38
	为考博做准备	1	1.92	1.92
	其他	4	7.69	7.69
	合计	52	100％	100％

如表 6.5 所示，根据对商务英语研究生的问卷调查可以看出，大多数学生是为了就业需要（40.38％）和个人兴趣（34.62％）选择商务英语研究生项目，仅有一人选择为考博做准备，可见大多数研究生是以就业为导向，选择继续学习深造的同学数量较少。

表 6.6 商务英语课程体系中最不满意部分

		频率	百分比	有效百分比
有效	公共课程	9	17.31	17.31
	语言学课程	14	26.92	26.92
	商务类课程	12	23.08	23.08
	实践环节	16	30.77	30.77
	毕业论文	1	1.92	1.92
	合计	52	100％	100％

由表 6.6 可知，在商务英语专业课程实践教学中，研究生感到最不满意的环节为实践环节（30.77％），其次为语言学课程（26.92％），再次是商务类课程（23.08％），仅有 1 人选择毕业论文环节。根据调查，大多数研究生认为学校对

于语言学知识教学的重视程度,远远高于商务类课程和实践环节,开设的课程并不能满足他们的实际需求。

表 6.7　商务英语课程体系不满意原因

不满意原因	频率	百分比	有效百分比
课程结构设置不合理	21	40.38	40.38
课程内容安排不合理	26	50.0	50.0
课程设置学时学分分配不合理	5	9.62	9.62
师资团队未能满足课程开设需要	11	21.15	21.15
缺乏指导研究生论文的相关课程	17	32.69	32.69
实际教学方式与学生期望的教学方式存在较大偏差	29	55.77	55.77
开设的课程对于实际工作没有太多指导意义	27	51.92	51.92
教学条件,如教学设施、图书资料、网络资源、经费投入等未能满足所开设课程需要	4	7.69	7.69
开设课程教学效果未能及时评估,与学生实际需求脱节	13	25.0	25.0
其他	3	5.77	5.77
总计	156	100%	100%

　　如表 6.7 所示,开设课程的教学方式与学生期望的教学方式存在较大偏差占 55.77%;课程内容安排不合理,开设课程对实际工作没有太多指导意义占 51.92%;不符合学生提高实际能力需求占 50%;课程结构设置不合理,与专业培养目标不符合占 40.38%;缺乏指导研究生论文的相关课程占 32.69%;师资团队未能满足开设课程需要占 21.15%。被访者反映语言类课程开设较多,商务类课程开设较少,缺乏指导研究生论文的相关课程等,是导致硕士研究生对于商务英语课程体系不满意的主要原因。

　　通过排序题对商务英语学科基础课各模块的重要性进行排序:A. 语言知识与技能课程模块;B. 商务知识与技能课程模块;C. 跨文化交际课程模块;D. 人文素养课程模块。统计后的结果为商务知识与技能课程模块(3.42)>语言知识与技能课程模块(2.85)>跨文化交际课程模块(2.27)>人文素养课程模块(1.46)。

表 6.8　商务课程与语言课程比例

		频率	百分比	有效百分比
有效	1∶1	14	26.92	26.92
	3∶7	2	3.85	3.85
	7∶3	19	36.54	36.54

续　表

		频率	百分比	有效百分比
有效	4：6	7	13.46	13.46
	6：4	9	17.31	17.31
	其他	1	1.92	1.92
	合计	52	100.0	100.0

通过表 6.8 可以看出,36.54％的研究生认为,商务课程模块与语言学课程模块的比例应该为 7：3,表明大多数研究生希望开设更多的商务课程。被访者回答当初报考商务英语研究生,是因为被该专业的课程内容所吸引,可以同时兼顾英语语言学和商务课程的学习,希望学校增加商务类课程。

表 6.9　设立学术型和专业型研究生的必要性

		频率	百分比	有效百分比
有效	应该	42	80.77	80.77
	不应该	10	19.23	19.23
	合计	52	100.0	100.0

通过表 6.9 可以看出,80.77％的研究生觉得应该分别开设学术硕士(偏重学术研究方向,主要为考博打基础)和专业硕士(偏重商务实践方向,主要为就业打基础)专业方向。结合表 6.5 的结果进行分析,大多数研究生学习是以就业为导向,而现有的课程设置却是以学术型硕士研究生为方向。根据研究生的不同需求,学校可以将商务英语专业分别开设学术型硕士和专业型硕士。

表 6.10　商务英语专业方向课程开设现状频率

		频率	个案百分比
开设现状	依托该校特色和优势进行设置	16	30.77％
	融合语言和商务知识和技能	15	28.85％
	结合当地区域经济特点和市场需求	15	28.85％
	未能体现该校特色和学科优势	13	25％
	课程重语言,轻商务	31	59.62％
	与当地区域经济特点和市场需求脱节	14	26.92％
总　　计		104	200.01％

从表 6.10 数据可以发现,被访者对当前商务英语专业课程设置看法各持己见、褒贬不一,说明商务英语硕士研究生课程体系,在如何体现课程设置地方化、

特色化的特点,加大商务与语言融合度等方面,还存有比较大的差距。就如何实现硕士研究生商务英语课程设置的合理性,同学们也提出如下建议:

(1) 希望学校增设易于文科生接受和偏重于管理方向的知识课程,不要把主要精力放在语言学方向,应该加大语言学专业和商英专业的区分度;

(2) 因为大多数学生在本科阶段未进行商科类课程的学习训练,应该适当地增加商务类课程;

(3) 培养学生商务谈判技能,开设职业生涯规划课程,请有校外工作经验的人士作为讲师;

(4) 在教学实践中,商务理论和商务实践两手都要抓,这样才能满足社会需求;加大商务知识学习和技能训练的权重,商务学科建设、商务教学、商务跨文化研究、商务翻译研究、商务语言研究等五大板块应该共同均衡发展,教师要熟悉相关领域且有所研究;

(5) 商务课程知识过于表面浅显,语言学教学不太科学,老师通常不能由浅入深进行教学,导致学生产生厌烦情绪,希望改进课程教学方法和教学模式;

(6) 希望能够开设学术论文指导课,教授论文写作方法。

结合以上实证分析可以看出,大部分学生是出于个人对商务的兴趣和就业的需要学习商务英语课程,应该增加商务实践课程的比例。在课程设置中,应该增加商务与英语紧密结合的课程或对就业有帮助的课程,如商务英汉对比研究、商务文体研究、跨文化商务交际等。此类课程商务与英语融合性较强,用英语分析商务和跨文化的内容,可以培养研究生用英语分析商务内容的意识,达到商务英语研究的目的。在上述课程设置现状分析中可以看出,除了对外经济贸易大学开设的选修商务类课程比较丰富之外,大部分高校商务类课程所占比例较小。因为商务英语研究生中有很大一部分没有接受过商务类知识的培训,增加商务类课程比例符合商务英语研究生的需求。同时,也可以开设研究生职业生涯规划课程,聘请知名校友或成功人士做讲师,对研究生的职业生涯进行规划指导。

6.5 师资队伍建设

近几年来,商务英语专业发展迅速,很多学校在师资培训和资源开发方面积累了不少宝贵经验,如组织教师出国进修学位、到国外访学、进行集中培训、举办讲座、开展交叉讲学等,现有资源得到充分利用,吸引了不少异质性师资,然而商务英语教授严重缺乏的现象依然存在(张武保,2014)。商务英语专业师资包括两个方面,一是商务英语语言教师(语言教师),二是商务专业教师(专业教师)。

多数商务英语专业教师具有很强的学术背景和海外留学背景,下表为各高校师资队伍情况介绍:

表 6.11　高校商务英语师资队伍情况

学 校 名 称	教授	副教授	讲师	具有博士学位教师	在读博士学位教师	外籍教师
对外经济贸易大学	7	10	6	14	/	/
广东外语外贸大学	12	24	/	/	/	/
上海对外经贸大学	21	89	67	42	23	/
西南财经大学	5	31	11	10		
北京林业大学	8	20	38	/	/	3
北京第二外国语学院	2	22	27	12		11

注:部分学校没有师资相关数据资料,空白表格表示无数据。

如表 6.11 所示,对外经济贸易大学的商务英语系现有教师 23 名。其中,教授 7 名,副教授 10 名,讲师 6 名,具有博士学位的教师 14 名,这些教师为“国家级商务英语教学团队”的骨干。学系与国外数所知名大学(如英国的 Warrick University、美国的 Georgetown University 等)建立了长期的学术交流与合作关系,教师积极参加国内外学术会议及师资培训。

广东外语外贸大学国际商务英语学院现有在编专业教师 102 人,100% 的教师拥有硕士以上学位,85% 以上的专业教师具有海外留学背景。此外,该学院还长期聘请一批具有丰富教学或商务实战经验的外籍专家,以实现教育国际化。

上海对外经贸大学国际商务外语学院现有教职员工 199 人,专任教师 177 人(不含辅导员、教学秘书)。其中,教授 21 人,副教授 89 人,讲师 67 人,具有博士学位的教师 42 人,在职攻读博士学位教师 23 人。绝大部分教师都有海外留学或访学的经历。学院有东方学者 1 名,思源学者 3 名。

西南财经大学经贸外语学院现有教师 70 余人,其中教授 5 人,副教授 31 人,博士 11 人,在读博士 10 人。40 岁以下青年教师全部具有硕士学位。学院重视加强教师的教育教学培训,鼓励教师在职攻读学位,参加各类学术交流活动,积极促成教师到国内外高校访学、讲学或进修学习。

北京第二外国语学院应用英语学院现有教职员工 57 人,其中,专任教师 53 人。师资队伍中教授 2 人,副教授 22 人,讲师 27 人,助教 2 人,博士和在读博士 12 人,具有硕士和博士学位的教师占教师总数的 95%。学院还有经验丰富的外籍教师 11 人。

通过以上数据可以看出,各高校都在努力打造一支学历层次高、研究成果丰硕、教学经验丰富的高素质师资队伍。但是,根据实证研究,有很多学生对于师资队伍不甚满意,主要表现在师资实力、商务实战经历、教学态度等方面。主要意见是,缺乏具有商务实战背景的商务英语教师,教师的知识结构不能满足学生的需求。结合被访研究生的需求,我们提出几点建议:

(1)加强商务英语教师队伍的建设,增加商务英语师资培训课程。

对外经济贸易大学英语学院承办了多期"教育部高等学校商务英语青年骨干教师高级研修班",以提高商务英语教师的教学理论与实践水平和研究方法,推动商务英语学科建设。广东外语外贸大学国际商务英语学院举办全国商务英语师资培训班,对商务英语人才培养模式、培养目标、课程设置、教材的设计与选用理念、具体课程的教学方法等,并对一系列涉及商务英语专业发展或商务英语课程建设的重大问题进行交流与探讨,旨在提高商务英语翻译专业师资队伍素质,加强商务英语翻译师资队伍建设,促进商务英语翻译专业课程改革。"全国商务英语翻译(ETTBL)师资培训"连续三年在北京举办,2012 年 7 月,教育部全国高职高专师资培训上海基地、山东基地也分别举办了"商务英语师资培训班"和"商务英语教师综合素质提升培训"师资培训班。这些商务英语师资培训班对提升我国的商务英语专业教育和教学质量有着重大意义。

(2)引进校外有商务实战经验的成功人士,作为商务英语专业研究生的讲师或第二导师。

通过问卷调查可以看出,研究生普遍反映目前的商务英语课程偏向于语言学科的学习研究,"实践课程"没有得到足够的重视。究其原因,很大程度上是由于缺乏具有商业实战经验的英语老师。研究生希望高校着重培养学生基本商务技能,可以从校外引进具有商业实战经验的成功人士,作为商务英语研究生的第二导师。

6.6 学位论文

论文写作是硕士学位的重要组成部分,是考察硕士项目成功与否的最重要标志。商务英语作为一个新兴学科,毕业论文要研究什么,研究内容和方向是什么,如何实现商务与语言相融合等,是硕士研究生教学中值得认真研究的问题。很多院校根据各自的办学传统、办学基础和办学特色确定了各自的研究方向。例如:对外经济贸易大学确定了商务英语研究、跨文化商务交际和商务翻译研究三个方向;广东外语外贸大学的外国语言学及应用语言学博士点以法律语言学为研究方向,翻译学博士点以商务翻译为方向;西南财经大学的商务英语硕士学位点则侧重于"大金融",确定了该校的研究方向(叶兴国,2013)。根据首届全国商务英语学科理论研讨会,有以下几大研究领域和方向可供参考:

(1) 商务英语学科理论研究(包括商务英语学科发生和发展的社会需求理论、逻辑理据和教学理论,商务英语学科的属性及其特性,商务英语学科建设的基本问题,商务英语学科的研究对象,商务英语学科的理论体系等);

(2) 商务英语发展史研究(包括近现代商务英语教学史、当代商务英语学科发展史);

(3) 商务英语翻译研究(包括商务英语语篇翻译理论与英美文学翻译理论之间的比较研究、商务英语语篇翻译实践研究等);

(4) 商务英语教学研究(包括商务英语专业的教学法、商务英语专业分级统考、商务英语教材编写、反思性教学与行动研究在商务英语教学中的实践研究、系统功能语法与商务英语写作教学等);

(5) 商务英语词汇研究(包括商务英语术语研究、商务英语词典研究、商务英语中特殊词义搭配的认知研究等);

(6) 跨文化研究(包括英汉商务隐喻跨文化对比研究);

(7) 方法论研究(包括语料库运用、商务语篇研究方法);

(8) 对商务英语研究的研究(包括商务英语学科理论研究的学术评论)等。

6.7　小结

本章结合需求分析理论和实证调研,对全国十所高校商务英语硕士研究生的培养目标、课程设置、师资队伍、学位论文等四大板块进行对比分析研究,指出课程体系设置存在的主要问题,提出课程体系设置改进的对策建议。总结以上分析内容,发现存在以下主要问题:

(1) 部分高校对于本校人才培养的目标定位较为宽泛和模糊,没有充分利用自身教学资源和教学优势设计人才培养目标;

(2) 在课程设置中缺乏对于学生、社会和学科建设的实际需求分析,开设课程难以满足学生需求;

(3) 具有商业实战经验的英语语言老师比较缺乏,商务英语教师队伍建设尚待加强;

(4) 学位论文研究方向和专业领域定位模糊等。

根据以上问题,我们提出以下建议。

(1) 高校应结合学校自身特色、地域社会经济特征和师资队伍情况进行课程设置,增强商务英语课程设置针对性,为培养高素质专业型英语人才服务。

(2)要根据生源和学生需求合理设置课程,加强商务课程和语言课程的融合,合理分配商科类课程和语言类课程的比例,即商科类课程占30%～40%,语言类课程占60%～70%。虽然大部分学生希望开设更多的商科类课程,但是根据商务英语专业的学科定位和学科规范,还是应当以语言类课程的教学为主。

(3)加强现有师资队伍的培训,引进校外有实战经验的商务人士做讲师。

(4)学科论文作为研究生课程的重要组成部分,研究生阶段课程设置应开设论文指导相关课程,从而端正研究生写作态度,掌握写作规范,提高写作能力和创新能力。硕士研究生教学应根据社会和学科发展动态及时调整研究方向,倡导创新性的课程体系研究,为商务英语学科建设做出积极贡献。

第7章
商务英语博士研究生课程体系研究

2007 年,商务英语专业获得批准设立;2013 年,教育部批准商务英语专业列入基本目录。到 2015 年为止,全国已有 300 所高校开设商务英语专业,专业覆盖了所有类型和层次的高校。此外,部分院校还在外国语言学及应用语言学或英语语言文学二级学科下设置商务英语研究方向并招收硕士研究生。2011 年,对外经济贸易大学设置了商务外语研究二级学科博士点;2013 年,广东外语外贸大学设置商务英语研究二级博士点。至此,我国商务英语专业形成了高职高专、本科、硕士研究生和博士研究生组成的完备的教育体系,学科建设进入一个崭新的时期。本章通过对广东外语外贸大学和对外经济贸易大学的对比分析,对博士研究生商务英语课程体系情况提出如下分析意见。

7.1 ▶ 对外经济贸易大学和广东外语外贸大学博士点所属学院情况

7.1.1 对外经济贸易大学博士点所属学院情况

对外经济贸易大学现有理论经济学、应用经济学、法学、工商管理、统计学等 5 个一级学科博士点;有经济学、管理学、文学、法学、理学等五大学科门类。"商务外语研究"二级博士点下设在"应用经济学"一级博士点,分别在"英语学院"和"外语学院"两个学院进行博士研究生培养。以下是两个学院的情况介绍。

7.1.1.1 对外经济贸易大学英语学院简介

英语学院设有商务英语、翻译、英语财经新闻三个本科专业。学院下设商务英语系、翻译系、语言文学系及专用英语系。此外,还设有中欧高级译员培训中心、跨文化与文化资本研究中心、国际财经新闻研究所、商务英语研究所、翻译研究所、英语国别文化研究所、《商务外语研究》编辑部等研究机构。研究生教育是

1978 年国家批准的第一批硕士点,拥有外国语言文学硕士学位授权一级学科,设有英语语言文学、外国语言学及应用语言学、翻译硕士专业学位 3 个硕士点,并设有商务外语研究二级博士点。

英语学院教学和研究团队实力雄厚:现有教师 120 余人,拥有商务英语国家级教学团队和北京市优秀教学团队;博士生导师 6 人,教授 18 人,教育部新世纪优秀人才 4 人;60%的教师具有副教授以上职称,50%的教师拥有博士学位;硕士生导师 82 人,98%的教师有在国外留学、进修或工作的经历。此外还常年聘有外国专家、外籍教师、国内外知名客座和兼职教授 20 多人。

英语学院商务英语、商务翻译、跨文化商务交际等研究处于全国领先地位,先后获得国家自然科学基金项目 2 项、国家社科基金项目、教育部人文社科项目和北京市社会科学基金项目 32 项,发表 SSCI、CSSCI 期刊论文 281 篇,出版专著 40 部。

7.1.1.2　对外经济贸易大学外语学院简介

对外经济贸易大学外语学院下设日语系、阿拉伯语系、朝鲜(韩)语系、法语系、西班牙语系、俄语系、意大利语系、德语系、越南语系、葡萄牙语系与波斯语系等 11 个语系。其中日语、阿拉伯语、朝鲜(韩)语、西班牙语、意大利语、越南语等语系为国家级特色专业建设点。此外,还设有校级重点研究基地和区域国别研究中心等科研机构。研究生教育拥有外国语言文学一级学科点。学院拥有一支实力较强的教学和科研队伍:现有教师 78 名,其中教授 19 名,副教授 32 名,拥有博士学位的教师 42 名;常年聘有外国专家、外籍教师及国内外客座教授近 20 名。

7.1.2　广东外语外贸大学博士点所属学院情况

国际商务英语学院是培养高层次复合型国际商务人才的教学研究型学院。学院整合广东外语外贸大学在外语与经、管、法等学科的人才资源和教学科研优势,在创新人才培养模式和教学改革中处于全国领先水平;是教育部"国际化商务人才培养模式创新试验区"以及教育部、财政部"高等学校英语特色专业"建设点。

学院坚持特色办学,融汇中西文化,培养思想素质高、专业水平高和跨文化交际能力强、实践创新能力强高素质国际商务英语人才,他们具有国际视野,通晓国际规则,能够直接参与国际合作与竞争并具有高度社会感。学院是首批获教育部批准开设商务英语专业本科的教学单位,也是率先在国际商务专业中实行全英教学的学院。现设有商务英语专业和国际商务专业,商务英语设有 4 个商科专业方向,国际商务专业下设双学位、双专业培养模式的"国际商务创新班"。学院拥有一支学历层次高、研究成果丰硕、教学经验丰富的高素质师资队伍,现有专业教师 102 人,100%的教师均拥有硕士以上学位,85%以上的专业教师具有海外留学背景。学院还长期聘请一批具有丰富教学或商务实战经验的外籍专家。学院不断拓展对外合作交流项目,国际化办学优势和特色日益凸显。学院已和美国、德国、英国、澳大利亚和加拿大等多个国家的大学建立本科生及研究生层次的交换生和合作办学项目,教学科研和教学管理的国际化程度比较高。

7.2 ▸ 商务英语/外语专业博士点设置现状

目前,国内拥有"商务英语/外语专业博士点"的院校分别是"对外经济贸易大学"和"广东外语外贸大学"。两所学校分别依托各自的教育资源以及学科特色优势,设置了二级博士点——"商务外语研究"和"商务英语研究"。两所高校的博士生专业方向既有共性,又有不同的专业特色。

7.2.1　对外经济贸易大学商务外语专业方向

对外经济贸易大学"商务外语研究"二级博士点分别设置在其英语学院和外语学院。虽然两个学院的专业方向都为"商务外语研究",但其下设的研究方向各有不同,具体如下所示:

对外经济贸易大学商务外语研究博士研究生适用学科为应用经济学(一级学科)和国际贸易学(二级学科)。适用对象是英语学院的国际贸易学专业(商务外语研究)。其研究方向为:① 商务外语研究(商务英语研究),② 商务外语研究(跨文化研究),③ 商务外语研究(商务翻译研究)。

7.2.1.1　对外经济贸易大学英语学院专业方向

对外经贸大学的博士研究生"商务外语研究"专业方向如下。

(1) 商务英语研究:主要研究商务话语、商务体裁、语言产业、语言教育等相关理论及应用,具体包括:

- 商务话语分析(商务谈判话语、企业话语、经贸话语);
- 商务体裁分析(经贸英语、法律英语、金融英语、经济修辞);
- 语言服务产业(语言经济学、语言产业、外语教育产业);
- 商务英语教育(商务语言学、ESP 理论与实践、商务英语教学)。

(2) 跨文化与文化资本的研究:研究跨文化交际与文化资本理论及运用,具体包括:

- 跨文化交际(跨文化商务交际管理、企业文化伦理、中外商务文化);
- 国际商务文化(文化资本研究、国际文化贸易、中外文化产业对比);

(3) 商务翻译研究:主要研究商务翻译理论与管理,具体包括:

- 商务翻译(商务口笔译理论、翻译跨学科研究、商务翻译实践研究);

● 语言服务(翻译服务、本地化、翻译公司管理、机辅翻译、翻译项目管理)。

7.2.1.2 对外经济贸易大学外语学院专业方向

商务外语专业:

(1) 跨文化研究:

● 国际商务文化(跨国企业的文化融合、跨文化管理、中外商务文化对比);

● 跨文化交际(跨文化商务交际、跨文化沟通与传播、跨文化能力与跨文化培训)。

(2) 区域国别研究:以相关国家和地区的经济、文化、政治为研究对象,对对象国和地区的政治、经济以及文化的历史、现状和今后的发展趋势进行理论及实证性的分析研究,为政府相关部门或企业的决策提供参考,为促进相关学科发展提供支持。

7.2.2 广东外语外贸大学商务英语研究专业方向

广东外语外贸大学的博士研究生专业为"商务英语研究",商务英语研究作为外国语言文学一级学科下的二级学科,综合运用各语言分支学科和各商务学科的理论与方法探讨商务环境、商务文化、商务知识、商务主体等一系列因素制约下的商务语言、商务法律语言、商务文化、商务交际、商务英语教育等方面的各种特征及其应用规律与社会效用。其下设四个研究方向,分别为:商务语言研究、商务英语教育、商务法律语言研究、商务文化与交际。

7.3 ▶ 国内两所高校博士生培养目标

7.3.1 对外经济贸易大学商务外语研究专业的培养目标

7.3.1.1 对外经济贸易大学英语学院

本专业旨在培养具有扎实的外语基本功和国际商务基础理论,系统掌握外国语言文学和应用经济学跨学科专业知识,具有国际化视野和学术创新能力,熟练掌握跨学科研究方法的复合型商务外语高级专业人才。毕业生能在国际商务领域、国际组织、政府涉外部门、国内外金融机构、高等院校、科研机构独立从事商务信息调研咨询、商务谈判、商务与法律写作与翻译以及商务英语与文化教学科研和管理工作。

7.3.1.2 对外经济贸易大学外语学院

通过专业学习与科研能力的训练,培养具有精通外国语言、文化,系统掌握国际商务基础理论,具有国际视野和跨文化交际能力,熟练掌握相关学科研究方法,能够胜任高等院校和科研机构教学、科研工作,并能够在政府涉外部门、国际组织、国际商务及金融机构从事管理与研究的高级商务外语人才。

7.3.2 广东外语外贸大学商务英语研究专业的培养目标

培养能够综合运用各语言分支学科和各商务学科的理论与方法,深入系统地探讨商务环境、商务文化、商务知识、商务主体等一系列因素制约下的商务语言、商务法律语言、商务文化、商务交际、商务英语教育等方面的各种特征,掌握其应用规律与社会效用的高层次商务英语研究和教学人才。

7.4 博士研究生课程设置情况

7.4.1 对外经济贸易大学知识结构及课程学习的基本要求

课程学习是博士研究生掌握坚实宽广的理论基础和系统深入的专业知识的基本环节。博士生通过较为系统的课程学习拓宽业务基础和扩大知识面。博士研究生培养实行学分制,研究生必须取得规定的学分,并通过博士资格考试后方可参加学位论文撰写与答辩。

7.4.1.1 知识结构的基本要求

(1)基础理论知识和专业基础知识:国际贸易学专业(商务外语研究)各方向的博士研究生通过学习宏微观经济学、研究方法论等博士课程,掌握坚实宽广的经济理论和研究方法。

(2)专业知识:国际贸易学专业(商务外语研究)各方向的博士研究生通过专业和方向课程的学习,并根据研究方向的特点和要求,扎实系统地掌握专业理论和前沿知识。

(3)交叉学科知识:国际贸易学专业(商务外语研究)各方向的博士研究生可以选修语言经济学、多模态话语分析等课程以及法学院、商学院等相关课程,拓宽知识面。

7.4.1.2 课程设置及学分构成

国际贸易学专业(商务外语研究)各方向均设有学位公共课、学位基础课、专业必修课、方向必修课、限选课和补修课六类课程。各方向学生在制定课程学习顺序的计划时,可向导师进行咨询。

博士生在学期间修读各类课程总学分应不少于 16 个学分。

(1)学位课(公共课 1 门,2 学分;基础课 1 门,2 学分):设置学位课程的目的是为学生提供高级的经济理论和研究方法。学位课程单科考试成绩在 70 分或以上时才能获得学分。

（2）专业必修课和方向必修课（每个方向 2 门，6 学分）：设置专业必修课和方向必修课的目的是使学生掌握系统深入的专业知识，熟悉本专业的重要理论、研究方法和学术前沿知识。必修课单科考试成绩在 60 分或以上时才能获得学分。各研究方向的导师为学生指定各方向的主要阅读文献，并指导学生阅读。

（3）限选课：学院开设的选修类博士课程，在导师指导下进行选课，要求选修 6 学分。

（4）补修课（不少于 3 门，不计学分）：为相关专业背景欠缺的学生设置补修的基础课，其目的是为学生学习后续课程（学位课、专业和方向必修课）奠定基础，包括专业基础课。补修课要求不少于 3 门课程，学生在导师指导下进行选课。补修课获得 60 分或以上的成绩算作通过，记入毕业成绩，但不计学分。

博士综合考试内容包括基础理论和专业知识两部分。基础理论知识部分包括"经济学专题"和"商务研究方法论"两门课程。专业知识部分分方向，如商务外语研究（商务英语研究）方向包括"商务话语理论与方法"课程；商务外语研究（跨文化研究）方向包括"文化与文化资本研究"课程；商务外语研究（商务翻译研究）方向包括"翻译学"课程。各个方向博士生在修满 16 个学分，并通过博士生综合考核后，才能被批准为博士学位候选人。

7.4.1.3 教学实践和社会实践

教学实践是指学生以助教的身份参与学院一门课程的教学工作，其目的是使学生熟悉教学的全过程，在参与教学过程中各种能力得到锻炼。

7.4.2 广东外语外贸大学"商务英语研究"博士研究生培养方案课程

表 7.1 广外商务英语研究博士研究生——培养方案课程信息

课程性质	课程代码	课　　程	开课学院	学分	总学时	开课学期	授课方式	开课方式
学位公共课	00000001	科学社会主义理论与实践	商英学院	3	54	第 1、2 学期	面授讲课	论文
学位必修课	01022317	语言哲学	商英学院	2	36	第 1 学期	面授讲课	论文
	03132213	商务话语研究	商英学院	2	36	第 1 学期	课堂教授与讨论	论文
	03132322	商务英语语言与文化研究	商英学院	2	36	第 2 学期	课堂教授与讨论	论文
	03142310	研究方法论	商英学院	2	36	第 2 学期	课堂教授与讨论	论文

续　表

课程性质	课程代码	课　　程	开课学院	学分	总学时	开课学期	授课方式	开课方式
学位选修课	01022305	第二语言习得	商英学院	2	36	第2学期	面授讲课	论文
	03132202	语用学	商英学院	2	36	第1学期	课堂教授与讨论	论文
	03132211	商务英语测试与评估	商英学院	2	36	第2学期	课堂教授与讨论	论文
	03132308	商务英汉对比研究	商英学院	2	36	第1学期	课堂教授与讨论	论文
	03132312	跨文化商务交际研究	商英学院	2	36	第2学期	面授讲课	论文
	03132318	商务英语教学研究	商英学院	2	36	第1学期	课堂教授与讨论	论文
	03132319	语料库语言学	商英学院	2	36	第1学期	课堂教授与讨论	论文
	03132325	企业文化研究	商英学院	2	36	第2学期	课堂教授与讨论	论文
	03132326	商务英语教学与教师发展研究	商英学院	2	36	第2学期	课堂教授与讨论	论文
	03142306	实验法律语言学	商英学院	2	36	第1学期	实验	论文
	03142313	商务法律语言研究	商英学院	2	36	第1学期	课堂教授与讨论	论文

7.5　关于商务英语博士研究生课程设置的对比分析和建议

　　商务英语的博士研究生应该掌握扎实的基础理论和系统的专业知识、系统深入的前沿知识和规范科学的研究方法，具有一定的学识素养和科研能力，具备独立从事教学或科学研究工作的能力，成为具备多元化的知识结构，具有理论和实践创新能力的商务活动领域高级人才。上述两所高校在人才培养和课程设置方面各有特色。对比两所学校课程设置及其相关情况，我们有以下启示和建议。

7.5.1 充分利用学校优势教育资源,体现自身的办学特色

(1) 两所院校所设置的二级博士点名称有所不同,对外经济贸易大学博士点名称为"商务外语研究",广东语外贸大学博士点名称为"商务英语研究"。

(2) 两所院校的二级博士点所从属的一级学科博士点不相同。对外经济贸易大学的"商务外语研究"二级博士点,设置在本校一级博士点——"应用经济学"之下;而广东外语外贸大学的"商务英语研究"二级博士点,设置在本校一级博士点——"外国语言文学"之下。

(3) 对外经济贸易大学的"商务外语研究"博士点,分别设置在英语学院和外语学院两个学院,其专业方向也有所不同;而广东外语外贸大学的"商务英语研究"博士点,是在国际商务英语学院进行博士研究生培养。

(4) 两所学校对博士生的培养语种也有所不同。对外经济贸易大学的"商务外语研究"除了有英语学院的英语语种外,还包含有德语和阿拉伯语语种等;广东外语外贸大学则以英语语种作为"商务英语研究"博士点培养语种。

(5) 两所高校在研究方向上也有所不同。对外经贸大学"商务外语研究"专业方向有:① 商务英语研究,② 跨文化与文化资本研究,③ 商务翻译研究,④ 跨文化研究,⑤ 区域国别研究等。广东外语外贸大学"商务英语研究"下设四个研究方向:① 商务语言研究,② 商务英语教育,③ 商务法律语言研究,④ 商务文化与交际。

两所院校所设置的研究方向既有共同之处,比如商务语言研究和商务英语教育,同时又存在着一些差异,表现在学校利用自身资源设置具有自身特色的研究方向,比如:对外经济贸易大学有跨文化与文化资本研究、商务翻译研究、跨文化研究(德语)和区域国别研究(阿拉伯语)等。广东外语外贸大学有商务文化与交际和商务法律语言研究方向等,体现出学校博士点专业设置的特色。尽管两所高校存有上述的差异性,但基本研究方向适应商务英语学科交叉性特点,充分发挥了各自学科优势和办学特色。商务英语/外语博士点的设立符合我国"十二五"教育发展规划,为各自的学科建设开辟了新的发展思路。

7.5.2 对比分析两所学校博士研究生课程设置

对外经济贸易大学专业方向是"商务外语",其专业语种范围更加宽泛。由于专业方向所决定,课程设置的重点也不一样,即以经济类学科知识为主线来设置课程,如基础课学习国际经贸专题,基础理论课程要求研究生通过学习宏微观经济学、研究方法论等课程,掌握坚实宽广的经济理论和研究方法。

广东外语外贸大学的专业方向是"商务英语",是单一语种的商务英语。课

程设置是以语言学知识为主线,以语言文化为主要内容。其基础理论必修课程
为语言哲学、商务话语研究、商务英语语言与文化研究等。学位选修课程为第二
语言习得、语用学、商务英语测试与评估、商务英汉对比研究、跨文化商务交际研
究、商务英语教学研究、语料库语言学、企业文化研究、商务英语教学与教师发展
研究、实验法律语言学、商务法律语言研究等。这些课程融合了经管法等相关学
科知识理论,体现了重视教学和教师发展研究工作的理念。两所大学都将"研究
方法论"作为博士研究生的基础理论的必修课程,说明对培养商务英语博士生研
究问题的能力,放在了一个非常重要的课程设计的位置。

　　分析对比两个学校的课程设置。对外经贸大学英语学院"商务外语研究"专
业语言类课程为 12 门,占总课程的 44%;商务类课程为 12 门,占总课程的
44%;其他课程占总课程的 12%。语言类课程和商科类课程比例相同。广东外
语外贸大学国际商务英语学院"商务英语研究"专业语言类课程为 12 门,占总课
程的 75%;商务类课程为两门,占总课程的 13%;其他课程占总课程的 12%。
语言类课程比例高于商务类课程比例。通过以上数据分析得知:对外经贸大学
商务外语研究博士点由于隶属于"应用经济学"一级学科点,对于博士生的商务
知识与技能要求比较高,采取语言类课程与经济贸易类课程交叉学习方式,并开
设了语言经济学、文化资本与跨文化研究、文化软实力、国际金融(英)、消费文化
研究等特色鲜明的商务课程。广东外语外贸大学依托语言学的基础特色,开设
商务话语、商务英语教学、跨文化商务交际和商务法律学等课程,培养商务英语
专业博士生分析研究问题的理论素养。综上,两所院校课程设置均体现了办学
特色和学科发展目标。

7.5.3　关于商务英语博士研究生课程设置的建议

　　(1) 商务英语学科专业要服务于国家经济建设的大局,博士研究生的专业
研究方向和课程设置,要适应国家社会经济发展战略的需要,针对当前国家提出
的"一带一路"走出去的国家经济战略,提出新的专业研究方向和课程设置内容,
如国际贸易发展史、中国国际贸易发展史、国际关系、国际经济学、全球化理论、
国别研究等。

　　(2) 根据学科建设发展的需要开设课程,如商务英语历史沿革研究课程、国
外特别是欧美国家商务英语发展与现状、教育理论与方法等。

　　(3) 适应专业方向的需要开设课程,如商务语言、商务文化、商务教育、商务
翻译、国际贸易、国际商务组织、国际公共关系、国际工程等。

　　(4) 商务英语博士生课程设置,在人才培养方面主要是针对两类人群,即商
务英语教师和从事商务英语研究人员。这是提高学科整体研究水平和商务英语

师资队伍教学水平的核心群体,也是当前学科建设的基础性工程。我们要围绕着这个基本目标,设置(设计)博士研究生学习课程。

(5) 根据交叉学科的特点开设课程,如语言经济学、人力资本理论、商务语言与文化、商务法规、跨文化商务英语交际、跨文化管理等。

(6) 为了提高博士研究生独立从事教学或科学研究工作的能力,开设方法论、研究分析工具课以及新的科学技术和商务英语结合运用的课程(如电子商务英语)。

综上所述,商务英语博士研究生课程在基础理论和专业知识学习的基础上,可以根据办学单位自身的教学资源而有所侧重,体现课程设置的特色化,提升研究生学术研究能力。博士研究生设置的课程不宜过多,其主要精力应该是进行研究活动,培养学生发现问题、研究问题、解决问题的能力,特别是注重培养学生的创新思维能力,这是在课程设计和培养模式方面必须高度关注的问题。

第8章
国外商务英语课程培训研究

本章通过检索 Business English（商务英语）在英美两国三个大型在线通用语料库，即 COHA 美国历时英语语料库、COCA 当代美国英语语料库和 BNC 英国国家语料库，调查商务英语在大众话语中的历时变化及其索引行的拓展内容。利用互联网媒体检索国外高校网站和考试网站以及文献资料（如《商务英语国外模式与本土建设》、《英国国际商务英语专业教学之现状及其启示——以英国中兰开夏大学国际商务英语专业为例》等），参考牛津大学出版社出版的《商务英语教学》（Mark Ellis 和 Christine Johnson 撰写），调查分析国外（主要是英国和美国）商务英语课程培训的基本情况。

研究表明，国外商务英语教育坚持"以商务为中心，语言为工具"的办学理念，形成了一个办学门类多样，培训机构齐全，社会办学积极性高，贴近学习者需求，注重经济效益的教学模式，商务英语课程体系具有鲜明的职业化教育特色。为了尽快提高我国商务英语专业的教学水平，高效地培养出国家经济发展所需要的复合型、应用性、高层次商务英语人才，我国商务英语需要了解国外商务英语课程培训情况，学习借鉴国外商务英语课程体系的成功经验，汲取适合于自身建设和发展的有用元素，在坚持中国商务英语专业课程体系特色的前提下，把我国的商务英语学科建设成为一门成熟的独立学科，完善我国商务英语课程体系建设。

8.1 国外商务英语课程培训概况

商务英语（Business English）在国外被界定为属于 ESP（English for Specific/Special Purposes 专门用途英语），而 ESP 又是英语语言教学（ELT）下英语作为外语（EFL）领域中新崛起的分支，属于应用语言学的范畴（黄震华，

1999)。据调查(Howatt,1988),在过去的二十多年间,商务英语得到了越来越多的关注,呈现出日益扩大的发展趋势。国外商学院或大学商科专业普遍开设商务英语课程,全世界许多语言学校提供商务英语课程培训(英国超过 100 所学校),商务英语已经成为国外的一种流行的职业培训形式。在英国,各大经贸类院校都开设了商务英语课程,如英国的牛津大学、巴斯大学、圣安德鲁斯大学、谢菲尔德大学、中兰开夏大学等著名院校都开设了商务英语课程;剑桥大学考试委员会(UCLES)向全世界推出国际性商务英语考试(BULATS、BEC);伦敦商会设立商务英语证书培训和考试(LCCIEB),全世界每年的考生多达 80 多万。美国的普林斯顿考试中心面向全世界设立以商务英语为核心的国际交际英语考试中心。哈佛大学、斯坦福大学、伯克利大学、普林斯顿大学、华盛顿大学等院校也都设置了商务英语课程,休斯顿大学的亚美研究中心还开设了专门面向中国学习者的高级商务英语课程(宋娜娜,2012)。

欧洲其他国家的商学院和大学商科也普遍开设了商务英语课程,一些院校还设有相关的硕士和博士研究生课程。在许多非英语国家,包括日本、韩国、泰国、马来西亚、越南、以色列、阿拉伯地区和拉美国家等都开设了商务英语方向或课程(陈准民、王立非,2009)。称为"商业托福"的托业考试(TOEIC),作为世界顶级商务英语能力测评方式,在全球的考生累计超过 600 万。同时,由剑桥考试委员会开发的商务英语证书考试(BEC),目前已成为中国第二大海外英语考试,考生人数仅次于雅思(IELTS)(宋娜娜,2012)。国外商务英语研究拥有专门的学术期刊(如 English for Specific Purposes,Business Issues)、学术机构(如 IATEFL,BESIG),并定期召开国际性商务英语研讨会(陈准民、王立非,2009)。商务英语在社会中的价值与作用日益凸显,受到了越来越多人的青睐。

英美国家的主要广播公司每天都播出商务英语教学节目;在英语国家的大小城市,拥有为数众多的商务英语培训学校;英国的出版商名单上有超过 150 个商务英语标题;考试理事会提供商务英语考试;商务英语特别兴趣小组(EFL 国际教师协会组织)在全世界的成员超过 1500 个。经过数十年的发展,国外的商务英语已经形成以"职业教育"为主要特点的教育体系,具有鲜明的教育特色,逐步引起国内商务英语界人士的关注。

8.2 国外商务英语课程培训的特点

我们在对上述语料库、国内外文献、国外大学网站、著名英语考试网站等国内外有关商务英语的信息检索定性分析的基础上,对所搜索收集的信息进行对

比分析,总结出国外商务英语课程培训体系的如下特点:

8.2.1　国外商务英语课程培训理念

美国成人教育先驱 Malcom Knowles(Stephen Lieb)提出成人教育五大原则:① 自主性和自我引导(autonomous and self-directed),② 生活经验和知识(life experiences and knowledge),③ 以目标为导向(goal-oriented),④ 相关性导向(relevancy-oriented),⑤ 可操作性(practical)。这五大原则是当前指导美国成人教育的主导思想(陈佳玫,2011),也是国外商务英语培训的指导思想。

Hutchinson & Waters(1987)曾说过"商务英语不是对基础英语的一种创造和发挥,也不是一种特殊的语言,而是对英语语言的一种独到的态度和看法"。Dudley-Evans(1998)和 Bargiela-Chiappini(2012)定义"商务英语是以英语为媒介、以商务知识和技能为核心的一种 ESP"。Mark Ellis 和 Christine Johnson(1994)根据学习者的需求不同,将 ESP(特殊用途英语)进一步细分为 EOP/EVP(职业/行业用途英语:English for Occupational/Vocational Purposes)、EAP/EEP(学术/教育用途英语:English for Academic/Educational Purposes)、EST(科技英语:English for Science and Technology)和 BE(商务英语:Business English)四大类。也有学者将 BE(商务英语)划分到 EOP/EVP 中,因为考虑到 EOP/EVP 的定义为从事某一行业工作所使用的英语,学习者一般是社会行业内的专门从业者,比如航天空勤人员、外经贸工作者、国际旅游及酒店服务人员,也包括那些职业技术及专门知识性很突显的从业工作者,如医生、律师、财经和 IT 及其他行业工程师等(对外经济贸易大学商务英语理论研究小组,2006)。

国外关于商务英语专业定位基本一致,都认为"商务是中心、语言是工具",秉承以商务专业知识学习为主、语言知识学习为辅的教学理念。由于国际商务具有操作性和实务性较强的特点,国外的"国际商务英语专业"非常注重国际商务技能课程。因此,国外商务英语课程中有相当一部分为直接提高国际商务方面技能的专业课程,这是由于"国情"的不同而形成的办学思路和教学理念。

英美国家商务英语以课程形式存在于商科专业与职业培训课程中,课程内容多与商务技能挂钩,如会晤、演讲、社交或者报告写作等。它以学习者需求作为课程设置依据,是专门为有工作经验与无工作经验学习者设计的课程。商务英语是商务技能培训的组成部分,与电脑软件使用技能、财务管理技能等并列成为一种必备的职场技能。而且,随着经济全球化进程的加快,商务英语课程成为英语主流国家发展语言经济的有力手段,很多英美国家年轻人通过参与课程培训,获得在国外就业的能力。

美英国家大型语料库中提出"商务英语是一个实用艺术而不是一个精美艺术。就像商业的目的一样,它的目的也是获得利润"。指出了这门语言产生的原因和目的,证明了商务英语的应用性。英国中兰开夏大学对商务英语专业的课程设置体现出"商务是中心、语言是工具"的教学思想。他们认为,英语语言学习是为商务活动服务的(冯敏,2011),这个观点从以上提到的英美语料库 Business English 相关索引行中也能看到。商务英语都是与商务活动密切相关,学习商务英语的目的都是为了让学习者更好地参与经济活动。

美英两国商务英语课程体系的理念基本一致,都认为学习和掌握语言是为了开发学生在国际商务环境中沟通、交流和管理的能力,但是两国在课程设置上存在一些差异。如美国大学往往是把商务英语作为商科课程培训中的一部分,看成是国际商务交流的一种技能。而英国由于长期作为英语语言培训输出大国,比较看重语言的经济价值,英国很多大学都开设了国际商务英语专业,目的是希望吸引更多非英语国家留学生来英国学习,为英国经济发展创造就业机会。

8.2.2　国外商务英语课程培训对象

国外根据培训对象的分类标准,John(1996)将商务英语分为两类,EGBP(一般商务用途英语: English for General Business Purposes)和 ESBP(专门商务用途英语: English for Specific Business Purposes)。

EGBP 主要针对没有商务工作经验的在校学生或者刚涉足商务活动的学习者,虽然它也以商务为背景,但不是直接用于商务活动。课程设计接近普通英语,主要是语言技能加上一般的商务背景知识,着重培养学生在一般商务环境中使用语言的能力。我国高校开设的商务英语课程即属此类。ESBP 是指已有商务工作经验或经历的学习者使用的英语。各类商务英语培训机构或企业为在职人员开设的英语培训课程便属此类。这类课程的特点是,学习者是从事某一商务领域工作的专业人员,熟悉本专业知识,有一定工作经验。因此,需要课程精心设计,专门为某特定目的服务,所关注的是特定目的的语言技能,所涉及的是具体商务交际活动和情景,学习者所接受的是强化性训练(汤朝菊等,2014)。

英美国家商务英语课程教学的培训对象是有商务工作经验和无商务工作经验的两类人群。在英国和美国等西方国家,商务英语主要是一种提升职业经理人英语应用能力的培训课程。Mark Ellis 和 Christine Johnson(1994)将商务英语学习者分为有职场经验的(Job experienced learners)和没有职场经验(Pre-experience learners)的学习者两种。有职场经验的学习者,如商务人员,工商企业、事业单位和经济管理部门的出国培训、进修人员。无职场经验的学习者主要指在校各专业学生,如商务英语专业的本科生。前者一般具有相对应的教育背景,丰富的工作经验和商务知识,比较注重培养工作中流利使用英语交流的能力;而后者的特点是年龄较小,接受能力较强,他们的语言和商务知识主要来自书本,实际商务知识相对缺乏,缺乏商务工作环境中使用英语交流的经验。

上述两种商务英语学习者也指培训目的不同的受训者。如一些有工作经验的学习者主要包括小型公司的职员、转换工作的职员、大型跨国公司的职员、负责国际业务的职员以及驻外机构职员等等。在德国和瑞士有一种学徒制度,辍学者接受工作实践培训、理论培训(秘书或者办事员)和语言课程培训后,被大型公司录取为职员。

国外没有工作经验的培训者主要是商科学院高中阶段的学生,如意大利的商科学院学生,他们年纪在 16 或 17 岁,以及本科或者研究生阶段的学生,如奥地利的格拉茨大学和克拉根福大学、欧洲商科学校、迪拜的高等理工学院、斯德哥尔摩和赫尔辛基的经济学院、曼谷的亚洲理工学院和英国曼切斯特商务学院等。还有一些学生在英国的阿斯顿大学、利物浦大学和纽卡斯尔大学等就读商务英语专业。

8.2.3　国外商务英语课程培训机构

国外商务英语培训机构分为公共和私人的教育机构、成人学习中心和商会、政府驻外组织、语言学校、培训团队以及公司内部培训部门等。公共和私人的教育机构主要面向没有工作经验的商务英语学习者。这种类型机构的培训范围广阔,包括整个东亚、意大利、法国、挪威、瑞典、芬兰的商务学院和经济管理学院等。在德国也有很多机构将商务英语作为职业训练的一部分,如汉堡的公共基金会,科隆和汉诺威市的卡尔·杜伊斯堡公益中心。许多有工作经验的学习者主要在欧洲成人学习中心和商会学习商务英语,例如德国的成人教育中心和意大利、法国的商会,瑞典的 Kurs Verksamheten,ABF 和 TBV 集团。成人学习中心除了派遣教师进入公司外,也在全国范围内建立学习中心。如法国的 AFPA 在全国范围内建立了培训中心,组织了大量的商务语言教学。

政府驻外机构也在教授商务英语,如在香港、曼谷的英国文化协会和美国赞助中心。国外的语言学校成为商务英语培训的主要阵地。如法国、德国、西班牙、意大利和斯堪的纳维亚许多城市的语言学校都在进行商务英语教学,商务英语在布达佩斯、布拉格、华沙和圣彼得堡等地呈现出上升趋势。日本是东亚开办商务英语教学语言学校的中心国家,商务英语在南亚、东南亚的中心教学区域还包括泰国、印度尼西亚和中国台湾地区。

英国和美国的商务英语培训团队在培训行业发挥着独特的作用,显示出越来越突出的社会地位。他们专门研究商务英语和特殊用途英语,有的培训团队招募了专家型的培训师,可以同时从事许多不同的项目。商务英语培训顾问从属于某个公司,或者在特定的活动范围内开展培训活动,表现出与普通语言培训学校完全不同的社会培训特点。

英美国家的商务英语培训活动主要在公司企业内部进行,着眼于有工作经验的公司内部员工的培训。培训部门为那些没有时间接受直接教学的人提供引导性的自学机会。有的公司专门聘用语言培训师,许多公司拥有完善的资源中心,里面有电脑、语言实验室、视频和音频系统以及书籍。职员或者学生可以组成"商务英语研究圈"或者"商务英语俱乐部",开展公司内部组织的学习。英国和美国商务英语课程培训已经实现了社会化、职业化、个性化、层次化。

8.2.4　国外商务英语培训课程设置

国外商务英语课程培训以需求分析理论为课程设置和教学的基础理论,满足学习者的需求是教学培训的基本目的。针对有无工作经验两类培训对象,课程设置坚持"以学习者需求为中心",设置内容、目标、教学方法等都充分考虑到学习者的个性特征,关注他们的实际需要,进而因材施教,实现商务英语课程设置的合理性。

对于缺乏工作经验的在校大学生,商务英语以商科类专业培训课程和四年制国际商务英语专业发展路径设置课程,强调学生学习的连续性和专业性。首先着重加强商务英语阅读和听力的专业基础训练,在扩大词汇输入的基础上,大力推进商务英语口语、写作和翻译的各项专业训练。同时,还结合相关的经贸专业课程,如经济学、国际贸易和营销、管理学、会计学等,提高学生在将来工作中的适应能力和竞争能力。并鼓励教师用英语讲授商科课程,使英语语言教学与商务专业教学有机地结合起来,从而促进学生素质的全面提高。

有一定工作经验的商务人员或管理人员更需要实用性强,能够直接应用于自身工作的英语语言知识和语言交际技能,根据这种"特殊需求",商务英语主要采取分段式培训课程的方式,由培训机构紧紧围绕他们日常工作的需要设置课程,如开设英语演讲和谈判、商务英语函电和应用文写作、商务英语口译等应用性强的课程。此外,针对学员经常参加商务性国际社交活动的情况,向他们推出外贸英语会话、国际商务礼仪等课程。选用针对性强和实用性强的课程,培养语言交际能力成为商务英语教学的重点,国外商务英语课程设置大致分为专业课程设置和职业培训课程设置两种。

8.2.4.1　国外商务英语专业培训课程设置

虽然国外商务英语教育培训是"主流",也是商务英语存在的主要教育形态,但在社会教育培训的大背景下，也产生了商务英语专业教育。相比之下，英语国家和非英语国家的商务英语课程设置各有侧重，英国大学商务英语专业课程设置显得比较完整成熟。

英美等英语国家高校的商务英语课程侧重于语言能力和跨文化交际能力的培养，比如美国乔治亚理工大学为 ESL（英语为第二语言）学生开设的商务英语课程，主要目标是提高学生在商务环境中的口头和书面表达能力，形成一定的商务理解和创新思维能力。学习者围绕一些与公司、产品和客户有关的案例进行讨论，培养良好的倾听、谈判、说服、演示等交际技巧和决策能力，同时进行不同类型的商务文书（如备忘录、商务报告等）的写作训练，提高商务书面沟通能力和分析处理问题能力。而斯坦福大学的商务英语课程则以任务型教学为设计理念，通过让学习者在各种模拟的商务语境中分别扮演不同的角色，把所学的语言知识和技能灵活地运用到真实的商务交际活动中，有效地提高实际语言应用能力，培养学生探究、协作与创新精神。

为实现国际化办学的目标，许多非英语国家和地区的院校都用英语教授国际商务管理和国际金融等专业课程。确切地说，这些课程属于"英语商务课程"，而非"商务英语课程"。开设这些课程的都是世界顶尖的商学院，具有超前把握未来世界演变趋势的能力，对这些课程进行系统地对比分析，我们可以全面、深入地了解商务专业的重点领域和发展方向，更准确地制定出适应国际化社会的商务英语课程体系（宋娜娜，2012）。

荷兰是欧洲大陆上最早开始用英语授课的非英语国家，它最负盛名的专业是商科，荷兰的商学院全部被列入"全球商学院 100 强"之列，管理理念和课程体系都十分先进。法国有将近 230 所高等商学与管理学院，不同于法国的公立综合性大学，这些商院在专业设置上更有针对性，侧重于开发应用型课程。不少商院的课程使用英语教学，采用实习与国际交流密切结合的教学方法。所开设的相关课程中重复率较高的有：国际管理（75％，包括人力资源管理、组织行为学、战略管理、项目管理等）、国际贸易（65％，包括全球贸易与投资、国际结算、跨国文化学等）、国际金融（65％，包括国际会计、金融市场、财务审计等）、国际营销（50％，包括市场营销、欧洲市场、销售学、国际商业市场战略等）和电子商务（25％，信息系统管理、国际信息技术等）（宋娜娜，2012）。

英国有安格利亚鲁斯金大学（Anglia Ruskin University）、兰卡斯特大学（Lancaster University）和中兰开夏大学（University of Central Lancashire，UClan）等三所大学开设国际商务英语专业（本科）。虽然英国开设该专业的大学数目不多，但是教学情况反应很好。其中中兰开夏大学是英国第一个建立国际商务英语专业的大学，该校的语言教学在英国排名前 10 位。英国中兰开夏大学国际商务英语专业课程设置极具"商味"。一年级学生的课程主要包括商务英语入门、商务入门/项目英语、营销原理、英语国家概况、学习技巧等五门。二年级的课程包括国际商务经营英语、中级商务英语、商务管理与实践等。进入三年级后,学生必须在一个学年中完成两门主课和三门选修课的学习。其中两门主课通常为国际商务沟通和国际商务管理,可从学院提供的十多门课程中选取三门选修课,普遍受到学生欢迎的课程包括国际人力资源管理/开发、国际营销/广告策划或品牌管理、国际金融、会展管理、跨文化交际等,每门选修课可获得 1 个学分。

中兰开夏大学商务英语专业前两年的课程基本上是以商务专业学习为主、语言学习为辅的思路来设置。进入三年级后,基本上进入了专业课程的学习,以实现其教学目的。该校国际商务英语专业的教学目的紧靠以商务专业知识学习为主、语言知识学习为辅的思路,"进一步开发学生在国际商务环境中有效工作所需的语言、沟通及管理技能"(冯敏、宋彩萍,2011)。中兰开夏大学围绕着既定的培养目标选择课程,进而形成了以商务知识为主、语言知识为辅的国际商务英语专业课程设置模式。

从专业的教学设计角度,基于"国际商务英语专业"的核心课程,有针对性的设立不同的学习方向,学生辅以不同选修课程作为学生深入学习和研究的方向。如基于全球化的商务环境,设有"国际商务与中国企业"学习方向,供国际商务英语专业的学生选择。还设立"市场营销"、"金融"和"管理"三个方向,供学生选择学习。还有将国际商务英语专业的必修课程按照语言设立为"汉语方向"、"法语方向""德语方向""日语方向"等,供学生选择其方向的选修课程再进行深入学习。选择不同语言方向的学生,除了需要较为深入地学习其选择的语言以外,还需要学习有关这个国家的政治、经济、文化等概论课程。英美国家商务英语专业课程设置是"以国际商务为中心",其他的相关课程都是围绕着这个"中心"展开教学活动,这是国外商务英语课程设置的突出特点。

8.2.4.2 国外商务英语职业培训课程设置

管理英语人才的在职英语培训始创于美国。1931 年,美国麻省理工学院率先举办为时一年的青年管理人员在职讲习班;法国在 20 世纪 60 年代后期校企联合,建立管理人员英语培训中心,商务英语逐渐在全世界扩大影响。进入 20 世纪 90 年代,经济的全球化催生了语言的全球化,英语作为世界通用的语言,逐步成为金融、贸易、法律、财会、计算机、体育、娱乐等方面的国际语言。近十几年来,商务英语培训像潮水一样涌向世界各地,发达国家纷纷建立管理人员在职英语培训网络,以企业、高校和政府三位一体的形式,不断扩大在职英语培训人员的数量和范围。在一些外向型组织机构和外资企业中,商务英语培训被放在很重要的位置。这些机构的员工、管理人员均具有很好的英语基本功,如听、说、读、写能力比较强,他们多数是比较年轻的学习者,归属于专业人员继续教育的英语培训。

根据工作岗位的分析需求,国外商务英语培训主要分为以下三个方向:决策层英语人才、管理层英语人才、操作层英语人才。不同需要层次的培训课程及内容设置也大不相同。培训时间可分为脱产英语培训和半脱产英语培训、不脱产英语培训和业余时间的英语培训。培训的组织形式可分为内部英语培训、公开课程、CBT(Computer Based Training)学习、研讨会、远程教学等形式。

商务英语培训的要求是:在深厚的英语基础上再强调商务知识,具备商务管理能力综合良好的专业知识,更加注重提高商务英语人才的英语沟通能力。因为在实际工作中,只有具备语言、商业知识、商务技能的英语人才,才能最大限度地与客户进行沟通和交流,提高商务活动的成功率。因此,"语言+专业"是国外商务英语培训课程设置的标杆。

商务英语培训课程设置取决于教学对象的英文水平,因为他们大都"人在职场",具有一定的商务知识及经验,而教学内容可视学员英文水平做出取舍。一般不设置入门级(Introduction,Beginner & Elementary)商务英语培训。大部分被培训者属于中高级英文水平(Intermediate,Upper-Intermediate & Pre-Advanced),他们可理解大部分语境、情形、情景中的内容,能使用合适的词汇在自己熟悉的情景中进行基本交流,或者对复杂的语言有很好的掌握,并能理解复杂讨论的内容,能识别并使用正式与非正式的语调。他们均能够阅读多种读物并领会其写作风格及内容(谢莉,2008)。

由于这类学员已经掌握一定的商务专业知识基础,熟悉基本商业词汇和这些词汇所代表的概念,但缺乏在全英文的环境下从事商务交际活动所必须的技能。因此,全英文环境下商务技能教学是培训的核心内容。商务技能的教学包括语言技能的教学和非语言技能的教学。语言技能例如,接听电话、洽谈、演示、拟定和修改商业信函和商业计划、传真稿件的拟定和修改、便条和备忘录的编写等。非语言技能指商务活动中分析问题的能力、应变能力、自由地与外籍人士进行跨文化商务交际的技巧等。在开展商务技能教学的同时,穿插听、说、读、写的基础英语教学,包括语音语调、语法(基本句型、时态、语态等)、商务英语词汇等。提高学生的英语基础,从而更有效地开展商务技能的教学(张晓娜,2009)。

针对入门级学员开设的课程有"公司结构、市场营销、国际贸易、金融英语、海关英语、初级商务写作、外贸流程(涉及询盘、报盘、包装、货运、报关、付款等步骤)、展会报告、客户沟通等"。针对中高级学员开设的课程有"商务礼仪文化、商务招待、商务信函及外贸邮件写作、商务谈判、贸易展览、电子商务、商务会议、广告推广、产品展销、国际话题,跨文化交际等"。学员结业后成绩合格者将获"商务英语初/中级证书"。

国外商务英语培训依据需求分析的有关信息,课程设置采取以实际商务能力为中心的培养模式,即以满足工作需要为目标,以应用能力为主线,以学员的工作经历作为学习背景,培养学员的商务英语知识结构和能力结构,提高学员在商务活动中的英语技能。国外商务英语培训课程体现了语言与商务、知识与技能、理论与实践相结合的原则,体现实践、实用的特点。商务英语课程设置既具有专业特点,也突出了行业特色。

8.2.5   国外商务英语课程培训认证模式

英国将商务英语纳入整个国家的语言政策中进行规划设计,成为英国海外语言经济的一部分,充分发挥英语作为国际通用语言的经济价值。通过查阅国外英语类考试网站,我们发现国外商务英语走的是认证模式的道路,即测试和证书相结合、从业和证书相结合、能力和证书相结合,在全球范围内最具影响力的几种证书都与商务英语挂钩。英美两国积极开发多种商务英语资格认证考试,大力推行商务英语认证模式。大家耳熟能详的剑桥商务英语证书(BEC:Business English Certificate),就是英国剑桥大学考试委员会负责组织的 EFL 系列分级考试证书之一,是专为学习者提供的国际商务英语资格证书考试,主要考察在真实工作环境中的英语交流能力,被欧洲乃至全球众多教育机构和企业认可,证书终身有效。目前该考试由中英双方合作引进中国,证书权威性高,素来被美誉为"外企绿卡",被英联邦各国及欧洲国家商业企业部门作为英语能力证明的首选证书,越来越多的公司使用 BEC 来评估雇员、员工和应聘者的语言技能(汤朝菊等,2014)。

由于英国在全世界推进"语言经济政策",许多非英语国家的商务英语学习者数量逐年增加,英国为了培养更多的商务英语培训讲师,全球著名的职业资格颁证机构 LCCI(英国伦敦工商会)于 2001 年开发了 FTBE(First Certificate for Teachers of Business English)证书考试,是专门为商务英语教师设计和量身定做的商务英语教学资格或执业证书。报考者需要具备教授商务英语课程所需的知识与经验。测试考察商务实践与商务词汇知识,以及对运用商务英语专业教师教学方法的理解程度。获得该证书者被认可为"掌握教授商务英语课程应具备的专业技能(Professional Skills),领会有效的商务英语课堂教学方法(Teaching Methodology),了解商务英语教学所涉及的商务概念(Business Concepts and Awareness),教授英语课程的基本知识与经验"(汤朝菊等,2014)。

除了这两个考试之外,最近几年在国内兴起的托业(TOEIC)考试,也是主要用于检验参与者商务英语水平和商务技能的专门用途考试。托业考试的全称是 Test of English for International Communication 测试,所以又被称为国际交流英语考试,它是针对在国际工作环境中使用英语交流的人群而指定的英语能力测评,由美国教育考试服务中心设计,因此具有美国特色,被称为"商业托福",实用性和权威性极强,认可范围广。TOEIC 考试已经成为全球评估聘用员工和现有员工英语能力的认可标准,该考试被众多的公司采用,从小企业到跨国公司、政府机构,在许多行业和区域运行。具体地说,TOEIC 被用来作为英语能力的评估,一是在酒店、医院、餐厅、国际会议或运动会等工作中使用英语的人员;二是在国际商务、商业和工业工作中需要英语的管理人员、销售和技术员(汤朝菊等,2014)。英国和美国推行的商务英语认证模式,既提高了商务英语在社会大众中的公信力和可信度,也对商务英语培训学习产生了巨大拉力,具有很好的社会和经济效益。

8.2.6　国外商务英语课程培训师资

国外商务英语由于具有"职业教育"的特点,培训教师来源广泛,有着不同的教育背景和工作经历,但都具备共同的职业素养。国外商务英语教育机构对于"教师"的选拔标准和工作要求,应该引起国内商务英语界人士的对比反思。

国外商务英语培训教师大部分都有大学学历,并且具备 EFL(英语作为外语教学)资格证书和外语教学工作经验,语言学校定期或不定期的要求教师拓展培训课程种类,其中包括商务英语培训课程,教师具有多门类的语言培训课程教学经验,对于从事商务英语培训有着积极的促进意义。

由于商务英语培训不是简单的语言教学,它包括商务专业技能和普通语言技能。语言学校倾向于聘用具备商务背景的教师,这些培训教师了解公司组织运转的方式和企业管理的运作原理。教师能在教学过程中运用自己在企业工作的经验,为学生的专业学习设计实用的案例,使学生真正掌握知识。但是,语言学校强调商务英语培训教师仍然还是语言教师,他们没有必要成为任何一个特定商务领域的专家,语言培训教师不承担教授商务专业知识的任务。教师更重要的任务是解释和教授语言知识以及诊断学习者的语言问题,识别学习者现阶段的语言水平,了解学习者的语言需求,设定课程目标和设计课程项目,为他们选择内容和水平都适宜的教材,制定语言学习任务,并根据这些情况设定课程大纲和开展教学活动。

国外语言学校还有一些既没有商务背景,也没有 EFL 教学经历的商务英语培训师,他们曾经是地质学家、建筑师或者学校的生物教师。他们从事这个职业主要是因为个人定居国外,可以使用他们的母语——英语作为工作语言。他们具备语言职业教学的基本特点,如有国外生活经历,至少学习过其他一门语言,在真实的环境中使用过语言。这些语言学习使用的经历,使他们理解语言学习者在非母语环境中的学习心理,可以更有针对性地进行语言培训。国外选用语言培训教师真可谓是"不拘一格降人才",讲究的是真正的具备实际教学能力。国内的"新东方"就是这种"师资理念",大专毕业的学生也可以上讲台,只要教师的语言教学效果明显,受到学生的欢迎就可以当老师。

8.2.7　国外商务英语课程培训教材

国外商务英语教材分为印刷教材和真实场景材料,其中印刷教材又分为商务英语教材、补充材料、特定工作材料、自学教材、商务技能培训教材、视频材料、商务模拟游戏以及参考书目;真实场景材料包括公司年报、产品宣传册、内部通讯或杂志、公司视频、报告和备忘录、信件、会议记录、合同、公共信息材料、录制的现场音频或视频等等。其中商务技能培训教材受到培训市场的欢迎,因为这种类型的教材是由具有丰富商务经历和培训经验的教师设计,他们对课程的目标技能进行了认真的研究,所呈现出的语言培训要点具有很高的可信度。商务技能培训教材为商务英语教材和真实场景材料之间建立了桥梁,更贴近于真实英语使用环境。对于无工作经验的学习者来说,教材描述了真实的商务环境、商务行为和工作程序。对于有工作经验的学习者来说,他们从中可以学习到一些技能,例如如何与他人合作共同解决问题、如何更加有效地沟通等等。

教材和材料的选择与评估有着固定的工作流程及标准,教材的选择主要基于学习者的类型。无工作经验的学习者适合选用包含商务理论和实践学科信息的教材;有工作经验的学习者选择一些提供特定商务背景知识,需要学习者完成相应任务的教材,如描述你工作的公司的产品。国外影响较大的教材评估标准主要有 Hutchinson and Waters 教材评估一览表,评估的内容主要包括教学对象、教学内容、教学目的、教学方法、教学成本等方面。Breen and Candlin 的教材评估指南分为两个阶段:第一阶段拟对所选教材用途提出标准,如教材的主要目的和教材内容、教材对学习者和教师课堂教学的要求、教材是否是课堂语言学习的唯一材料等;第二阶段评估以对课堂语言学习的敏感性为中心,对课堂活动设计提出一些标准,如教材能否满足学习者的需求和兴趣、是否适合学习者的学习方法、是否与课堂教与学过程一致。该教材评估指南结合了对学生学习方法、技巧培训和课堂学习诸因素的考虑,强调以学习者为中心,重视学习过程,关注课堂教学形式的变化(咸修斌、唐文龙,2005)。英美国家商务英语教材可以说是丰富多彩、各式各样,充分体现出国外商务英语教材个性化、系列化和真实性的特点。

8.3 研究国外商务英语课程培训的启示

通过以上关于国外商务英语课程培训特点的分析,我们发现国外商务英语课程培训与职业教育紧密结合,更加强调应用性、实践性,更加注重产学结合。了解国外商务英语课程培训的状况,分析课程设置的特点,对比我国商务英语课程体系与国外商务英语课程体系的差异,学习国外商务英语课程培训的经验,可以给中国的商务英语课程体系建设提供一些启示和建议。

8.3.1 合理设置商务英语专业课程

办学思路和教学理念是商务英语教育的导向牌,直接决定了商务英语专业发展的方向性,必须给予清晰明确的"定位"。对比国外商务英语教育,我国商务英语教学容易出现如下问题:① 重视英语,忽视商务;② 专心商务,忽视英语;③ 过分强调技能训练,轻视基础理论学习;④ 课程简单叠加,没有融会贯通(汤朝菊等,2014)。究其根本原因,就是因为专业课程设置思想摇摆于"商务"与"英语"之间,孰轻孰重,难以取舍。归根结底,还是由于教学理念不明确,商务英语教育缺乏"商务英语教学大纲"所导致的结果。

国外的商务英语经过近 100 年时间的发展,比较好地解决了两个基本问题:一是商务英语的"学历教育与职业教育关系问题",二是商务类课程与英语类课程的关系问题。国外商务英语课程设置体现了"商务是中心、语言是工具"的教学思想和办学理念,商务英语教育围绕着既定的培养目标选择课程,进而形成了以商务知识为主、语言知识为辅的国际商务英语专业课程设置模式。

我国商务英语专业要充分体现自身的人才培养思路,即要坚持培养国际化复合型素质人才教学目标。"国际化"和"复合型"是商务英语课程体系的主要特色构件,国际化必须立足于经济全球化和贸易国际化,打造国际商务的专门人才;复合型必须是"商务"和"英语"两大能力兼具;素质人才必须有"人文素养"。我们要树立中国特色的商务英语教学理念,即商务英语的教学目标是英语、商务和跨文化三种知识与技能的综合运用,教学理念以需求、实践、特色为导向,突出商务英语复合型、应用性学科专业优势。

国内商务英语课程设置要整合好统筹与细化、通识与专业、理论与实践的关系。树立以英语为语言媒介、以商务知识为主要内容、以培养商务意识和商务能力为目标的教育理念。当前,应当着力改变我国多数高校商务英语专业以英语语言教学为主、以商务知识学习为辅的课程设置指导思想。最起码应该给予商务与英语"平起平坐"的教学地位,充分满足学生提出的增加商务类课程的共同要求,提倡商务知识与英语技能融合式教学。高校要改革课程设置,使课堂教学活动逐渐以商务知识为中心,把最新的现代管理、经济、金融、法律方面的知识传授给学生,包括向学生介绍国际商务活动的最新动态、商务理论、企业的经营与管理、旅游业与环保、国际贸易理论及相关的进出口业务等(冯敏等,2011)。同时,要把单纯语言知识的讲授、语言点的分析、词汇的解释转变为语言技能的提高,在商务类课程中学习英语技能。这样也符合商务英语人才的培养目标,即培养"适应经济全球化竞争,能够胜任国际商务管理、国际贸易、国际金融等部门工作的国际商务英语专业人才"。

8.3.2 改革商务英语考试(核)评估制度

国外学校注重学生对所学知识的理解和运用,而不是对于学生记忆能力进行测试,这是国外大学普遍的考核测试指导思想。国内期末考试在 2 个小时左右的测试时间里,就对学生一个学期的学习效果做出判断;而英国的大学会通过多种形式、多种渠道给学生以展示其学习收获的机会。学生不可能因为一次的成功就获得高分,也不会因为一次的失败而参加补考。仅仅擅长于书面表达而缺乏沟通能力的学生无法得到高分;同样,擅长演讲,合作能力强,但缺乏对理论的深刻把握与运用,书面表达能力欠缺的学生也无法得到高分。只有理论与实践、书面表达能力与口头表达能力同时提高,综合能力全面发展才有可能获得优秀的成绩(冯敏等,2011)。

商务英语专业考试的目的,一是为学生进一步改进学习方法,二是为教师改革教学方法和授课内容,三是为管理者优化教学管理和制定决策提供信息和依据。所以,商务英语专业考试制度的改革必须以"有益于学生能力的培养"为前提和指导思想。唯有如此,考试或考核才能发挥其应有的作用,并产生其应有的效果。基于商务英语专业的特性和实际情况,对传统专业考试制度的改革势在必行。商务英语专业的考试不应以闭卷测验为主,而应以案例分析或论文写作为主;不应以记忆力的测试为主,而应以分析和综合运用知识的能力考核为主;不应以一次性考试的成绩作为对专业水平的评判,而应采用多种形式,通过多次考核,将笔试与口试相结合,将平时课堂表现与各项考核、考试成绩相结合,全方位、多渠道地给予学生展示其专业知识和技能水平的机会,进而对学生的真实学习状况做出较为公正的评判(冯敏等,2011)。

商务英语的教学评估一定要注重过程评估,打破中国式的考分体制,如中兰开夏大学合作项目的学生只要 40 分就算通过,60 分以上有奖学金。教师要在商务教学过程中积累评估结果,主要的考评方式是案例分析、课程论文和实践报告,可以事先布置"作业",给学生充分的时间和活动平台完成作业。学生采取团队或小组合作的方式完成项目作业,既能够体现个人能力,也可以倡导合作精神。

8.3.3　培养商务英语"双栖"复合型教师

经济全球化与贸易国际化,对商务英语师资队伍的储备和建设提出更新更高的要求,我们的师资队伍面临重新学习、重新定位、重新转向的挑战。培养和贮备双师型和多师型的商务英语教师,是解决商务英语发展瓶颈问题的根本出路。所谓"双师型"、"复合型"、"双栖型"教师等说法,都是特指商务专业知识(技能)和英语专业知识(技能)兼具一身的教师。因为复合型的教育是培养复合型人才的基础,而复合型教育必须要有复合型的教师,否则,商务英语教育将是毫无意义的空谈。

国内目前大学老师的录用,有着一些貌似严格公正的"规定"和"潜规则",如不是博士毕业生不能担任大学老师,以至于出现无论研究教学型、教学研究型或是教学型大学,都是非博士生不予录用、非科班出身的教师不受欢迎的现状。对比之下,英国高校在录用教师方面宽松许多。中兰开夏大学国际商务英语课程教学小组几位教师没有一位拥有博士学位,而且所受教育非常复杂,按说他们的"学历层次"和"教育背景"肯定不合格,但他们具有商务管理方面的专业知识,又有一定的实践工作经验,接受过任教资格培训,同样胜任商务英语教学工作。国外商务英语教师队伍的实际情况和国内商务英语教学实践充分说明,对比一些学历高、缺乏实践经验、"专而精"的教师,那些具有实际工作经验、知识面较广的教师更受学生们的欢迎。当务之急是要培养一批具有先进教学理念、能采用先进教学方法和教学手段、能用英语教授商务课程的教师。努力提高师资队伍的专业水平,拓宽教师的专业知识背景,尽快培养出一支既精通英语又具备足够商务背景的"双栖"复合型师资队伍,是关乎商务英语学科的基本建设问题。

8.3.4　建设具有国际化特色的课程体系

商务英语是一门"面向世界"的具有"外向性"特点的专业学科,加大国际化办学力度,全方位地与国际教育接轨,突出商务英语课程体系的国际性特点,是对国内商务英语课程体系建设提出的新要求。

在商务英语专业招生方面,需要体现跨文化和国际商务环境特色。大多数国外高校的国际商务英语专业每年都会进行全球范围内的招生,使得本国学生有与来自全世界其他国家的不同文化背景的学生一起学习和合作的机会(崔轩玮,2014)。国外有的学校做出明确规定,学生中必须要有一定比例的外国留学生,学校就是要创造一种多元文化的学习氛围,开阔学生的全球化视野,营造跨文化学习和交流的环境,了解和认知异国经济文化的精髓和内涵,这种国际化办学模式值得学习借鉴。

从培养学生的角度来看,国外国际商务英语专业的培养教育侧重于创造跨文化的环境,让学生在其中逐步培养沟通能力和学习的能力。而教师授课使用的语言也全部采用国际通用的英语。与国内高校普遍实施的四年学制相比,国外高校的国际商务英语专业一般学制为三年。在第三年的时候,各高校会安排部分学生到国外高校交换学习或者是到国外的企业实习,培养学生在国际环境中学习和工作的能力(崔轩玮,2014)。

商务英语在整个课程设置和教学设计中,培养学生国际化的视角成为整个专业学习的核心所在。所有专业课程的教学内容都应该在基本知识点讲授的基础上,着重拓展学生的国际视野,以国际化的视角对知识点进行深入的分析,要求学生从国家差异比较的视角来学习管理知识。有的商英专业开设"国际商业战略"课程,专门聘请国外教授讲授,给学生截然不同的学习视角。商务英语专业还可以开设有深度的中外文化内容课程,提高学生中外文化修养,在"比较文化"课程的学习中,提高跨文化商务活动者应该具备的文化感知力。

商务英语课程设置需要具备国际性的特征。我国高校本科层次的"国际商务英语"专业的课程设置已经较好地与国际接轨,专业必修课程包括国际商务管理、国际财务管理、国际经济学等全球商学院所通用的核心课程,不同地区的高校可以根据自己的特长,结合国家经济发展战略思想,如"一带一路"、"自由贸易区"、"亚洲投资银行"等项目,开设一些具有比较优势的课程。比如开设有关东盟自由贸易区、中韩自由贸易区的课程,亚洲区域基本建设课程,丝绸之路文化与经济发展的课程等,提供给学生更多的地区和国际领域商业知识,培养在特定的地区从事国际商务的专业人士。

商务英语专业要树立"大商务英语学科"的发展思路,根据"一带一路"发展经济战略,及时调整专业方向和专业设置,增加如自由贸易区、跨境电子商务、国际运输、国际工程、机械装备、电力水利、工程服务、产能输出、国际投资、海洋经济、跨文化人力资源管理、国别文化、区域文化、民族文化等专业和研究方向,以适应"一带一路"经济发展战略的专业需求。可以采取走出国门办学和与"一带一路"地域单位联合办学的方式,拓展学科专业的覆盖面,为"一带一路"所在地域的经济发展提供人才和专业技能支持。

商务英语专业有着覆盖高职高专、本科、研究生和博士生学历庞大的学生群体,还有一大批学者、专家、教授和教师组成的师资科研队伍。这是一支难得的"国际化"工作人才队伍。商务英语学科具有语言和商科的双重专业优势,有着各自学校门类和学科专业特色优势,还有"商务外语"的"语种"专业优势。开办商务英语专业的高等院校涉及全国各个行业领域,各个院校分别处于"一带一路"的区域,具有"无缝对接"经济战略支点的地域和行业优势。很多院校本身就具有"服务于地方经济发展"的办学特色,且有一些成功的教学实践经验。作为站在国家经济发展前沿的"语言经济学科",商务英语专业应该按照统筹兼顾、共同发展的思路,各个开办商务英语专业的院校应该主动地承担"一带一路"的经济研究项目,形成一个全方位加入国家"一带一路"经济发展布局的教学科研和实践工作模式,体现出商务英语国际化课程体系的教育优势,在参与国家开放经济发展实践中,进一步提升学科专业的国际化办学水平。

8.4 结论

综上所述,国外的商务英语教育培训,特别是英国和美国的商务英语培训,从 20 世纪 20 年代发端,经过将近 100 年的发展历程,形成了职业教育、企业培训、学历教育和认证资格教育为一体的课程培训体系,展示出国外商务英语教育覆盖面广泛、课程体系建设比较成熟的综合特征。我们以英国和美国为主要研究对象,分析国外商务英语课程体系的主要特点,通过对英国与美国等国外商务英语专业的办学思想、教学理念、课程设置、教材建设、培训机构、认证模式、教师队伍、教学考评等方面的分析和比较,我们认为,对比研究国外和国内商务英语课程体系,主要有两大问题,一是关于"职业教育"和"学历教育"均衡发展问题,二是关于商科专业课程设置与英语课程设置的权重问题,特别是商科专业知识和英语专业知识融合教学问题,成为商务英语课程体系的核心问题。国外的商务英语教育已经实现了社会化、职业化、个性化、层次化,教育普及程度比较高。我国商务英语目前还是以"学历教育"为主,对于商务英语职业教育(有工作经验的人群教育)需要提高认识,制定政策,加大力度,注重投入,加强引导,推动商务英语教育向更广阔的社会领域发展。通过一段时间的努力建设,形成专业课程与职业培训课程设置完整齐备,职业教育和学历教育同步发展,社会办学和国家办学齐头并进的商务英语教育格局。

研究表明,商务英语既然是 ESP,重点还是要走"以语言为基础、以商务为中心、以实践为目标"的教学模式,教学形式必须"专业化、口语化、针对性"。以培养"精英语,懂商务,会操作"的高技能复合型现代涉外管理人才为主要目标,建立"外语+专业+技能"的复合叠加式课程体系。现在首先要解决的就是"商务"与"英语"专业权重配置问题,我们建议商务专业与英语专业起码应该放在同等权重的位置,这也是在实证调查中学生们的呼声。

我国商务英语专业存在和发展有着独特的"比较优势",课程体系建设适应国家"开放型经济发展"的需要,这是英美等国外商务英语课程体系所没有的根本性特点,也是我们在进行"国外商务英语课程体系研究"时必须把握的核心观点。商务英语教育适应国家经济和社会发展的需求,紧紧地服务于国家改革开放的大局,打造商务知识(技能)与英语知识(技能)相融合的课程体系,为国家培养复合型、应用性的国际商务专门人才。这既是具有中国特色的商务英语课程体系,也是我们在研究分析国内外商务英语课程体系时,必须关注和坚持的基本立场。

第9章
CIPP 评价模式与商务英语专业课程体系建构

9.1 导论

国内商务英语专业的课程设置,都是围绕着英语和商务两大模块进行双语或全英教学,课程设置的合理性与有效性,对于实现商务英语专业人才培养目标,具有十分重要的作用。而课程评价理论及其实际运用,可以为建构课程的必要性和可行性,提供系统的理论支持和设置原则。斯塔弗尔毕姆的 CIPP 评价模式是近年来公认优秀的一般评价模式,一些学者将 CIPP 模式运用到高校课程评价中,形成 CIPP 课程评价体系(蒋国勇 2007;昊飞 2007;肖远军 2003)。本章针对商务英语专业的现状,着重论述 CIPP 课程评价模式在商务英语专业中的运用,为建构商务英语专业课程体系提供建设性的意见。

9.2 CIPP 评价模式简介

课程评价是课程开发的基本问题和核心环节。在我国课程评价模式研究应用过程中,评价工作多数是采用拉尔夫·泰勒的目标导向评价模式。该模式把目标、教学过程与评价作为一个循环圈,预先设定的目标是评价的唯一标准,评价的对象是目标中规定的对象。这种模式显然是"将预先选择的目标提升到过程之上,而且外在于过程本身,然后再根据目标选择经验并加以组织,最后通过评价确定目标的达成度"。随着教育理念的发展,这种目标导向评价难以评价教育活动中的非预期效果,不能体现以人为本的教育理念,而在目标模式基础上发展起来的过程导向模式更能满足教育实际的需求(李雁冰,2002)。

CIPP 评价模式是由美国著名教育评价家斯塔弗尔毕姆(Stufflebeam)于 20 世纪 60 年代末 70 年代初提出来的,它是一种以过程为导向的决策模式,其主旨是目标的合理性和可行性,评价不是为了证明,而是为了改进。评价不应单纯地以教学目标为中心,应以决策为代表的社会为中心。评价应为决策服务,为决策收集、组织和报告信息,它是"为决策提供有用信息的过程"(stufflebeam,2003)。在很长的时间内,CIPP 模式主要包括四种评价即四个步骤:背景评价(context evaluation)、输入评价(input evaluation)、过程评价(process evaluation)、成果评价(product evaluation)(Madausand et al. 1985)。取这四种评价的英文首字母,即形成所谓"CIPP 模式"。从 21 世纪初开始,斯塔佛尔比姆重新反思自己的评价实践,发现四步骤的 CIPP 模式还不足以描述和评价长期的、真正成功的改革方案。为此,他对其作出了补充和完善,把成果评价分解为影响(impact)、成效(effectiveness)、可持续性(sustainability)和可推广性(transportability)评价等 4 个阶段,下面是构成该评价模式的具体内容(Madausand et al. 1985)。

9.2.1 背景评价

背景评价(Context Evaluation)是对所在环境的需求、资源和问题的评价。"需要"主要包括那些为实现目的所必须的、有用的事物;"问题"是指在满足需要时必须克服的障碍;"资源"是指在本地可以得到的专家和提供的服务;"机会"主要指满足需要和解决相关问题的时机。背景评价的主要目的在于:① 描述所需服务的背景情况;② 界定预期的受益人并评定其需要;③ 弄清满足需要所存在的问题和障碍;④ 界定本地资源和资助时机;⑤ 评定方案、教学和其他服务目标的清晰度和适切性。背景评价的基本取向在于确认方案目标与方案的实际影响之间的差距,本质上属于诊断性评价。

9.2.2 输入评价

输入评价(Input Evaluation)是在背景评价的基础上,对达到目标所需的条件、资源以及各备选方案的相对优点所做的评价,其实质是对方案的可行性和效用性进行判断,对方案设计、工作计划和方案的财政预算等进行评价。评价者的任务包括:① 鉴别和调查已有的方案,以便作为新方案的对照;② 评价方案建议的策略。

9.2.3 过程评价

过程评价(Process Evaluation)是对方案实施过程中连续不断地监督、检查和反馈其目的:一是为方案制定者、管理人员、执行人员提供反馈信息,以便了解方案实施的进度以及是否有效地利用可用的资源；二是用于发现方案实施过程中潜在问题，为修正方案提供指导；三是为定期评估方案提供有效信息。总之，过程评价在于调整和改进实施过程，本质上属于形成性评价。

9.2.4　影响评价

影响评价（Impact Evaluation）是对方案到达、影响目标受众的程度作出评价，包括所要回答的问题：① 观察到何种影响（肯定的和否定的、预期的和非预期的）？② 参与评价人员是怎样看待这些影响的价值和优点？③ 获得满足方案预期对象需要的程度如何？

9.2.5　成效评价

成效评价（Effectiveness Evaluation）是对结果的品质和重要性进行评价。评价者的主要任务包括：访问主要的利益相关者；选择合适的受益人，进行深度的个案研究；汇总和评价方案的成效；撰写评价报告；将成效评价报告整合到不断更新的方案档案库中，最后整合到最终的评价总报告中。

9.2.6　可持续性评价

可持续性评价（Sustainability Evaluation）是指方案制度化达到什么程度，就可以长久地得以实施。评价者通过访问方案领导、管理人员和方案受益人确定是否具有可持续的可能性和必要性，并通过讨论和反馈确定可持续性的程度。

9.2.7　可推广性评价

可推广性评价（Transportability Evaluation）即在何种程度上，方案将会成功地被调适和应用于别处。评价者需要分析方案能够成功地被适用和应用于别处的程度，汇总和报告可推广性评价的发现；在反馈讨论会上，讨论可推广性评价的发现；撰写可推广性评价报告，提出具体的改善措施，并提供给委托人和公认的利益相关者。

9.3　商务英语专业课程体系引入 CIPP 评价体系的必要性

目前，许多学校设立了商务英语专业，但因为受到诸多因素的影响，如学校类别、学科资源、办学层次、地域情况等，各个学校之间开设的专业课程差别很大。同时，在课程体系中也存在一些需要研究的共性问题，如：哪些课程应该列入培养方案之内,以何种形式设置课程;各课程模块应该如何融合;如何提高师资队伍的教学水平和培养复合型教师;如何合理优化地利用各类教学资源,开设具有自身特色的课程;如何满足学生商务专业知识与外语能力同步发展的需求,让学生具有相关的商务专业知识和较强的英语交际能力,成为适应时代发展和市场需求的复合型英语人才(张佐成,2004)。这是开设商务英语专业课程都必须面对的问题。因此,引入 CIPP 评价体系非常必要,对合理设置课程和保证课程设置的可行性有着很强的指导意义。

9.4 ▶ CIPP 评价体系在商务英语专业课程体系建构中的运用

9.4.1 课程体系建构中的背景评价

背景评价本质上属于诊断性评价,它是课程开发和设计的基础。背景评价的结果直接决定在课程建构中哪些是必修课程,哪些是选修课程以及各门课程的培养目标和预期效果,并对现有的课程体系与教学大背景吻合度进行评价。

市场和用人单位对学生的要求是背景评价的重点项目之一。对外经济贸易大学江春和丁崇文(2004)通过对人才招聘要求进行分析,发现社会对商务英语人才能力的基本需求是:① 遵循英语语言规律,根据场景的需要正确应用语言资源的能力;② 了解商业行业的惯例和程序,掌握语用策略的能力;③ 了解商务领域知识的发展动态,适应商务发展变化趋势的能力;④ 跨文化交际意识和能力;⑤ 具备较高的综合素质。建议将商务英语课程设计成几个模块,如语言技能模块、商务知识模块、跨文化交流和人际沟通模块、综合素质模块等,可以将总体课程模块更加细化,并在每个模块下设立核心课程,这对于在 CIPP 模式下建构商务英语专业课程体系具有指导意义。

如广东外语外贸大学商务英语本科生就业去向层次比较高,深受"四大"会计师事务所、国内外商业银行、外贸企业等用人单位的欢迎。分析这些相关行业对于毕业生职业知识储备的要求,也是背景评价的基本内容。

课程体系设置与教师知识结构紧密相连,关于师资状况的分析也属于背景评价的重要指标之一。如学校商务英语专业教师师资队伍构架,具有公司工作经验的教师所占比例;教师自身的教育背景,有无商科学历或出国培训经历等。这些对于学校按照培养目标开设课程和保证课程质量,有着举足轻重的作用(张佐成,2004)。

商务英语专业人才培养目标也是背景评价的重点项目。教育部公布的《高等学校商务英语专业本科教学要求》,将"商务英语"定义为:"在经济全球化的环境下，围绕贸易、投资开展的各类经济、公务和社会活动中所使用的语言，具体包括贸易、管理、金融、营销、旅游、新闻、法律等"，并明确把商务英语本科课程划分为四大模块：语言知识与技能、商务知识与技能、跨文化交际能力和人文素养。这些课程体系共同培养学生的语言和商务技能等（江春等，2004）。广东外语外贸大学根据商务英语学科发展需求，制定商务英语本科专业的人才培养目标，即"培养具有扎实的英语语言基础、娴熟的英语交际能力、良好的文化素养、系统的商务知识、宽阔的国际视野，善于跨文化交际，适应经济全球化竞争，能胜任国际商务管理、国际贸易、国际金融等部门工作的国际商务专业人才"（平洪，2009）。培养目标的具体要求如下：① 具有扎实的英语语言基础和熟练的听、说、读、写、译能力，通过英语专业八级考试；② 熟悉英语国家文化，具备较强的跨文化商务交际能力；③ 系统掌握国际商务的基本知识和技能；④ 具有第二外国语的初步应用能力；⑤ 掌握文献检索、资料查询的基本方法，具有初步科学研究的能力，能够使用英语撰写与国际商务相关的毕业论文。通过对市场需求，就业去向，师资状况和培养目标等方面的背景评价，可以清楚地看到本科院校商务英语专业培养目标的共同点是"扎实的英语语言技能和专业的商务职业技能"，语言运用能力和商务职业技能是课程设置的核心，体现了培养目标与课程建设的内在关系，对于建构商务英语专业的课程体系具有积极意义。

9.4.2　课程体系中的输入评价

输入评价的目的是为了形成一个最佳课程体系设计方案。商务英语专业课程体系的输入评价要解决以下问题，即在背景评价的基础之上确定输入什么样的课程，各门课程应采用什么样的课程材料，什么样的教学方法最为有效，现有的课程及相关输入材料是否与背景需求相一致等。开设"商务英语专业"的学校都是按照"英语＋商务"的模块进行授课，只是英语与商务的课程比例不同，"英语"中英语基础和英语语言课程的分配略显不同，存在商务课程设置多样化和授课方式的差异性。如目前"商务"分为三种教学方式，即基本商务知识技能类课程，中文讲授商务知识，全英讲授商务专业课程（李亦华 2006；窦卫霖 2005）。其中，第一种为大多数学校所采用，因为师资和学生因素所制约，只有广东外语外贸大学采用全英教学方式。

从背景评价得知，课程的输入应该是先夯实英语语言基础，然后再进入商科知识学习。很多学校在本科一、二年级注重培养语言基础知识和能力，包括语法、词汇、语音、语言学、语言学习策略等课程知识；在技能方面围绕综合英语的听、说、读、写、译等方面开设课程。但从用人单位和学生就业需求来讲，这种基本语言技能训练应与商务背景相结合，以区别于普通英语专业。英语基础知识技能课程应选用商务方面的材料，如写作方面不仅是普通专四、专八的写作训练，而应掌握各种不同类型商务文书（例如备忘录、商务信函、商务报告、企划书）的写作格式和规范，并能够在商务活动中运用自如；适当增加商务英语基础课程，如跨文化商务沟通课程，为三、四年级的课程学习和社会实践做好准备（对外经济贸易大学商务英语理论研究小组，2006）。语言类专业课程主要是针对读研或从事相关研究，并不是商务英语就业储备知识的主要内容，将语言学基本知识如语言学概论纳入课程体系满足学生需求，如广东外语外贸大学课程设置中语言学课程占有10％的比例。值得注意的是，有的学校开设商务综合英语、商务口语、商务翻译等基础课程，但实际使用的教材却是普通英语教材或是老师自己汇编的教材，这样不利于专业定位和培养学生商务意识，也难以做到在商务环境中英语知识与商务知识素养的共同提高。

三、四年级学生主要是学习商务专业知识和掌握商务技能。商务知识（技能）涵盖内容范围广泛，从理论上讲需要开设很多课程，但在有限的学时里是不切实际的，因此在商务课程模块里有必修课程和选修课程。有些学校只开设部分专业课程，如"组织行为学"。建立在背景评价的基础之上的 CIPP 模式的输入评价，从培养目标和职业需求来看，"商务知识与技能、跨文化交际能力和人文素养"主导着课程设置。如广东外语外贸大学商务类课程共 32 学分（占专业课学分的 29.9％），其中必修课 18 学分，包括当代商务概论（英）、微观经济学（英）、宏观经济学（英）、会计学原理（英）、商务统计（英）、国际贸易（英）、国际金融（英）、营销学原理（英）和国际商法（英）等课程；专业方向选修课 14 学分，其中，国际商务管理方向包括管理学原理（英）、企业战略管理（英）、组织行为学（英）、人力资源管理（英）、电子商务（英）、股份公司财务会计（英）、管理会计（英）、公司理财（英）、国际商务谈判（英）等课程；国际贸易方向包括中国对外贸易（英）、国际贸易实务（英）、电子商务（英）、货币银行学（英）、国际结算（英）、计量经济学（英）、财政学（英）、财务管理（英）、国际商务谈判（英）等课程；国际金融方向包括货币银行学（英）、商业银行管理（英）、投资学（英）、中央银行学（英）、国际结算（英）、金融市场学（英）、国际贸易实务（英）、财政学（英）、财务管理（英）等课程。

上海对外贸易学院开设的课程有国际商务英语入门、国际商务英语（中级）、商务入门、商务和管理实践、学习技巧与交流、国际商务经营英语、英语国家概况、跨文化交际、国际金融、营销入门、项目英语、国际商务交流、全球化与商务、文化与商务、国际商务环境、国际管理实践、人力资源管理原理等。对比所开设的课程发现，这两所学校都强调培养跨文化交际能力和掌握经济、金融、营销、人力资源、国际商务、国际贸易等基本商务知识，符合教育部提出的相关要求。但两所学校所开设的课程也存在差异性,如课程内容的深度和广度不统一。广东外语外贸大学将商法类课程作为必修课,上海对外贸易学院增设了文化概况课程,这与学校的办学理念以及学生的需求有着密切关系。

从背景评价的社会需求来看,课程设置要有长远的眼光,密切关注商业业态的动态发展。教材应该添加一些顺应社会时代发展的新鲜营养内容,可以开设一些锻炼学生思维,具有前瞻性的课程。如有的学校开设高等数学、统计学、逻辑学等课程,对提高学生思维能力和全面发展大有益处(彭川,2011)。

从上面的输入评价得知,在参考背景评价后,我们认为商务英语专业课程输入包括:基本英语语言技能占总课程的 40%;商务材料与商务技能占总课程的50%;必修课程为经济、金融、营销、人力资源、国际商务、国际贸易、国际商法等;选修课程为语言学知识 5%(语言学导论)与人文素养 5%(逻辑学、古典哲学)等。这是一个基本的课程框架,在课程设置的实践过程中,需要根据学校自身的具体情况,再进行个性化的设计。

9.4.3　课程体系建构中的过程评价

过程评价是在输入评价的基础上,经过监督、检查和反馈的一种形成性评价,它重点关注课程在实际教学过程中贯彻实施的情况。目的在于调整和改进实施过程,它需要确定已设立课程的有效性、教学人员的素质、学生在课程学习中的表现以及学生对教学效果的满意度等。过程评价本身也应该是多维度的和多种形式相结合的评价体系。

在过程评价中,课程是否能够有效实施主要体现在三个方面,即教学设施、教学人员和教学对象等。教学设施主要体现在现有教学设备是否能够满足人才培养需求,是否能够满足教学人员和教学对象教和学的要求,选用教材是否符合课程大纲要求,并且适合学生能力水平等。教师应该在教学过程中体现出教学的有效性,有效把握教学材料、教学对象、教学方式方法,提高学生接受知识和技能的效率。加里·D·鲍里奇(2002)认为,教学人员有效教学至关重要的五种行为是:清晰授课、多样化教学、任务导向、引导学生投入学习过程、确保学生成功率。商务英语教学工作的有效性体现在是否具备德才兼备的教师素质,是否具备讲授课程所必须的理论知识和实践技能,是否能够将知识和技能有效地传授给教学对象等。教学对象方面的有效性主要是指,学生是否能够积极参与课堂活动,是否能够接受教学内容,是否能够在教师创设的情境中有效地学习,是否能在教师指导下独立操作业务流程等。如学生在课程中的表现如何,在课程的进行中学生是否满意教学安排或教学计划,课程设置中哪些部分缺乏有效性等。学生这些反馈意见,对于优化商务英语课程设置具有积极意义。试以高职院校商务英语专业为例,通过分析商务英语专业学生对专业课程的反馈意见得知,在专业教学中应该改进的主要是实习和实践环节,具体如表 9.1 所示。

表 9.1 商务英语专业课程教学情况调查

	课程内容实用性	调动学生兴趣	学生参与课堂	实习与实践	其他方面
人 数	8	7	5	20	6
百分比	17.39%	15.21%	10.87%	45.65%	13.04%

注:数据来源于麦可思数据有限公司对南通航运职业技术学院 2011 届商务英语专业毕业生的调查。

在学生对课程设置的反馈意见中发现,多数学生希望专业课程由理论课和实训课两部分组成。理论课以教师讲解为主,在实训课中培养学生的商务实际运用能力。高职高专课程教学中的实习和实践环节,既是教学中的重点,也是教学中的难点,必须要有较为合理的教学模式,才能取得良好课程教学成果。高职院校在设计实习与实践课程环节时,要坚持"工学结合"、"校企合作"开展教学活动,邀请企业一线专家到校内兼职讲授专业课程,开设职业特点、工作内容和能力要求方面的讲座。利用校内实训基地进行工作业务流程的虚拟操作,让学生参加商务类的职业资格证书考试;在校外,组织学生到企业观摩和参加展销会,亲身体验企业运作实际过程。学生参与企业活动也是实践训练的有效方法,如在讲授国际市场营销课程时,学生以团队的形式为公司品牌产品进行营销企划,制做全英文的营销企划案、广告视频短片或宣传海报等,培养学生的动手能力、团队合作能力、沟通能力、分析问题和解决问题的能力。企业根据学生的作品挑选适合公司的营销方案,进而储备合格的专业人才(徐仁凤,2012)。

9.4.4 课程体系建构中的影响评价和成效评价

课程体系影响评价和成效评价主要体现在毕业生用人单位,通过以课程体系的结果(毕业生)和结果受益人(用人单位)作为衡量课程质量的出发点,从而得到最终的评价报告。与影响和成效评价相关的问题是毕业生对所获得的工作是否满意,这些课程对于他们求职或已在的工作岗位有无帮助,用人单位对毕业生的表现如何评价等。影响和成效评价还从其他的角度改善现有的课程体系。广东外语外贸大学教师赵军峰(2006)对全国 44 所院校商务英语课程培养毕业生的调查结果是:24 所高校认为"专业+外语(商科学位)"毕业生最受欢迎;9 所高校认为"外语+专业(语言类)"毕业生最受欢迎;其他高校则认为"双学位"毕业生最受欢迎。调查结果表明需要加大商科专业知识课程力度,适应市场需求。重庆大学硕士生李盛(2004)对从事商务工作的 30 多名员工(英语专业毕业生)进行职业需求调查发现：将近 80％的人认为熟练的英语能力是商务沟通的关键因素,因而必须提高学生的英语水平;他们还提出学校应该提供更多的实践平台,注重知识转化为能力的培养,特别是要提高英语交际能力。有 60％的人提出要注重学习人际沟通、贸易、销售、市场营销、会计等方面的知识;有 40％的人建议学习国际商业文化规则很有必要,帮助学生提高文化多元性意识。

我们通过观察上海对外贸易学院 BBS 和其他就业网站,发现用人单位对商务英语毕业生所展现的诚信意识、服务意识、团队精神、外语应用能力、学习能力、人际沟通能力、业务能力都给予高度评价,认为该校商务英语毕业生思想政治素质良好,专业理论基础扎实,熟悉和掌握国际商务通行惯例,具备国际商务各学科专业的复合优势和外语应用能力强等特点,具有很强的竞争力和宽广的适应性。外交部对对外经贸大学商英专业学生的评价是:该校毕业生政治素质高,适应工作快;专业知识和外语基础扎实,眼界宽广,思维比较开阔;具有较强的创新、应变、沟通能力和较强的组织纪律性。从上述毕业生和用人单位的反馈意见可知,影响评价和成效评价与前三种评价互相呼应,成为完整的评价体系。

9.4.5　课程体系建构中的可持续性评价和可推广性评价

对商务英语专业现有的课程体系进行可持续性和可推广性评价,可以鉴别出存在的优点和不完善之处,便于改善后的课程体系方案更有效地发展。可持续和可推广性主要指是否有足够的资金投入,能否适用于不同学校,能否在相当一段时间内顺应市场的需求等。从长远角度看学校、学生、教师会受到什么样的影响,制定的方案实际实施效率情况等。该项评价是建立在前面各类评价基础之上,也是对前面所发现问题或优点的评价。为了实现课程体系的可持续性发展,课程建构应该与市场需求、培养目标、学生需求等方面相结合。学校等相关机构应适当加大对课程建设的投资,提高师资的教学水平,尤其是要加大对没有商科背景和企业工作经验教师的培养,从而保证课程体系方案实际操作的顺利进行。

9.5　小结

随着商务英语专业的迅速发展,商务英语专业课程体系的建构变得日益紧迫和重要,将 CIPP 评价模式与现有的课程体系结合,从上述七个方面进行评价,有助于全面加强商务英语课程体系的建设。正如斯塔弗尔毕姆所说的评价的目的是为了改进和发展,在 CIPP 评价模式的指导下,在各个评价指标或步骤调研分析的基础上,商务英语专业课程体系可以进一步改进完善。

第10章
结 语

　　进入 21 世纪,特别是近几年来,商务英语专业发展迅速,取得了令世人瞩目的成绩,学科建设已经日趋完备。但目前中国尚未建立起完善的商务英语专业课程体系,学科内涵式发展提出了建设科学合理的课程体系的现实要求。本研究的主要目的是通过论证分析商务英语专业课程体系的现实情况,设计出一套涵盖各个类别或层次院校商务英语专业课程体系的基本框架,提出设计学科专业课程体系的基本原则或基本标准,服务于推进全国高校商务英语教学改革,发挥商务英语专业课程体系既有的特色,进一步提升商务英语的办学质量和办学水平。

　　商务英语课程体系在培养目标、知识结构、课程设置、教材建设、教学方法、师资队伍和评价机制等方面有着突出的特点,彰显出商务英语交叉复合型专业学科的鲜明特色,在学科专业人才培养工程中发挥了积极的作用。在经济全球化的大背景下,为了适应国家开放型经济发展战略的需求,我们需要创造一个以学生为中心,以能力为目标,以实践为导向,构建集各种优势课程要素为一体的独特的商务英语课程新体系。

　　商务英语课程体系的构建主要借鉴 ESP、二语习得、需求分析、建构主义和自主学习等理论精华以及相关"教学理念"。基于这些理论基础的系统思考,商务英语课程体系的理论分析框架模型应涵盖基于建构主义理论的全人通识教育模块、基于 ESP 理论和需求分析理论的专业知识教育模块、基于自主学习理论的实践教学模块以及基于二语习得理论的大学外语教育模块。

　　实证研究结论认为:高职高专商务英语课程设置应该遵循服务于地方区域经济的原则,结合本地区经济特点,积极开设符合本区域经济、文化发展需要的课程;以服务地方经济为宗旨,以市场需求为导向,依托市场进行理性定位;要加大实践课时的比例,突出产学研合作,培养具有商贸知识的应用型英语人才;应充分利用区域资源开展项目合作,紧密联系区域经济产业结构和技术要求，建设与区域经济紧密相联的特色专业，更好地服务于区域经济。

本科商务英语专业的课程体系应遵循如下基本原则：基于学校层次、学校门类、所在区域的差异性，相关课程设置应该体现出层次化、地方化和特色化的特点。在坚持商务英语专业基本的发展方向（标准）的前提下，构建商务英语课程体系应该遵循四个原则：即资源优化配置原则、多维度匹配原则、弹性化原则和动态完善原则。

（1）资源优化配置原则就是要依托高校自身学科资源和办学优势，科学定位专业培养目标，合理设置课程和进行教材建设，构建既符合本土化的需求，又与国际接轨的商务英语课程体系。

（2）多维度匹配原则主要体现在：高校培养的人才与国家需要相匹配；专业培养目标与课程设置相匹配；专业培养目标与学校办学层次/定位相匹配；课程体系与当地经济特点相匹配；教材建设与课程体系相匹配；课程体系与学生需求和能力培养相匹配。

（3）弹性化原则主要表现在学科基础课程中语言课程和商务课程比例的弹性化，但弹性化原则也应保持商科类课程占 30％～40％，语言类课程占 60％～70％的比例。

（4）动态完善原则就是要根据市场需求的变化，进行动态调整，逐步建构科学合理的商务英语课程体系。

硕士研究生商务英语专业的课程体系应遵循如下基本原则：

（1）应结合学校自身特色、地域社会经济特征和师资队伍情况进行课程设置，增强商务英语课程设置的针对性，为培养高素质专业型英语人才服务。

（2）要根据生源和学生需求合理设置课程，加强商务课程和语言课程的有机融合。

（3）要合理分配商科类课程和语言类课程的比例，保持商科类课程占30％～40％，语言类课程占 60％～70％的比例。

博士研究生商务英语课程体系设计，要围绕国家社会经济发展战略的需要，准确把握本层次人才培养目标定位，根据为社会培养高校商务英语教师和商务英语研究人员的培养目标，科学合理地设置专业课程。并根据本专业交叉学科的特点和开展研究工作的需要开设相关课程，如语言经济学、人力资本理论、商务语言与文化、商务法规、跨文化商务英语交际、跨文化管理等。同时，为了提高博士研究生创新性地从事科学研究工作的能力，还应开设方法论、研究分析工具课以及新的科学技术和商务英语结合运用的课程等。博士研究生层次所设置的课程不宜过多，应加大学生研究思维能力的训练，着力培养学生的创新思维能力和科学研究能力。

以人才培养目标为纲，以实践能力为主线，努力创造一个以学生为中心，以能力为导向，构建集各种优势要素为一体的商务英语课程新体系，正是我们研究商务英语课程体系的出发点和归宿地。我们认为，构建商务英语课程体系的基本思路是：在教学理论、人才培养理论和学科本体理论的指导下，确立课程体系的理论支撑；积极响应社会经济对商务英语人才培养的要求，在"复合型教育理念"的指导下，紧紧地围绕人才培养目标构建科学合理的课程体系；在教学理念、理论基础、培养目标、专业设计、知识体系、教学内容、课程设置、教材建设、教学方法、师资队伍、评价体系等方面改革创新；传承商务英语课程体系的优势，吸收采纳其他学科课程体系的先进经验，完成商务英语课程体系的建设工程。

由于商务英语专业涉及各个层次和各个门类的办学，在学科专业课程体系建设中，应该本着整体规划、统筹兼顾、基于标准、发挥特色的基本设计思路，开展多元化、多样化的商务英语课程体系研究（设计）工作。在设立商务英语专业的各个院校共同努力下，必将会创造出一个具有新鲜活力的商务英语课程新体系。

关于商务英语课程体系的研究，既是学科专业内涵式发展的需要，也是商务英语教育实践的现实需求，需要商务英语学界人士，从理论研究和教学实践两个维度，积极参与、献计献策，共同完成这个学科内部建设的系统工程。由于本书的编写时间比较仓促，实证分析"样本"选取的范围还不够广泛，有待于进一步的深入调查研究。关于商务英语课程体系的研究，既是一次学习探索的过程，也是一次理论研究的积极尝试，期望各位专家和老师的赐教指点。

附录 I
本科高等院校商务英语专业课程设置满意度调查

亲爱的同学们：

　　大家好，我们正在开展关于"本科商务英语课程设置特色化、地方化、层次化和模块化"的教材编写项目，需要收集同学们的意见及建议。调查只需占用同学们几分钟时间，感谢大家的支持与配合。填答说明：请在对应选项打"√"，没特殊说明的均为单选题。若为多选题至少选择一项。

第一部分：基本信息

1. 你所在高校及专业方向为？

　　_____

2. 您的性别是？
　　A. 男　　　　　　　B. 女

3. 您所在年级为？
　　A. 大一　　　　B. 大二　　　　C. 大三　　　　D. 大四

第二部分：课程体系满意度

4. 您认为商务英语专业课程体系（包括公共课程、学科基础课、专业方向课程、其他实践环节、专业实习与毕业论文五个部分）中哪部分的实践教学效果最令您不满意？
　　A. 公共课程　　　B. 学科基础课　　　C. 专业方向课　　　D. 其他实践环节
　　E. 专业实习与毕业论文

5. 您认为商务英语专业课程体系中令您不满意部分主要原因是（多选题）？
　　A. 课程结构设置不合理，与专业培养目标不符合；
　　B. 课程内容安排不合理，与学生实际能力和需求不符；

    C. 课程设置自身学分学时分配不合理,与专业培养目标不符合;

    D. 师资团队未能满足所开设课程需要;

    E. 教学条件,如教学设施、图书资料、网络资源、经费投入等,未能满足所开设课程需要;

    F. 所开设课程实际教学方式与学生期望的教学方式存在巨大偏差;

    G. 所开设课程教学效果未能及时评估,与学生实际需求脱节;

    H. 其他_____

6. 请您对以下商务英语学科基础课程各模块的重要性进行排序

_____

    A. 语言知识与技能课程模块　　　　B. 商务知识与技能课程模块

    C. 跨文化交际课程模块　　　　　　D. 人文素养课程模块

7. 您认为商务英语专业核心课程中商务课程模块与语言课程模块的比例应该是?

    A. 50%∶50%　　B. 30%∶70%　　C. 70%∶30%　　D. 40%∶60%

    E. 60%∶40%　　F. 其他_____

8. 您认为以下哪些陈述与所在高校商务英语专业方向课程的开设现状相符?

    A. 开设的专业方向课程依托了该校特色和优势进行设置(如理工院校增设"外贸管理信息系统 EDI 专业课程",而财经院校突出"国际金融"、"货币金融学"等课程);

    B. 开设的专业方向课程较好地融合了语言和商务知识和技能,与学生实际能力和需求相符;

    C. 开设专业方向课程结合了当地区域经济特点和市场需求(如北京为政治中心,当地商英专业要注重开设培养学生外事礼仪课程,而广州则应多设国际贸易及商务礼仪等课程);

    D. 开设的专业方向课程未能体现该校特色和学科优势;

    E. 开设的专业方向课程重语言,轻商务;

    F. 开设的专业方向课程与当地区域经济特点和市场需求脱节;

9. 针对如何实现商务英语课程设置的合理性(与学生的能力和需求相符)、特色化(依托学校学科优势)和地方化(与当地市场需求相符),您有什么建议?

_____

答题完毕,感谢您的支持与配合!

附 录 Ⅱ
全国各大高等院校商务英语专业商务类教材满意度问卷调查

亲爱的同学:

　　您好,我是来自广东外语外贸大学国际商务英语学院商务英语研究专业的研究生,本次问卷希望通过对全国开设商务英语专业的各大高等院校进行商务类教材满意度的调查,以便为今后商务类教材的评估提供一些参考和帮助。问卷的完成只需耽误您几分钟时间,您所提供的问卷内容,我将严格保密,谢谢您的积极配合!

　　填答说明:填写题请在横线上填写相关信息;选择题请在所选项上"√",没有特殊提示的选择题为单选题,若为多选题至少选择一项。

1. 您在的高校为:
   _____

2. 您的性别是?
   A. 男　　　　　　　B. 女

3. 您所在年级?
   A. 大一　　　　　B. 大二　　　　　C. 大三　　　　　D. 大四

4. 您对正在所使用的商务类教材感到?
   A. 满意　　　　　B. 基本满意　　　C. 一般　　　　　D. 不太满意
   E. 不满意

5. 您认为正在使用的商务类教材与其他英语类专业(如英文专业和翻译专业等)区分度如何?
   A. 很明显　　　　B. 较明显　　　　C. 一般　　　　　D. 不太明显
   E. 不明显

6. 您正在使用的商务类教材,教材内容难度与您的实际英语水平_____。
   A. 很相符　　　　B. 基本相符　　　C. 偏难　　　　　D. 偏易

E. 不确定

7. 您正在使用的商务类教材中,所选语言素材或案例具有趣味性,有利于激发和培养您的学习兴趣。

A. 赞成   B. 基本赞成   C. 一般   D. 不太赞成

E. 不赞成

8. 您正在使用的商务类教材中,所选语言素材或案例与时俱进且具典型性。

A. 赞成   B. 基本赞成   C. 一般   D. 不太赞成

E. 不赞成

9. 您正在使用的商务类教材,教材内容与其他英语学习教材互补性较强,帮助您达到对知识融会贯通的目的。

A. 赞成   B. 基本赞成   C. 一般   D. 不太赞成

E. 不赞成

10. 您正在使用的商务类教材中,所选例题、习题和话题具有启发性。

A. 赞成   B. 基本赞成   C. 一般   D. 不太赞成

E. 不赞成

11. 您认为正在使用的商务类教材,在培养您的语言能力和实际交际能力方面符合以下哪种描述?

A. 两者兼备   B. 重语言能力

C. 重实际交际能力   D. 无明显倾向

12. 您正在使用的商务类教材中体现的教学方式符合您的实际需求。

A. 赞成   B. 基本赞成   C. 一般   D. 不太赞成

E. 不赞成

13. 您正在使用的商务类教材中体现的教学理念与专业培养目标符合以下哪种描述?

A. 一致   B. 基本一致   C. 一般   D. 不太一致

E. 不一致

14. 您正在使用的商务类教材中,最满意的是哪一本:＿＿＿＿＿＿＿＿＿＿＿＿

＿＿＿＿

15. 您正在使用的商务类教材中,最不满意的是哪一本:＿＿＿＿不满意原因:

＿＿＿＿＿＿＿＿＿＿＿＿＿＿＿＿＿＿＿＿＿＿＿

16. 对于目前商务英语专业使用的商务类教材情况您有什么看法与建议?

＿＿＿＿＿＿＿＿＿＿＿＿＿＿＿＿＿＿＿＿＿＿＿

您的答题已完毕,非常感谢您的支持与配合!

全国各大高等院校商务英语专业商务类教材调查访谈稿

1. 您对目前使用的商务类教材总体上满意度如何？为什么？
2. 您认为目前使用的商务类教材最令您满意的有哪些？为什么？
3. 您认为目前使用的商务类教材最令您不满意的有哪些？为什么？
4. 您认为从哪些维度对商务类教材进行评估是合理和科学的？
5. 对于如何改善目前商务类教材的使用效果您有什么看法与建议？

被访者：_____

采访者：_____

访谈日期：_____

参考文献

[1] Bargiela-Chiappini F. The Handbook of English for Specific Purposes [M]. Boston: Wiley-Blackwell, 2012: 193 – 212.

[2] Bhatia V. Professional discourse: Towards a multi-dimensional approach and shared practice [A]//Candlin C (ed.). Research and Practice in Professional Discourse[C]. Hong Kong: City University of Hong Kong Press, 2002.

[3] Brieger N. Teaching Business English Handbook [M]. York: York Associates, 1997.

[4] Coffey B. State of the Art: English for Specific Purposes[J]. Language Teaching, 1984(17): 23 – 32.

[5] Cohn C L. Cooperative Learning in a Macroeconomics Course: A Team Simulation[J]. College Teaching, 1997, 47(2): 51 – 54.

[6] Stufflebeam, D. L. The CIPP Model for Evaluation [P]. Presented at the 2003 Annual Conference of the Oregon Program Evaluators Network (OPEN), Portland, Oregon, 2003.

[7] Dickinson L. Self-instruction in Language Learning[M]. Cambridge: CUP, 1987: 11.

[8] Dubin F, Olshtain E. Course Design [M]. Cambridge: Cambridge University Press, 1990.

[9] Dudley- Evans T, St John M. Developments in ESP: A Multi-disciplinary Approach [M]. Cambridge: Cambridge University Press, 1998: 3, 156 – 159.

[10] Ellis M, Johnson C. Teaching Business English[M]. Oxford: Oxford University Press, 2001: 6, 22.

[11] Hativa N. Teaching for Effective Learning in Higher Education [M]. Dordrecht, Boston, MA and London: Kluver Academic, 2000.

[12] Howatt APR. A History of English Language Teaching [M]. Oxford: Oxford University Press, 1988.

[13] Hutchinson T, Waters A. English for Specific Purpose: A Learning-centered Approach [M]. Cambridge: CUP, 1987: 8, 9, 10, 58 - 61, 69 - 91.

[14] Johnson C. Business English [J]. Language Teaching, 1993 (26): 201 - 209.

[15] Jordan R R. English for academic purposes: A guide and resource book for teachers [M]. Cambridge: Cambridge University Press, 1997.

[16] Keats D W. Task-based Small Group Learning in Large Groups: Design and Implement in a Second Year University Botany Course[J]. Higher Education, 1994(27): 59 - 73.

[17] Kinberg M. Perspective on Foreign Language Immersion Programs [M]. The Edwin Mellen Press, 2011.

[18] Larsen-Freeman D, Long M. An Introduction to Second Language Acquisition Research [M]. Beijing: Foreign Language Teaching and Research Press, 2000: 242.

[19] Li Sheng. Study on Practical Needs and Feedback of English-major Learners to Business English in China [MA]. Unpublished thesis submitted to Chongqing University for the degree of Master of Arts, 2004.

[20] Little D. Learner Autonomy: Definitions, Issues and Problems[M]. Dublin: Authentik, 1991: 7.

[21] Madausand F, Stufflebeam D L. Evaluation Models [M]. Kluwer Nihoff Publishing, 1985.

[22] New London Group. A Pedagogy of Multiliteracies: Designing Social Future[J]. Harvard Educational Review, 1996(1): 60 - 90.

[23] Nunan. Designing Tasks for the Communicative Classroom [M]. Cambridge: Cambridge University Press, 1989.

[24] Nunan D. Language Teaching Methodology[M]. Prentice Hall, 1991.

[25] Stryker, Stephen B & Leaver, Betty L. Content-based Instruction in Foreign Language Education: Models and Methods[M]. Washinton:

Georgetown University Press，1997.

[26] ST JOHN M J. Business is booming：Business English in the 1990s[J]. English for Specific Purposes，1996，15(1)：3-18.

[27] Stern H H. Fundamental Concepts of LanguageTeaching[M]. Oxford：Oxford University Press，1983.

[28] Strevens P. ESP after Twenty Years：A Re-appraisal[M]. In M. Tickoo(Ed.)，ESP：State of the Art. Singapore：SEAMEO Regional Centre，1988：1-13.

[29] White R V. The ELT Curriculum：Design，Innovation，and Management[M]. Basil Blackwell Ltd，1988.

[30] 白景永.高职商务英语专业：现状和发展[J].科教导刊(电子版)，2014(10)：15-17.

[31] 蔡芸.培养复合型人才的有效方式———商务英语专业课程评价[J].外语与外语教学，2001(4)：33-35.

[32] 常俊跃，董海楠.英语专业基础阶段内容依托教学问题的实证研究[J].外语与外语教学，2008(5)：37-40.

[33] 常媛媛.施瑞尔系统功能主义比较教育学理论分析框架研究[D].教育学硕士学位论文，2011(25).

[34] 曹煜茹.试论商务英语课程设置与教学设计[J].语文学刊·外语教育教学，2015(1)：142-144.

[35] 陈准民，王立非.解读《高等学校商务英语专业本科教学要求》(试行)[J].中国外语，2009(4)：4-21.

[36] 陈坚林.从辅助走向主导：计算机外语教学发展的新趋势[J].外语电化教学，2005(104)：9-12，49.

[37] 陈建平.商务英语研究[M].杭州：浙江大学出版社，2010：7，17，19，20.

[38] 崔轩玮.欧美高校国际商务人才培养的课程体系：特点与启示[J].商业视角，2014(22)：132-134.

[39] 丁丽军.国际商务英语课程体系构建理论问题探讨[J].南昌航空工业学院学报，2001(1)：62-65.

[40] 窦卫霖.对大学本科商务英语课程的比较研究[J].中国高教研究，2005(5)：90-92.

[41] 对外经济贸易大学商务英语理论研究小组.论商务英语的学科定位、研究对象和发展方向[J].中国外语，2006(5)：4-8.

[42] 方林.国内外教学模式理论研究现状及其发展趋势[Z].课题：基于低耗

高效视角的初中课堂教学策略的研究,2012.

[43] 冯敏,宋彩萍.英国国际商务英语专业教学之现状及其启示——以英国中兰开夏大学国际商务英语专业为例[J].教育理论与实践,2011(2):56-58.

[44] 冯时.PBL教学模式在商务英语课程中的应用[J].邢台学院学报,2013(3):136-138.

[45] 傅超波.基于模块学说的商务英语课程体系建构[J].西南农业大学学报(社会科学版),2013(4):142-146.

[46] 付明端.基于区域经济的复合型商务英语人才培养研究[J].教育与职业,2009(12):111.

[47] 扈珺,刘白玉.商务英语教材使用实证研究——基于山东省30所高校教材使用的问卷调查[J].高等财经教育研究,2011(4):53-57.

[48] 管春林.试论需求分析在经贸英语专业课程设置中的意义和方法[J].外语与外语教学,2005(3):37-40.

[49] 郭亚卿.基于交流需求分析和跨文化两维视角的商务英语课程体系优化观[J].湖北函授大学学报,2015(2):123-124,164.

[50] 何勤,陶秋燕.融合式国际化人才培养方案与体系研究——以国际商务专业为例[J].继续教育研究,2013(1):109-110.

[51] 宏结.国际商务人才培养模式的探索与实践[J].中国大学教学,2007(5):42-44.

[52] 胡春雨.基于语料库的泡沫隐喻研究[J].解放军外国语学院学报,2014(1).

[53] 黄甫全.新中国课程研究的回顾与展望[J].教育研究,1999(12):21-28.

[54] 黄秀红.基于计算机和网络的商务英语自主学习[J].郑州航空工业管理学院学报(社会科学版),2007(6):152-154.

[55] 黄震华.国际商务英语研究在中国[M].厦门:厦门大学出版社,1999.

[56] 黄遥.福建省外国语文学会2001年年会论文集[A].福建省外国语文学会,2001:285-287.

[57] 加里 D B.有效教学方法[M].易东平,译.南京:江苏教育出版社,2002.

[58] 江春,丁崇文.商务英语课程设置探讨[J].对外经济贸易大学学报,2004(1):78-81.

[59] 蒋国勇.基于CIPP的高等教育评价的理论与实践[J].中国高教研究,2007(8):10-12.

［60］ 金郁.构建以模块教学为特色的高职商务英语课程体系［J］.辽宁高职学报,2007(12):32-34.

［61］ 李东亮.商务英语课程教学改革初探——改革语言类课程教学方法,重视英语交际能力的培养［J］.商业文化·科教纵横,2007:63,70.

［62］ 李嫦媖,李晓坤.论商务英语课程设置中文化素养教学的重要性与有效性［J］.河北北方学院学报(社会科学版),2013(5):89-94.

［63］ 李雁冰.课程评价论［M］.上海:上海教育出版社,2002.

［64］ 李亦华.高校商务英语专业课程设置的调查分析［J］.池州师专学报,2006(6):120-122.

［65］ 梁改萍.对商务英语教学中若干问题的探讨［J］.齐齐哈尔大学学报(哲学社会科学版),2006(3).

［66］ 刘法公.中国从无到有的商务英语学科［J］.外语界,2009(6):10-16.

［67］ 刘旻.商务英语课程设置与内容教学模式探究［J］.中国市场,2014(17):155-156.

［68］ 柳青军,李娟.商务英语课程体系与教学模式构建研究［J］.山东外语教学(6):75-77,82.

［69］ 吕英莉,范玲.高校商务英语专业课程设置的调查和研究——基于对北京城市学院商务英语学生与用人单位的调查［J］.吉林省教育学院学报,2013(9):91-93.

［70］ 马亚娜.高职商务英语专业课程设置研究［J］.考试周刊,2014(40):87-88.

［71］ 莫再树.基于语言经济学的商务英语教育研究［M］.湖南大学出版社,2014:152.

［72］ 母小勇,谢按邦,阎光万.论构建我国 21 世纪高等教育创新课程体系之理念［J］.教育研究,1999(11):15-20.

［73］ 彭川.商务英语专业课程体系建设 CIPP 评价模式研究［J］.中国外语,2011(2):69-74.

［74］ 平洪.商务英语专业本科专业人才培养模式探析.中国外语,2009(4):18-21.

［75］ 阮绩智.大学商务英语课程目标及教学原则［J］.外语界,2005(3):26-31.

［76］ 阮绩智.ESP 需求分析理论框架下的商务英语课程设置［J］.浙江工业大学学报(社会科学版),2009(3):323-327,344.

［77］ 史天陆,林添湖.国际商务英语研究在中国［M］.厦门:厦门大学出版社,

1998：46.

[78] 舒白梅.外语教育学纲要[M].武汉：华中师范大学出版社,2005：21.

[79] 舒亚莲.建构主义学习理论在商务翻译教学中的应用[J].疯狂英语,2013
(5)：57-61.

[80] 宋红英.商务英语课程教学研究[J].中国教育学刊,2014(5)：121-
122,124.

[81] 宋娜娜.基于国际化人才培养的高校商务英语课程建设[J].当代外语研
究,2012(6)：45-48,77-78.

[82] 宋梅梅.高职商务英语专业的改革与建设[J].番禺职业技术学院学报,
2006 (4)：52-54.

[83] 束定芳.外语教学改革：问题与对策[M].上海：上海外语教育出版社,2004.

[84] 孙宏安.课程概念的一个阐释[J].教育研究,2000(3)：44-47.

[85] 孙杨.试论商务英语特色专业课程体系的建构[J].现代交际：下半月,
2011(1)：107-108.

[86] 汤朝菊,马玉玲,杜佳洋,唐懿梅.商务英语国外模式与本土建设[J].电子
科技大学学报(社科版),2014(4)：63-69.

[87] 涂光辉,等.教育学[M].北京：中国商业出版社,1994：243.

[88] 王贵芳.基于需求分析的本科商务英语专业课程设置[J].湖北经济学院
学报(人文社会科学版),2015(1)：190-191.

[89] 王瑾.基于自主学习理论的"低碳经济双语学习实验室"活动设计——商
务英语第二课堂实践探析[J].经济研究导刊,2012 (26)：258-259.

[90] 王瑾,李红梅.ESP课程设计的研究述评[J].海外英语,2013 (4)：280-282.

[91] 王瑾.ESP视角下的商务英语课程设计[M].武汉：武汉大学出版社,
2014：72,75,76,78,107,123,156,191,192,201.

[92] 王佩,王民."以学生为中心"的商务英语课程教学设计[J].校园英语,
2015(1)：6-7.

[93] 王立非.解读《高等学校商务英语专业本科教学质量国家标准》[R].北
京：全国高校商务英语专业课程与教学研讨会,2014.

[94] 王明岩,宫钦翠.基于工作过程的商务英语专业课程体系建构[J].山东工
商学院学报,2013(4)：120-124.

[95] 王兴孙,陈洁.对商务英语课程设计几点思考[J].国际商务研究,2001
(5)：1-4.

[96] 王艳艳.基于课程设计循环模式的双语课程群构建与探究[J].黑龙江高
教研究,2011(12)：4-7.

［97］　王友良. 基于 ESP 理论的高职英语教学改革［J］. 湖南科技学院学报，
　　　　2010(12)：185－187.

［98］　翁凤翔. 商务英语研究［M］. 上海：上海交通大学出版社，2009：11，12，
　　　　14，31，171－174.

［99］　吴飞. CIPP 模式在高校课程评价中的运用［J］. 中国高等教育评估，2007
　　　　(2)：53－55.

［100］　吴钰. CIPP 模式与河南高职高专商务英语课程体系建设［J］. 河南财政
　　　　税务高等专科学校学报，2014(2)：60－61.

［101］　向晓. 高职院校专门用途英语教学与研究［M］. 上海：对外经济贸易大
　　　　学出版社，2013：16，23，29，33，88，112，136，198.

［102］　肖远军. CIPP 教育评价模式探析［J］. 教育科学，2003(3)：42－45.

［103］　咸修斌，唐文龙. 商务英语学科定位的新思考［J］. 高教探索，2005(2)：
　　　　60－61.

［104］　谢莉. 基于以沟通为中心的商务英语培训对策探讨［J］. 商场现代化，
　　　　2008(543)：42－43.

［105］　许建领. 高校课程综合化的渊源及实质［J］. 教育研究，2000(3)：
　　　　48－53.

［106］　徐仁凤. CIPP 评价模式在高职商务英语课程体系中的运用研究［J］. 南
　　　　通航运职业技术学院学报，2012(4)：95－98.

［107］　徐英俊. 教学设计［M］. 北京：教育科学出版社，2001：697.

［108］　选自中兰开夏大学语言与国际交流学院教学资料，School of Languages
　　　　and International Studies UCLAN. BA(HONS)International business
　　　　communication student handbook，2009.

［109］　薛金祥. 教育生态视角下的商务英语专业课程体系建构［J］. 边疆经济与
　　　　文化，2011(12)：87－89.

［110］　严瑾. 基于需求分析的商务英语课程模块化设置的调查研究［D］. 湖南
　　　　大学硕士论文，2009：5.

［111］　严玉萍. 商务英语课程效能评价指标体系研究［J］. 黑龙江高教研究，
　　　　2013(9)：150－152.

［112］　杨慧，徐丕青. 理工科院校的商务英语课程建设探索［J］. 学术研究，2014
　　　　(6)：12－13.

［113］　姚璐璐. 商务英语实践能力结构及其立体化课程设置的探析［J］. 宜宾学
　　　　院学报，2007(11)：118－121.

［114］　叶兴国. 大数据时代商务英语专业建设［R］. 北京：全国高校商务英语专

业课程与教学研讨会,2013.

[115]　尤亚敏,张武保. 中国高校商务英语专业课程设置调查及构想[J]. 华北水利水电学院学报(社科版),2011(1)：160-162.

[116]　俞建耀,刘法公. 国内商务英语专业课程设置论综述[J]. 外语与外语教学,2013(3)：37-40.

[117]　袁平华. 依托课程内容进行外语教学之理据及教学元模式探讨[J]. 学位与研究生教育,2006(3)：31-36.

[118]　张武保. 商务英语专业与学科研究[M]. 北京：外语教学与研究出版社,2014.

[119]　张武保,严新生. 商务英语专业的本质与增值效应研究[J]. 广东外语外贸大学学报,2009(3)：92-95.

[120]　张晓娜. ESP 理论对商务英语培训的指导意义[J]. 科技经济市场,2009(2)：81-82.

[121]　张佐成. 对商务英语的系统思考[A]. 第五届全国国际商务英语研讨会论文集[C]. 北京：高等教育出版社,2004.

[122]　赵博颖. 商务英语课程教学改革[J]. 教育探索,2014(1)：34-35.

[123]　赵军峰. 商务英语教学设置及教学现状调查分析[J]. 中国外语,2006(5)：9-12.

[124]　赵牟丹. 建构主义指导下的商务英语课程设计研究[D]. 东北师范大学硕士论文,2008：5.

[125]　朱文忠. 商务英语教学研究[M]. 北京：世界图书出版公司,2011：2.

[126]　周梅. ESP：研究生公共英语课程的发展方向[J]. 学位与研究生教育,2010(11)：79-71.